U0154349

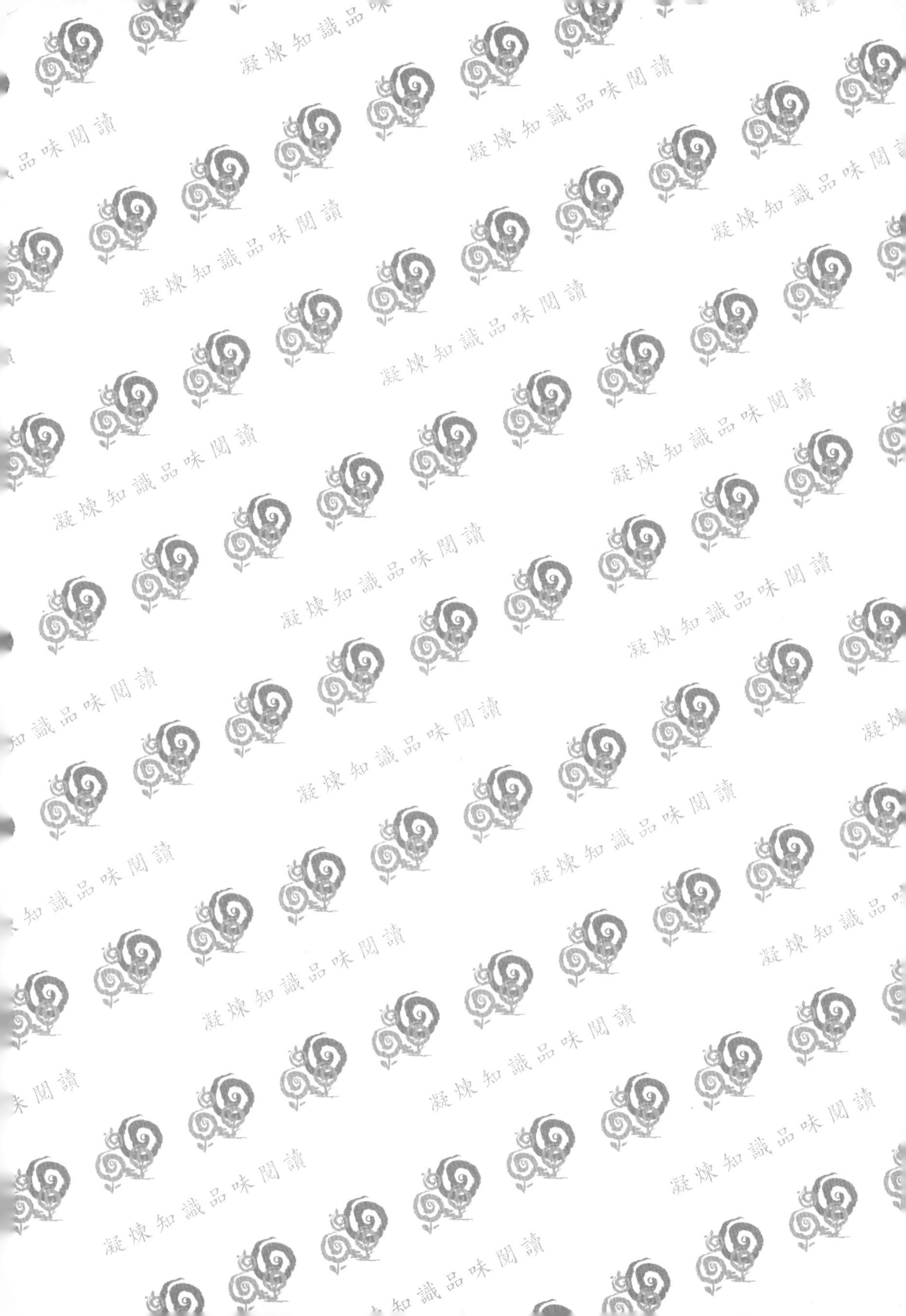

凝煉知識品味閱讀

親職教育與實務案例

邱珍琬　著

自　序

這一本書之所以面市，起心動念是我們系夜碩班一位男同學在我的「家庭與親職教育」課堂上給予的建議，他說我們在課堂上分享這麼多家庭故事，為什麼不能放在親職教育的教科書裡？我當時還說不可能，因為教科書基本上需要有理論而非故事，結果後來與五南王俐文副總編輯提及此事，她就熱心轉達給另一位負責人，才有此書之誕生。感謝五南的黃文瓊副總編輯，我只是提到學生對於親職教育一書的建議——希望可以看到更多故事與實例，她就力促此書的成形。本書希望脫掉理論的框架，從較為實務且易讀的方向入手，雖然文字之間仍然穿插理論，但也是以言簡意賅的方式呈現。

目　錄

第一章

爲何需要親職教育

故事一

有對夫妻爲了子女教養的問題常常爭吵，妻子認爲孩子現在的時代跟自己成長的年代應該要有不同的管教方式，畢竟上一代是較爲威權的時代，而基本上，孩子都較爲順從，因此沒出什麼大問題，但是現在的孩子接觸的環境與思考不同了，教養使用的方式也要順應潮流，但是丈夫卻認爲：「我爸也是這樣教我們，我們都沒有變壞。」言下之意是這樣的方法應該可以繼續沿用下去。

故事二

一位有兩個成年子女的母親，小孩都考上了不錯的公立大學。有一天，剛上大一的二女兒抱怨道：「眞是不公平！姊姊又高又漂亮、受人歡迎，我又矮、身材也不好，爲什麼把我生下來？」母親回道：「所以，下一次妳要跑快一點啊！」

故事三

唸小二的小祥邀請同學來家裡做功課。媽媽準備了許多點心要招待，在媽媽要將點心與飲料端出來的同時，正好聽見小祥與同學的對話。同學說：「你媽好胖！」當下媽媽停下腳步，想要知道兒子的反應，兒子道：「胖有什麼關係？可愛就好啦！」媽媽鬆了一口氣，快步走出來。

小祥唸三年級，開始要全天上學。因爲家住學校附近，媽媽就會在中午時，送自製便當去學校。但是有一次，小祥說他好想吃外面賣的便當，媽媽聽了有點難過，因爲自己的手藝不錯，爲什麼兒子想吃外面的便當？這一天媽媽送來紙盒裝的外賣便當，小祥回家時，媽媽就問他：「便當好吃嗎？」小祥沉默、歪頭思考了一下：「奇怪。」媽媽追問：「什麼奇怪？」「外面賣的便當味道，怎麼跟妳的很像？」媽媽噗哧笑出來，她的伎倆被拆穿了！因為還是擔心外面賣的便當不衛生，所以就特地去買了紙便當盒、裝上自己煮的菜，給兒子送去，結果兒子味覺不錯，還嚐得出來媽媽的味道！

故事一呈現的是親職最常出現的問題，因爲家長來自不同的原生家庭與文化，帶著這些期待與習慣來到新組合的（立即）家庭，自然需要許多的磨合與調適，才能夠產生新的、有效的親職特性；倘若雙親對於親職教養與重點，沒有經過反省、溝通與調整，可能就會產生許多歧異，不僅讓孩子無所適從，也可能會造成家長彼此不和、子女心理或行爲上的問題。故事二的母親所面臨的問題，也經常是家長們會遇到的，孩子會因爲比較心理、認爲父母親不公平，但是父母親可以幽默以對，同時去了解孩子的心境與情緒，看見每個孩子的亮點，傳達對孩子的關愛，也試圖做一些較公平的處理與對待，相信孩子會感受到。故事三反應的則是家長想知道自己在孩子心目中的份量，同時也考驗了孩子因應挑戰的能力，有這樣幽默又可愛的兒子，相信母親與有榮焉！此外，作父母的總是擔心外面賣的食物不清潔或過度處理，所以使用了一點小技巧，但還是被孩子識破，母子鬥智眞是很有趣！

親職教育是社會教育的一環，比一般正規教育的影響更久更甚，父母親的親職教育也是爲社會國家培育有用人才的重要關鍵。絕大多數父母親都是有了孩子之後才開始做父母親、執行親職功能，而且在整個過程中是不斷做修正與檢討的。儘管市面上有許多父母寶典，許多都是分享自己的經驗，絕大多數父母親也因爲有了孩子、要讓自己的親職工作更有效能，所以更督促自己汲取有關親職教養的書籍或媒材，甚至與其他家長交流、討論，甚至進一步採用他人經驗。

親職教育課程在大專院校設立，通常是列在通識教育課程之中，或是在教育系所內。筆者是在初等教育系（現在的教育系）任教時，開始擔任大四的「親職教育」課程，後來我們教育心理與輔導系（大學部）或研究所（不管是教育心理組或是夜間碩士社區教育與諮商專班）內，也因爲課程規劃與設計之故，將「家庭／親職教育」列在選修課程內。以往進入社區與社工人員一起工作，她們經常提到與案家溝通或是希望可以讓案家執行更有效的親職，因此系所將「家庭與親職教育」列爲選修課程，希望藉由理論與實務的交流，可以讓社工或社區教育人員的臨場服務更爲有效。爲何需要特別列出一門課爲親職教育？其主要宗旨就在於希望在學生眞正成爲父母之前，有一個正規的親職教育訓練，如同美國在新人結婚之前，會提供婚前諮商一樣，或許可以讓學生清楚親職教育的重要性以及如何有效執行。當然坊間有許多資料可供運用，每位家長會有自己的選擇，至少從前人或有經驗者身上學習，或許會更增加自己的親職效能。

其實每個人在成長過程中，都會目睹與體驗原生家庭父母親的親職運作，接著進入學校，可能會與同學交流或有機會目睹不同家庭的一些親職實務，直到自己擔任親職工作已經累積有許多資源可以運用。親職工作若做得到位、發揮效能，不僅讓家庭和樂、家人一起成長，也可以面對與因應家庭所遭遇的挑戰，同時會減少脆弱（或高風險）家庭所帶來的負面影響與破壞，自然也會大大縮減往後的許多社會成本（如社會福利、補救與治療、監獄及醫療費用、個人生產力及貢獻等）。

當然親職教育通常不是理論的課程，而是需要輔以相當的實務經驗，倘若可以將理論與實務做最佳的結合，自然也是親職教育的最重要目的。親職教育沒有對錯，只要適當、適性，所謂的「適當」就是採用適合的方式，而「適性」則是依照孩子的氣質與個性，做有效的回應與處理，這也提醒家長們教養孩子不能只用一套方式，需要因應孩子不同的個性之外，還必須隨著孩子的成長階段做改變與調適。親職教育之所以具有極大挑戰性，主要是因爲其運用對象是孩子、是人，這就是最大的變數，畢竟沒有人是相同的，適用於某個體的教育方式，不一定就可以適合所有人，家長通常需要有相當的創意，才能讓孩子心服口服，也符合教養的目標。

一、家長共同參與親職工作

社會仍然將親職視爲「母職」，學校老師也常常告訴學生「回去跟媽媽說」，雖然許多男性將父親當作一個重要的角色，但事實上卻較少「執行」親職功能，或總是在妻子無法管教孩子所使出的「最後殺手鐧」、出面介入，怪不得多數孩子會與父親關係較爲疏離，許多父親也認爲自己是「協助」親職的角色（楊巧玲，2016，p.144）。有研究檢視近二十年四十四篇關於父職的介入，發現父親參與親職對於孩子認知、社會、情緒上的發展助益極大（Henry, Julion, Bounds, & Sumo, 2020）。雖然許多家庭依然將男性家長視爲主要維持生計者，但是即便如此，親職依然是家長兩方「一起參與」（或是「共親職」）的過程，畢竟孩子是兩個人的，要不然孩子很容易與其中一位關係較佳、與另一位較爲疏遠，這當然也會影響管教效果與親子關係。孩子需要兩位家長的愛，而不是一位爲主、一位爲輔。「管教一致性」很重要，也就是家長對於管教孩子的原則要先經過討論，然後標準與行動一致（也一致面對孩子），這樣孩子就不會無所適從或鑽漏洞。家長也不要讓誰固定扮黑臉／白臉，而是可以輪流扮演、且態度一致，要不然扮白臉的一方，通常會與孩子關係較好，反而與另一方關係疏遠，這也不是家長想要的。

親職本就不分性別、也不是女性專擅之事，既然子女是與伴侶所生養，就應該共同擔負責任。傳統性別分工將家事及教養子女責任大多歸給女性，導致父親往往與子女關係生疏、甚至衝突；各級學校所舉辦的親職教育或家長會，通常也只有女性家長參與，男性似乎不將父職視爲重要角色或責任，若沒有經常溝通，也很容易造成家長兩造對於教養觀念的不同，導致子女不知適從，引發心理、情緒與行爲上的問題。我們看到許多的「親職專家」都是男性，而女性卻是實際的親職執行者，乍看之下都不免覺得矛盾，到底做研究的專家與實務工作者，哪一個說了算？

即便許多父親認爲自己在親職工作上是協助者，但是唯有雙親共同努力經營親職工作才會有效能，畢竟雙親可以發揮的功能不同，而子女與雙親的關係才會親密！對於子女的生涯選擇，也不要以性別爲唯一考量，而是看到孩子的興趣與能力，讓他們可以盡情發揮所長，爲社稷世界貢獻更多！現在不少家長都會訓練子女可以「入得廚房、出得廳堂」，煮飯煮菜已經不是女性當爲。有位家長說得好：「我兒子結婚也不是娶一個廚娘回來，而是一個跟他過一輩子的人，只當廚娘太大才小用！」另外一家長也要兒子學習煮飯菜：「因爲以後不一定會結婚，要自己會過日子。」現在家長的觀念的確較爲開通！

家長經常會「換了位置、就換了腦袋」，忘了自己曾經有過童年的天眞、好奇或受挫經驗，因此在看孩子的行爲或問題時，以成人的完美標準來評估，因此忍受不了失敗或失誤；另外一個家長常犯的錯誤就是——講起自己小時候的經驗，沒有顧慮到時代不同、許多環境條件也不一樣，甚至價値觀也不同了！我聽過許多有青少年孩子的家長被孩子嗆：「那是你／妳的時代！」「那時候你們很窮、沒有手機！」倘若要孩子養成節儉的生活習慣，以身作則、從家裡做起最好，順便也做一些說明或環保意識的闡述，不要在孩子做出違反自己價値觀或習慣的行爲時，未做說明就斥責、甚至體罰，孩子就更不容易養成家長期待的習慣或行爲。

影響親職功能的因素頗多，包括家長本身的資源與人格特性、孩子的特性與數目、社會支持（包含延伸家庭與社區）、工作與婚姻狀況等（Belsky, 1984），不同性別的家長可以發揮不同的功能（如父親可能是油門、帶領孩子去看世界，或是管教與保護；母親可能是煞車，協助孩子安撫與處理情緒），加上還要配合孩子不同發展階段的需求，親職工作大不易。

二、親職教育不是單方傳輸，而是互相影響

親職教育嚴格說來，似乎是親代影響子代，但是從系統的觀點來看親職，就不是如此單向，因爲人影響人、生命影響生命，因此親職教育就是彼此交會互動的產物，家長對子女有影響，子女同樣會影響或改變家長，共創生命的回憶。孩子帶給家長許多的歡樂與甜蜜，也伴隨著苦惱與擔

心，但這就是生命的現實，孩子也在家長的呵護與教導下，茁壯成長，感激與學習自在其中。

絕大部分的家長都是有反省、改善的能力與作爲，隨著孩子成長、也慢慢改變了管教方式，甚至更注意到孩子的需求與意願，讓自己成爲更好的家長！子女也希望符合家長的期待，然而卻也有「長自己」的需要，因此也會在成長過程中，爲自己爭取一些長自己的空間，或許會與家長有一些意見交換或是衝突，家長也需要聆聽、調整與做決定，而非一意孤行，這樣才能夠造就親子雙贏的局面。孩子也會影響家長反思與改善自己的親職教養方式，家長自孩子身上學會純眞、有趣、創意與努力。同樣的教育方式當然也不是一體適用，需要考量不同對象、環境脈絡與執行方式等。

孩子的成長只有一次，家長陪伴不同孩子成長的經驗也是特殊而個別的，親子雙方都會有許多互動機會與體驗，彼此影響，不管是悲喜陰晴，也都是獨特的內涵。

第二章

親職教育的必要內涵

一般提及家庭會列出家庭提供的功能，基本上有（Gladding, 1998, p.6）：經濟（如財務、收入、維持生計）、生理（如保暖、衛生、健康、安全）、社會（如與人互動及教育）與情緒（如刺激、安撫、歸屬）功能，而在強調滋養家庭成員發展的同時，也提供家庭成員穩定、保護與生存的家庭結構，因此親職的功能主要是維護、滿足與促進家人的基本需求及關係歸屬，同時教養對社會人類有正向貢獻的下一代。那麼親職教育通常需要包括哪些項目或主題？或者是親職工作要準備的知能有哪些？

故事一

有位有八歲女兒的家長分享她的經驗。她說與丈夫常常因爲意見不合而爭吵，但是爲了維持家庭和諧，彼此都不會在女兒面前吵架，會將戰場移到臥室內。但是有一天早上，她爲女兒整理衣服、準備上學時，女兒突然問：「媽媽，你們要離婚嗎？」這位母親才恍然：他們夫妻的文飾太平，無法掩蓋眞相，也讓他們有機會可以好好靜下心來商議——如何不要讓孩子在心上留下創傷？

故事二

曾經，我在美國中學擔任諮商師時，碰到一位沉默的國三女生，她在學校餐廳用餐時，經常是孤單一人。於是在觀察幾日之後，我決定去跟她談談。首先，我從她手中正在閱讀的《安妮日記》開始，與她就這本書有一些零星對話。後來，我邀請她到輔導室一談。經過幾次諮商，她還是不多話，但是已經會參與我所準備的一些活動（如語句完成、故事接龍或是其他繪畫等）。在我認爲自己的諮商介入無太大成效時，有一天早上，我的督導（就是輔導主任）突然告訴我，這位學生的母親來訪，我以爲大勢不妙，沒想到那位母親是來感謝我的。她說因爲女兒都很內向，他們夫妻都以爲女兒不會有自己的意見，特別是夫妻二人經常「大聲爭論」。

這天早上，他們夫妻又是樓上樓下對喊時，女兒出現在樓梯中間說：「你們可不可以停止？」當下做母親的有點驚嚇，後來詢問女兒，女兒說自己正在見諮商師。做母親的感謝我爲他們女兒所做的一切，讓他們知道女兒是有感覺的，夫妻倆也決定爲了女兒、爲了共同的家，好好坐下來談，也特別邀請女兒參與家庭事務的討論。

故事三

我小學中年級的班導師孫汝文，讓我印象非常深刻，往往同學犯錯，他不會聲厲氣粗地責罵，而是蹲下來，柔聲問同學：「知不知道自己錯了？」即便最後仍需要處罰，他還是採取蹲姿，先告訴他要處罰的理由，然後輕輕地在同學的手心上用塑膠尺敲一下，同學都不怕因爲老師的處罰而身心受創，反而營造更好的學習環境，而我對孫老師的教育風格也努力師法。

一、愛與關懷

故事一提到的是家長以爲孩子不知道父母親的衝突，還以爲自己掩飾得很好，未料孩子都心知肚明，還很天眞地問父母親是否會仳離？故事二的女兒終於發聲，也讓家長警覺平日爭吵所造成的影響。家庭成員（特別是家長）爭吵或是彼此有心結、造成家庭氣氛冷漠，這些不安全的氛圍，都會讓孩子莫名擔心與焦慮。故事三提到的雖然是老師，重點在於態度！孩子犯錯是必然，因爲是學習的過程，但是要讓孩子知道錯處在哪裡？可以如何改進？因此直言也可以婉說，都可以清楚表達；倘若是面色凝重或聲厲氣粗，孩子往往先被那個氣勢嚇住，可能接下來家長所說的，就聽不見了！

(一) 愛與其影響

家長提供孩子最重要的是愛，愛也讓人有歸屬感、感覺被認可與重視，覺得自己是值得的，生命因此而有意義（Smith, 2017/2018, p.65）！教育心理學曾經有做過一個研究，以孤兒院裡面的嬰兒爲對象，控制組的嬰兒提供了生存之所需食物、飲水、溫暖的被窩；實驗組的條件一樣、只是多了一個睡前擁抱——讓照顧者將嬰兒擁入懷中，結果發現孩子成長之後的智商與人格發展都勝於控制組的孩子；更早之前，René Spitz（1954）在發表了健康兒童的研究指出：「關愛」在兒童健康發展過程中所扮演的關鍵角色，其將孤兒院內孩子做隔離、避免感染細菌染疫（控制組），對照監獄內托兒所內未隔離的孩子，卻發現前者死亡率高於後者，原因竟然在於監獄托兒所的孩子儘管沒有衛生防護，但是因爲彼此可以一起互動、玩耍、被關愛，造成其免疫力勝過刻意隔離接觸細菌的孤兒院童（引自Smith, 2017/2018, p.74）。

這些發現後來由發展學者們持續鑽研，將母親（主要照顧者）與孩子之間的關係（依附關係，attachment）做了更深入的探究，後來甚至得到結論爲：小時候與主要照顧人之間的依附關係模式，會延伸到後來的人際與親密關係，像是安全依附者會找到安全依附者做伴侶，不安全依附者容易找到與自己相似依附型態者爲伴侶。安全依附的孩子其需求會獲得適當的滿足，同時受到關注與愛，這也是孩子面對壓力時的基本先決條件（Siegel, 2010, cited in Smith-Adcock & Tucker, 2017/2021, p.70），有安全依附經驗的孩子在照顧人不在身邊時，不會擔心照顧者不會回來，而在面對挫折時，也會懂得自我安慰。用最簡單的方式解釋依附關係就是指：照顧人很清楚與適當地與孩子互動、給予正確的回應（像是孩子哭著要吃奶就會餵奶，而不是認爲孩子需要擁抱），這樣孩子就會對照顧者有信賴、需求獲得滿足，對自己有自信，也會願意對他人信賴。家庭提供孩子愛與安全（包括家庭氛圍）是最重要的，孩子在愛中才可以健全成長，家庭的表面和諧並不能安撫家中成員的擔心與焦慮，反而容易壓抑自己的情緒與需求，爲日後的心理疾病埋下種因。

嬰兒與重要照顧人的依附關係甚至會影響大腦的發展。我們的大腦分成左右兩大腦，右邊主要功能是屬於視覺空間的部分，左腦則是屬於語言的部分。嬰兒在還沒有發展語言的時候，主要是靠右腦的功能。有研究（Schore, 2001）指出，主要照顧者和嬰兒之間依附的情緒溝通，會直接影響到嬰兒還在發展中、需要靠經驗才可以成熟的大腦（引自Klorer, 2008/2012, p.50）。

(二) 愛的剝奪與發展

大腦早期的發展取決於遺傳與適當的外界刺激。大腦有所謂的「神經可塑性」（neuroplasticity）指的是大腦可依據對環境刺激的反應而改變大腦結構的能力。在嬰兒出生的時候，大腦約有十億個神經元，但不會全部發揮功能，而沒有被使用的神經元會萎縮，有些則會成爲神經傳導的一部分；突觸（synapse）是連接不同神經元間的電流脈衝（electrical impulse），進而產生神經傳導，在突觸被刺激時，所有的突觸都會開始啟動，並以某種化學形式儲存起來，如果重複被刺激，突觸之間就會形成強烈連結、變成永遠的迴路。兒童的大腦是以「使用－依賴」（use-dependent）的方式發展，任何神經系統若愈被活化、就愈可能成爲永久性的。大腦的某些部位有發展的關鍵期，如果在關鍵期時沒有被活化，功能就會衰退（有些區域即使在關鍵期過後，仍然可以被重新活化）。像是當我們跟嬰兒說話的時候，嬰兒大腦中負責說話的語言神經系統就被活化，進而協助嬰兒發展語言能力；反之，若無這些刺激，嬰兒的語言發展就會較慢，也影響其溝通發展（Klorer, 2008/2012, pp.49-50）。

嬰兒大腦中的哪些神經傳導會被強化，主要取決於與照顧人之間的依附關係中，情緒環境的品質和內涵；嬰兒與照顧人的互動刺激有助於大腦發展，因此主要照顧人跟嬰兒的連結對嬰兒身心發展都很重要。大腦的右半球在嬰兒三歲之前占有優勢地位，也因此右半球所儲存依附關係模式，會協助兒童發展出適應生存的情感調節策略（Klorer, 2008/2012, pp.50-

51）。換句話說，如果嬰兒在發展早期就遭受到創傷，其影響就會非常嚴重，同時會影響大腦的結構與功能。

早期創傷對於兒童與青少年來說，也是不可承受之重，會影響他們的大腦與發展。嬰幼兒期語言發展與認知能力尚在起步階段，倘若遭受到身體或心理上的創傷，無法了解爲何，也會阻礙其接下來生理、認知與心理上的發展任務，但長期受到社會與認知刺激，也會造成發展遲緩（Martin, 2008/2012, p.127）。多年前一位單親父親在工地工作，因爲經濟緣故，無法將孩子托育，就將五歲女兒安置在家中，開電視陪伴，僅在每日中午以吊籃將食物送上去，後來鄰里善心人士與社工發現女童有嚴重的智能發展遲滯現象。早期創傷並不一定會造成重大傷害，也需要考慮到孩子之前體驗的家庭經驗、支持系統、本身的性格、耐受力與樂觀程度等，甚至有學者研究創傷復原力或成長力。

(三) 孩子需要感受被愛與認可

每個孩子、每個人都需要被認可，才可以有自信與價值地生活，這也符合心理學家Abraham Maslow所說的「需求階層論」（hierarchy of needs），他提到人類生存所必要的條件，從最低的「生理與安全」的需求、「愛與隸屬」、「自尊」（來自自我與他人）、到最高的「自我實現」（使命感）與「靈性」（大我、超越小我）等（Corey, 2017, p.170），這些需求若逐一獲得滿足，個人生命就圓滿，而家庭是最可能協助孩子滿足這些基本需求的。當然，只是生理上的需求滿足，遠遠不足，沒有被愛與愛的生活，就沒有靈魂（變成一種「缺陷的需求」），而個人窮其一生也會努力追求、試圖滿足。愛與關懷要適當，讓孩子即使在受糾正或譴責時，仍然可以感受到家長對子女展現的愛，因此，如何表達愛，態度非常重要！除了早期安全依附關係的培養之外，還須要讓孩子感受到父母的愛還在，不會因爲孩子做錯事而失去家長的愛，這也提點家長們：不要用「不愛」來威脅孩子。犯罪的電影情節中，常常將可怕的連續殺人魔描述爲「與主要照顧人（特別是母親）間過於親密或疏離／矛盾的關係」，主要是凸顯依附關係的重要性。

愛中有許多的寬容與原諒，不要將孩子的「行為」與「人」畫上等號，畢竟孩子的人格還未成型，其在行為上還在訓練與修正當中，倘若將其「行為」與「為人」掛勾在一起（如小偷或懶惰鬼）——也就是讓孩子「認定」自己永遠無法改變或做修正，這樣反而會適得其反地、無形中鼓勵孩子朝向偏差行為的路上邁進。愛中有寬容與接納，會讓孩子也愛自己、尊重自己，也會延伸到愛他人與尊重他人；愛也不應是無限制的溺愛，因為溺愛會讓孩子無法培養與人相處的社會能力與智慧。

愛要適當也適時，我們華人對於愛較難說出口，常常以行動表示、卻又不說明，有時候就會留下許多空間讓孩子猜疑。愛，理應有尊重與疼惜，而不是一味地以家長自己的意願或考慮出發（家長經常以「我是為你／妳好」為藉口），而是要顧慮到孩子的需求與感受；有些孩子擔心失去家長的愛，所以會壓抑自己的想法與感受、表現順從，除非家長持之以恆的表現、讓孩子信任，要不然孩子也無法在父母親面前展現眞正的自我！關係中缺乏了信任，就不會眞誠，沒有眞誠，就不可能眞正親密，沒有親密，又如何讓人有安全感與價值感？如何在與人的關係中或社會群體中，自在生存？

在愛與關懷裡，家長不只要會看見孩子的個性與特性，還有優點，儘管家長也清楚孩子的喜惡或較不擅長之處，切勿因此而讓孩子連嘗試的機會都沒有！有些不足之處是可以後天彌補或趕上的，相對地，有些優勢也會因為不常練習或使用而退化。古代有個「傷仲永」的故事，就是提到一位少年天才受到矚目，但是家長卻帶其四處炫耀、賺取鄉人的讚嘆，沒有針對其聰明才智加以培養，多年之後，天才少年也只是凡人一位！許多家長有鑑於此，希望將自己所有資源挹注在孩子身上，包括讓孩子去做學業或才藝的補習，讓孩子去試試是個好方法，但是也要留意孩子對於學習的熱誠，有些孩子有興趣，但是教學的老師缺乏熱情，也會澆熄孩子熾熱的好奇心；因此觀察及與孩子談論其學習的狀況，是很重要的評斷指標。

華人的家長常常認為孩子「不夠好」，總是會挑剔孩子還可以努力的部分，也有人稱是「減分」（minus）父母；反觀西方社會，多數父母對子女的任何表現都是讚譽有加，也有人說在鼓勵環境下成長的孩子會學習愛自己、自信、不怕失敗，敢冒險，也會對人有興趣、願意接近人。孩子在總是批判、要求更好的環境下，學會了看見錯誤與批評，當然更看不見自己的優勢與天分，同時也會對他人有這些挑剔及責全。愛不應該只是「責全」（要求更好），況且家長也是人，也沒有一次就做對，何苦用嚴苛的標準要求孩子？可能相對地會讓孩子認爲家長愛他們不夠！愛要適性、適時、適當，要收手，也知何時放手。

研究小百科

「依附關係」有幾種型態，它們是：「安全依附」（最大多數）、焦慮／逃避依附（對主要照顧人的離開或返回較不在意），以及焦慮／抗拒依附（即便照顧人在身邊也呈現焦慮狀態，對於照顧人的安慰抗拒）（Cole & Cole, 1993, pp.231-232），後人又加上非屬於前三種依附類型的「混亂型依附」（對照顧者的反應，有時漠然，有時趨近不一致）。依附關係模式當然受到教養與環境的影響，也影響到未來的人際與親密關係。

二、了解孩子發展階段的特性與任務

故事一

阿嬤讓三歲的妹妹接聽媽媽打來的電話，媽媽問她什麼，她都是以點頭方式回應，阿嬤在旁邊很著急：「要講【有】，不是點頭！」但是妹妹不懂，過一個禮拜，妹妹已經會在講電話時，說話回應。同樣的情況，小妹妹在看故事書、媽媽坐在她的正對面，她指著書裡一個圖像，問媽媽是什麼，媽媽說：「妳要拿過來給我看。」妹妹的表情很奇怪，她心裡在想：爲什麼我看到的，媽媽沒看到？過了不久，小妹妹已經會將書拿過去與媽媽一起看了。

故事二

媽媽帶著五歲的兒子去逛街。媽媽在一個賣衣服的店家前停駐，正在仔細查找衣架上的衣服，兒子在一旁很無聊，就用手去觸碰每一件衣服，店員的表情從平和到厭煩，媽媽也看到了，叫兒子不要碰，但才過一下子，兒子又重蹈覆轍、小手在衣服間移動，店員就開罵：「衣服弄髒了，你要買啊！」媽媽很尷尬地拉著兒子逃離現場。

故事三

阿姨看到九歲的外甥一直在玩戰鬥陀螺，而且只用右手，很擔心他手受傷，所以要他：「平衡一下，左右手輪流使用。」外甥以左手替換一下，又回到右手。阿姨進一步想要解釋，於是又道：「凡事要適可而止，知道嗎？」因爲阿姨是教書的，不免要了解學生到底懂了沒有，於是她接著説：「請用【適可而止】造一個句子。」外甥頭也不抬，直接説：「阿嬤有【四個兒子】。」阿姨當下傻眼！

故事四

一位兒子已經唸高中的母親，這一天很慌張地來找學校輔導老師請教。她説兒子本來跟她很親，從小就是如此，爲何現在進入第一中學之後，好像母子關係漸行漸遠？輔導老師詢問家長，是不是發生了特殊事件？家長想了想説：有一次孩子忘記帶文具，於是她就爲他送過來，當她與兒子在走廊上會面時，看見兒子的領口有點折到，於是就動手替兒子翻了一下領子，但是兒子的表情很尷尬。輔導老師説道：「青春期的男生很怕被同儕説成『媽寶』，表示自己無獨立能力，因此，媽媽在大庭廣眾之下，替兒子整衣領的動作，可能就會被解讀爲『無法脱離母親獨立的兒子』，對其男性氣概是一種威脅。」

故事一可以看見孩子的成長速度，短短一個禮拜時間，妹妹就已經知道點頭，看不見對方，學會了用聲音來回應，這是發展學上所謂的「可逆性」反應（也就是說，孩子會了解自己看到書的內容，對方因爲沒有面對書，所以沒有看見）。幼小的孩子都很喜歡「peek-a-boo」（中譯「躲貓貓」，或是用雙手掌遮住臉、然後將手掌分開）的遊戲，他們喜歡玩耍與新鮮，因爲對他們來說，遊戲就是最重要的學習管道；故事二的媽媽其實可以用極簡單的方式就解決問題——拉著孩子的手，讓他站在較遠的地方就可以，因爲「行動比說更大聲」！家長在面對孩子的許多行爲，有時候較少站在孩子的立場去思考，同時又礙於他人的眼光，因此在處理孩子類似的行爲時，往往效果不如預期、心情也不好過，感覺那位店員彷彿是在批判自己身爲母親的教養。有時候，我們會很單純地以爲，自己這麼說了，孩子「應該」會了解，但是孩子有他／她的發展階段，若還不夠成熟，就不能要求或期待他／她理解，因此行動加上說明，會讓孩子更容易了解。故事三也說明了成人沒有注意到孩子是否已經了解一些詞句的意義，直接使用，往往讓孩子敷衍塞責、虛應一下，當然孩子也會擔心成人的威嚴，即便不了解，也不敢說不懂，也幸好這位阿姨會回過頭來檢視外甥是否了解其意，這也許是家長們也可以採用的應證方式。故事四提到青春期孩子，總是想要在「自主獨立」與「歸屬感」之間取得平衡，也最擔心同儕對他／她的看法。這位高三男同學擔心母親這個關愛的舉動，讓他被冠上「媽寶」的稱號，就讓他無地自容了。

(一) 了解不同發展階段特色與需求，就可以給予適當的愛

家長需要了解一般孩子不同發展階段的特色與任務，進一步才能以適合其特性的方式，協助不同的孩子成長。前段提及嬰兒大腦發展與主要照顧人的連結（包括環境）品質有關，安全依附的孩子在未來成長過程中，若遭遇到困境或挑戰，也會有自我安撫的能力。看孩子成長是一連串的驚訝與特權，孩子成熟速度快，讓家長感嘆時間的飛逝，深怕錯過，但是也隨著孩子發展階段的不同需求與特性，家長需要著力頗多。遊戲與玩耍是

孩子成長必要的功課，可以讓他們的大腦發育更好、動作協調更佳，免疫力與身體也更健康。會玩的孩子通常也是夠聰明的，所以西諺說「All work and no play makes Jack a dull boy.」（只工作不遊戲，讓傑克變蠢蛋。）就是這個意思！以前碰到棒球班的孩子，他們都自認為不會讀書、腦子不好，所以才來打球，我都告訴他們：「不！你能夠打球，是表示你腦筋不錯，要好好善用！」這其實是我們幾千來年形式／文憑主義的醬缸文化所造成，讓這些孩子自己限制自己，不能發揮潛力！

除了理解孩子不同發展階段的特色與任務之外，最重要的是要隨著孩子的發展階段改變親職角色的比重。孩子嬰幼兒期需要照護的照顧者與陪伴者，幾乎是全天候的守護，學步期需要鼓勵者與支持者，他們才會願意去冒險、探索世界，學齡期需要肯定者與示範者，他們才會從中學得勇氣與自我價值，青春期需要朋友與傾聽者，他們才會被了解、有挫折忍受力，成年期需要鼓勵者與教師擔任諮詢的角色，在他們有需要時，可以伸出援手或給予建議。

(二) 收手與放手都是愛的表現

故事一

有時候孩子對於生活或生命現象的解釋，非常一語中的，因此許多的研究不妨從孩子身上來了解，會眞確許多。

我問一位小二男生：「爲什麼要來上學？」他想都不想地道：「因爲下課。」多麼重要的一句話！來上學是因爲有下課時間，與同學或朋友玩樂，這樣來學校才有動機！

我問一位國一女生：「什麼是課外書？」她說：「課本之外的書，就是課外書。」眞是一針見血！

故事二

有位小二男生的母親對於督促孩子寫作業很困擾，她說孩子常常寫作業到三更半夜，有時候是與瞌睡蟲搏鬥，當媽媽看到兒子揉著眼睛力撐，很是心疼，自己卻又要他完成作業，眞的又氣又惱，卻苦無妙計。有一回我到他們家去，發現孩子是在客廳裡的大茶几上寫作業，茶几上擺滿了他的玩具，前面又有大螢幕電視，要寫的作業屈居於茶几一角，顯得有點渺小又不顯眼。我故作姿態在男孩身邊踱步，一邊搖頭自言自語說：「不可能，不可能！」中間還夾雜著輕輕的嘆息。結果小男生好奇問道：「什麼不可能？」我於是說：「要在半小時內寫完十行太難了、不可能！」結果他七分鐘左右就寫完了，還很驕傲地展示他的成果給我看，我誇讚他的效率！媽媽很高興地道：「我下次也可以用這招！」我說：「下次不會有效，妳必須自己想其他的妙方。」孩子的變動大，我在這個案例中只是運用了他的好奇心，因此做家長的也需要有極多創意搭配。孩子多麼孝順，每天都出這些大大小小的問題考驗我們，同時也減少了我們失智的機會。

故事一是說明孩子的創意與單純，不像成人那般心機重，孩子對人的信任度也夠，因此與孩子交朋友，更不能輕忽或輕易承諾。故事二說明了親職也要配合孩子的發展特性，像是引起其好奇心（如踱步、搖頭、說不可能），然後挑戰孩子的能力（如「不可能在半小時之內完成作業」），但是也看到，若要孩子專心一意寫完作業，環境的單純、無其他誘因（如電視、玩具）很重要。孩子很棒的地方就是「不按牌理出牌」，這是孩子不喜歡恪守規範、營造無聊的天性（他們喜歡新鮮、好玩），因此也挑戰家長們的創意！我通常會建議家長，平日就可以思考五種以上的解決方式（如讓孩子如時完成作業），屆時一一嘗試，有效的就留著、無效的就丟棄，同時補充新的進來！家長也可以減少失智機會。以故事二來說，此時可以運用心理學的「皮馬克原理」（Premark principle）——把孩子喜歡做的事放在不喜歡做的事後面，作為酬賞——如寫完功課才可以玩玩具（或看電視），自然會增加孩子完成作業的機率。

孩子的童年只有一次，而每個孩子的童年亦不同。家長若有一個以上的孩子，更可以體會到不同孩子的性格與成長有諸多差異，因此不以單一的方式教育與處理，而是先了解每個孩子，用適合他們的方式來教導，相信家長的成就感更棒，與孩子關係也會更貼切。

家長通常是擔任保護、教育的工作，希望下一代健康安全成長與成熟，這就是「收手」，但是因為孩子有自己的人生需要去成就與完成，家長也需要有「放手」的氣度與期待，就如同家族治療裡面的「自我分化」（self-differentiation）的概念，家庭需要著重在個體有「連結／歸屬」及「自主／獨立」的能力，自我分化就是可以讓理性與情緒得到平衡；家人因為血緣及情感的關係，也造成家庭的主要問題是情緒融合（emotional fusion），常常無法釐清自己與他人的情緒、缺少了自主性，因此家庭的功能是要讓子女從與家庭融合、慢慢成熟到可自主獨立，又不失與人連結（所謂的「自我分化」過程），因此自我分化成熟的個人，能夠有自主性、可以抗拒情緒的衝動，而自我分化不足的人，就會很直接地做反應（不管是屈服或者是抗拒）（Nichols, 2010）。家中孩子出現問題，主要是因為高強度且未解決的焦慮在家庭情緒系統中出現，當關係的焦慮強度與持續時間過長，超出了這個關係系統所能因應或負荷的範圍，就會出現一些臨床的症狀（Burnett, 2013），這一點說明了家庭氛圍影響在其中生活的每一個人，同時提醒家長要讓孩子在情緒與理智中，儘量學習維持平衡。

遊戲是孩子學習社會化最重要的媒介，孩子從遊戲中也可發揮創意、與人建立關係、學習分工與合作、培養領導能力以及自律，而團體遊戲或活動（如打球），更是培養孩子團隊與運動員精神很重要的途徑；如同遊戲一樣，運動不僅可以強健體魄、打發時間、熟練技能、保持身體彈性（較不容易受傷）、增加挫折忍受度、提升專注度、有較愉悅的心情（協助情緒管理），還能夠增進大腦的執行力！小時候家長會陪孩子一起遊戲或出遊，孩子進入青春期之後（通常是小學高年級），已經不太想跟家人出門，而是以同儕活動優先，家長也要承認與接受這個事實。曾經有一位小三同學，因爲家裡不准他玩線上遊戲，導致他在學校與同學就沒有共同話題可聊，成爲孤單的一個人，甚至只能去找較年幼的二年級小朋友玩。當然，家長可能會擔心孩子因爲遊戲而荒廢課業，其實這都是可以事先約法三章，先說好的，畢竟孩子上學是需要朋友的，倘若孩子與同儕間沒有共通點或話題可以互動，自然影響其人際關係與其他學習。

學習當然不限於學業或學科上的學習，而是還有更多！學業成績也不會跟我們一輩子，進入職場才是眞正學習或展現學習成果的時候，而學業成績通常無法發揮作用。家長往往是在孩子唸小學時，較常與師長聯絡、也較清楚孩子交遊的狀況，隨著孩子逐漸成長，家長似乎也慢慢放手；有時候是因爲孩子需要隱私或自主權，不喜歡家長插手太多，但是最好還是進一步了解孩子在學校的人際與喜愛的科目或師長，可以更清楚孩子的學習及生活情況，甚至在適當時機知道如何求助。

Piaget兒童至青少年的認知發展階段

（整理自Henderson & Thompson, 2011/2015，pp.2-5, 2-6）

年齡	階段	說　明
出生到二十四個月	感覺動作期	用行動、身體去探索世界。
二至七歲	前運思期	兒童的行為和思考是「自我中心」的，無法以別人的角度來看事情，也相信每個人的看法都跟他一樣。兒童與同儕之間的互動，是化解前運思期「自我中心」最重要的因素。
七至十一歲	具體運思期	有對話技巧，能逆向思考，欣賞他人觀點，在學習上需要具體的協助，能夠區分現實與幻想，但抽象推理思考有困難。
十一歲以上	形式運思期	青少年能夠以邏輯、理性抽象的思考，來把事實跟想法連結在一起，也以多重的推理來消除矛盾。其思考特徵還有一個是「想像的觀眾」（這個與他們

年齡	階段	說　明
		高度的自我意識有關），以及因為有「個人神話」（因此會誇大對自己的期待），可能會做出不明智的冒險行為。

兒童與青少年發展階段的特色與需求

發展類別	學齡期兒童	青少年	注意事項
發展任務	學習動作技能； 建立正向自我觀念； 學習適當的性別角色行為； 學習與同儕相處； 發展價值觀、道德與良知； 學習獨立； 培養基本讀、寫、算技能； 了解自我與周遭世界。	發展觀念性與問題解決技巧； 與兩性同儕建立成熟關係； 發展引導行為的倫理系統； 表現吻合社會期待的負責行為； 接納自己生理成熟的變化； 有效運用自己體能； 為未來生涯做準備； 情感與經濟獨立； 婚姻與家庭生活的準備。	兒童後期已經與同儕有發展不一的情況，女生較之男生早熟，早熟的女生受到同性排擠，早熟的男生受到同性忌妒。 青少年期須調適發展中生理與心理情況，也在獨立自主與依賴父母之間掙扎。
生理	國小中、高年級身體開始發育，對於性別刻板印象較嚴苛。	對身體與外表很在意；偶有不適應的情況，因為身心發展不一致，也會嘗試新的動作，測試自己的能力。	學齡兒童行為與情緒轉變較快，精力旺盛，也容易疲倦。 青少年性慾的壓抑，可以經由正確觀念與抒發管道（如運動）來緩解。
認知	處於Piaget的「具體運思期」。	進入「形式運思期」；	國小中、低年級生還在認知具體化階段，

發展類別	學齡期兒童	青少年	注意事項
認知	此時期的兒童已有「物體永存」的概念； 有逆向思考能力； 有邏輯分類觀念； 會覺察到物體間不同的關係； 了解數字觀念； 思考具象化。	有假設性與抽象思考； 開始認真思考與尋找自己的定位及生命的意義。	說明時，需要有動作示範，以明確指示或例子做輔佐，提供適當的學習資源。
情緒	中年級開始對自己的特色有矛盾的感受，較遵從成人指令、偶而反權威，對電視或流行的物品感興趣。 高年級情緒發展較廣泛與多樣化，有時在短時間內情緒變化很快，對他人情緒有較好的判斷；有些人已經進入青春期，對未來想法較不切實際。	自我意識強（較自我中心），容易與權威人士起衝突； 情緒起伏大，喜歡做白日夢。	兒童慢慢拓展情緒光譜，也慢慢學習情緒管控。 青少年因為賀爾蒙因素影響，情緒起伏較大、容易陷入低潮，也容易受同儕看法影響。
行為	六歲：行為轉變可以很極端，精力旺盛，也容易疲倦。 七歲：行為表現較有組織、安靜，可以坐得比較久、較專心。 八歲：有能力為自己行為負責，也能	不安、好動、精力旺盛；容易無聊，會找刺激、做無厘頭的行為；有時候出現笨拙情況，主要是身心發展與調適的問題。	兒童因為受限於語言發展，許多語言不能明說部分或用動作表達，身體出現的症狀通常與壓力有關。 不要將行為視為唯一指標，需要去考慮其行為背後的動機和意圖。

發展類別	學齡期兒童	青少年	注意事項
	表達自己的想法。 九歲：表現更獨立。 十歲：合作，喜歡閱讀與講話，可獨力完成工作。 十一歲：有時表現笨拙或莫名其妙，喜捉弄他人，與人競爭。		不要「以言廢人」或「以人廢言」，這樣可以避免標籤化兒童，也讓其有改善的希望。 青少年要適應自己身體的快速成長，會注意自己的外貌、他人對自己的看法，也開始有追求異（同）性的行動，或是如何處理自己性衝動。
社會／人際關係	學校是兒童第二個接觸的社會（第一個是家庭），因此會慢慢拓展自己的交遊圈。 低年級視老師為權威，友伴關係很不穩定。 中年級開始會與同性別的玩在一起，但是也會出現「男生愛女生」的傳言與戲謔，在乎他人對自己的看法與喜愛程度（以此來定義自己的價值），同儕影響力開始介入，也有明顯的「霸凌」情況。	容易結黨成派，社交發展從家庭轉移到以友伴為中心。 想爭取獨立，努力脫離對父母的依賴。	兒童期有時會因同儕壓力、怕自己不合群或不同會被排擠，了解此年齡層的次文化與流行是很重要的，同時也要肯定兒童有自己的想法。 六歲大的兒童較自我中心，不太能與人分享物品或是輪流做些什麼。 七歲：容易因為別人一句話就受到打擊、較「他人導向」。 八歲：重視友伴團體。 九歲：對他人開始發展信賴感，也有反權威行為出現。

發展類別	學齡期兒童	青少年	注意事項
社會／人際關係	高年級的女生較同年齡男生成熟，開始有「閨密」，與男生似乎變成「不同國度」的人，也對異性感到興趣。		十歲：對家人與朋友態度較正向，較遵從成人指令。 十一歲：喜歡與同儕及長輩相處或談話。 十二歲時，大半兒童已進入青春期，開始有自我認同的議題，想要「同流」又想要「特別」。 青少年有較多時間與同儕相處，基本上還是依賴父母親、只是擔心被同儕取笑還是父母親的孩子，會為了反對而反對。

研究小百科

兒童不可或缺的需求（Brazelton & Greenspan, 2000, cited in Henderson & Thompson, 2015/2011, pp.1-7, 1-8）：

- 持續不斷的滋養關係
- 基本人身安全保障
- 依據個別差異的適性發展
- 在（認知、肢體、語言、情緒與社會）發展上給予適當協助
- 成人在適當的期待下設限，提供架構與指引
- 居住在穩定、支持與一致的社區內

三、提供適當與足夠的文化刺激及期待

故事一

一位育有三個子女的父親很生氣地抱怨說「孩子都不聽話」，我請他舉例說明。他說：「像是我叫他們去房間寫功課，他們就聊天、玩鬧，一點都不專心。」我問：「你叫他們去寫功課的時候，你在做什麼？」「我就在客廳看電視啊，電視聲音不大、沒有影響到他們。」「那麼，如果你是孩子，你看到爸爸在看電視，但是卻要求你去寫功課，你感覺如何？」我接著問。「可是我工作一整天下班回來，就不能看個電視，輕鬆一下嗎？」這位父親有點氣憤，帶有一些委屈。我告訴他，我沒有指責的意思，只是請他體諒一下孩子可能有的心情。

故事二

有位阿姨問她唸小學五年級的外甥女：「妳覺得爸爸家的，還是媽媽家的人比較有趣？」外甥女連思考的時間都沒有，立即回答：「媽媽家的人。」問她爲什麼？她說：「阿姨、阿嬤會跟我一起看電視、說些好玩的事情，可是姑姑她們看我在看電視，就會先罵我，然後就說功課要弄好的事情，眞的很煩！」

故事三

作家郝譽翔培養孩子看書的習慣，心理學家洪蘭也說大腦的刺激迴路中，閱讀與創意是重疊的，腦神經學家認爲肢體運動有助於心情的提升（較不會有憂鬱症）與大腦發展。諸位家長可以領略其中精髓嗎？

第一個故事提到一般家長會認為，督促孩子去寫功課或看書是天經地義，但是孩子可能有不同的思考及感受（也許認為大人怎麼就可以看電視，小孩子不行？），因此若要孩子專心寫作業或看書，最好就是以身作則，可以陪在孩子身邊讀書報、看資料，因為「行動比說話更有力道」。有時候家長的行動並不一定讓孩子了解，就需要進一步做解釋，但是要切記：不要說謊或找理由，因為孩子很容易便會發現，此時家長的信賴度就會減損。第二個故事提到的是當兩人結婚的時候，並不只是兩人組成家庭而已，而是配偶自身從原生家庭帶過來的一些價值觀、習慣，也都會隨之而來。孩子夠聰明，會注意到兩個家庭的氛圍、待人處事的態度等，他們會做比較及選擇，這樣其實是很好的，也就是提供了孩子不同的選項。故事三是結合了不同領域的專家與研究結果，很簡單地呈現，家長若能夠讓孩子養成身體活動與閱讀的習慣，其實就是讓孩子累積了寶貴的生活資產！

所謂的「足夠」的文化刺激，也就是說「過與不及」都會出現問題——不足就無法引發學習動機，太過則容易彈性疲乏。父母親對孩子會有期待，但是也要注意這些期待是否符合孩子的興趣、性向與發展，而不是不問是非地一味要求，畢竟孩子不是父母的分身或延伸，他們有自己的生命任務要完成。但是有些父母親不是對孩子沒有適當的期待（過高或過低），要不然就是孩子無法或不敢違抗父母親的期許，造成雙輸的局面。父母親期待過高，孩子倍覺壓力，有時候反而無法有正常表現，倘若父母期待過低或沒有期待，相對地不會挹注資源在孩子身上，而孩子也容易放棄。父母親要看見與協助孩子發展自己有興趣的才能，因此不要將自己未滿足的期待強加在孩子身上、要孩子去完成，因為眞正的愛是接納孩子「如其所是」，而不是將孩子形塑成父母自己想要或期待的模樣，這也呼應了父母親需要有「收手」與「放手」的智慧，放手讓孩子去發展自己的人生。

故事一

一對夫婦在飛彈危機時，帶著年幼兒子移民美國，希望給孩子一個更好的未來。做父親的在早幾年，要爲生計謀出路，往往需要到東岸去工作，久久才回家一趟。兒子進入中學時期，有一天父親回來探望，看兒子放學進門，很高興，不由分說就上前去給兒子一個大大的擁抱，但是隔天卻收到學校輔導老師的約談，說兒子指控他在未經許可下擁抱他，屬於性騷擾的行爲，父親當場嚇傻眼，有許多的困惑與怒氣；後來經過妻子的解說，才願意去承認這是因爲不同文化價值觀所造成的差異。

故事二

一對臺灣夫婦，早年移民美國，努力多年打拚下，兒子終於唸完碩士、找到工作，也娶了ABC（American Born Chinese）妻子，好日子就要開始。丈夫也在不久之後，將所住房子過繼給兒子。但是有一天，經過客廳要去取水時，無意中聽到兒子與媳婦的對話，媳婦說要向老夫婦索取「生活費」，因爲他們現在是住在「兒子家」，結果兒子的回應竟然是「與父母商量看看」，讓老父親極爲心痛！於是與妻子連袂返回故國，住進養老院，自此不與兒子聯絡。

故事三

教育心理學有一個很典型的研究，是有關社會學家與教育學家合作解決紐約市某區學童成績不佳的問題。教育學家發現紐約某學區學童平均成績較其他學區要差，後來社會學家調查發現：此區的學童大都沒有吃早餐就來上學。於是專家們就讓此區孩子來校吃早餐，果然經過一段時間之後，此區孩童的學業表現與其他學區不相上下！

故事一與二都是移民第一代的辛酸故事。母國文化與新文化的衝擊，讓孩子只能擇一，通常兩代間最多的是新舊文化的價值衝突。一般的父母親也需要了解孩子的不同成長階段的同儕文化與流行事物。故事三提到孩子需要吃早餐，才會有心力從事學習，要不然肚子餓、無法專心學業，自然學習成果落後，而在醫學上不吃早餐也會影響胰臟功能。此外，這故事也提醒家長：孩子若在學習上的表現與期待不成比例時，可能有其他因素影響，需要去探究，而不是譴責孩子不努力而已。

(一) 提供適當資源並及早發現問題

家長往往有許多「禁令」（許多的不准、不要）、過於保護孩子或不讓孩子有更多探索機會，也容易讓孩子未來畫地自限、畏畏縮縮，當然「過與不及」都是不好的，太多刺激會超過孩子的負荷量，反而造成無感或不願意繼續努力。當然家長爲了保護孩子，通常會有許多禁令，但是需要做說明，讓孩子明白爲何要有這些限制？孩子也較容易遵從。早期的研究（Perry, 1997，引自Klorer, 2008/2012, pp.53-54）已經證明，若兒童在發展早期缺乏感官與認知的經驗（或刺激），會導致其大腦皮質無法充分發展；換句話說，只是提供孩子生存的基本需求（如食物、水、保暖）是遠遠不足的，孩子還需要與人互動（社會需求）、環境與文化刺激。

父母親可以給孩子最大的資產與禮物就是教育，以往的教育是翻轉社會階層或地位的便捷之道，然而現在的M型社會，貧富與資源分配不均，造成富者愈富、窮者愈窮，要靠學歷來改變人生更不容易，況且現在是全球競爭的時代，孩子的壓力更大。父母親經濟上寬裕，自然就可以提供孩子更優質的教育與資源；反之，若家長要維持生計都有難度，何來額外資源挹注在孩子的教育與學習上？父母親都怕孩子輸在起跑點上，因此會將許多資源注入，甚至希望孩子可以領先起跑，現代父母連在選擇幼幼班、幼兒園或小學，都有許多考量，有些會選擇雙語教學或是教學較爲活潑的學校，但是這些選擇的背後，可能都需要相當財力的挹注，經濟弱勢或財力較差的家庭，就必須要有優先次序的考量，包括讓孩子上較平價的安親或補習班，或者是選擇幾科補習非全科，許多經濟上較爲困窘的家庭，家長連最基本的生活費都捉襟見肘，何來額外的經費讓孩子補習或上安親班？孩子或許就在資源不足的情況下，隨著學習層級的增長而漸漸落後，目前有許多公私立的免費資源（如課業輔導、運動社團等）可運用，家長可以多去詢問，讓孩子的學習更無後顧之憂。在家長忙於家計的同時，可能與孩子相聚的時間就因此縮短許多，甚且無法監督或協助孩子的課業或作業完成，孩子在心理上與情感上缺乏足夠的關注，也可能較無心力專注於學習上，甚至會認爲自己努力也無法獲得注意與關愛。家長千萬不要放棄，找找延伸家庭、學校、或家庭以外的其他資源（包含網路），予以適當監督與指導，相信孩子的學習不會落於人後！

(二) 家長本身就是最好的資源

孩子尚年幼時，可以讀故事給孩子聽，同時也享受親子一起的溫馨與安全感，甚至可以一起創造不同的故事與結局（如三隻小豬住在杜拜會如何）；有些家長會抱孩子在懷中讀書，更留給孩子美好的回憶。此外，多對孩子說話，或與孩子對話與討論，孩子可以學習的，就更多（包括語言的使用、思考的廣度及表達能力等）。當孩子年紀稍長，就可以與他／她一起讀故事、創造不同的故事情節與結果，接著就可以帶孩子去圖書館或書店，賞受閱讀的樂趣。跟孩子一起去逛書店選書，沉浸在書的世界裡，彼此都可以享受閱讀的樂趣，也與有共同愛好者處在同一空間，這種喜悅的經驗是很令人振奮的。孩子寫功課或唸書時，關閉電視或手機，專心陪伴孩子，而不是自己在看電視或玩手機，卻要求孩子唸書、寫功課，他們會覺得不公平。況且陪伴孩子唸書，不僅可以協助其鞏固學習效果，還可以共處、度過優質時間（quality time），甚至還可以與孩子討論、一起學習新知。孩子從閱讀中獲取許多資訊或做人做事道理，進一步可運用在生活、人際與學習上，同時也可以發揮其想像力與創意，雖然許多書籍被拍成電影或電視劇，但是閱讀的想像力是孩子自己的，電視或電影的想像力卻是導演的！

培養孩子運動的習慣也是家長可以給孩子最佳的能力與禮物，運動不只有助於大腦發展、強健身心（減少情緒困擾），還可以培養孩子休閒興趣、管理時間的智慧，也就此與同好一起社交互動，更可以培養挫折忍受力，而小時候養成的運動習慣，可以是未來健康的重要本錢。儘管現在許多的書籍已經電子化，但是電子書籍畢竟對眼睛與姿勢、骨骼有重大的負面影響，紙本書觸摸起來的質感，加上可以馬上翻閱到想要閱讀的部分，甚至可以畫線、或停下來思考，也的確是電子書不能替代的優勢。

提供適當的文化刺激，最基本的還是與孩子的互動，若能夠固定花時間與孩子溝通、討論，甚至只是好好利用晚餐或睡前的短暫時間，都可以與孩子更親近，還可以對於目前社會或全球所發生的事件做說明與意見交換，家長本就是很好的「軟體設備」，因此不要輕忽自己的重要性。家長也要與時俱進，除了了解時事與全球現況之外，還要清楚目前孩子的年齡層流行的是什麼？像是這一陣子流行日本的「鬼滅之刃」，或許家長會擔心其所造成的影響，但是先去了解，才會理解爲何吸引孩子的部分，也才能進一步協助孩子做判斷，而不是一味禁止。家長若能夠掌握與了解時事與全球現況，可以在與孩子討論的時候，分析實際情勢、可能造成的影響，讓孩子更清楚其所生存的世界樣貌，同時也增進彼此相聚時間、對彼此更了解，也是很重要的家庭教育。

雖然經濟上的實力可以讓資源更到位、讓孩子的學習更有效，但是家長願意花在孩子身上的「優質時間」，讓孩子感受到自己是安全、被認可與愛護的，可以讓孩子願意努力學習。優質時間不需要很長，只要有接觸、用心與專注，即使只有五分鐘，也可以造成很大的效果。一位母親說自己因爲工作忙，常常把工作與家事忙完，已經近午夜，孩子都已經上床就寢了，感覺自己與孩子似乎很少有相聚或說話的時間，但是她養成了一個在孩子睡前擁抱的習慣，這個溫暖也會讓孩子感受不同！

家長當然希望與孩子一起共創記憶、一起活動，就是很好的註記，即便孩子不一定會記得曾經與雙親有過的所有活動，但是那種被關愛、照護與認可的感受，是可以長期儲存在記憶深處。我記得曾經參加過一場講座，當時授課教師要我們依照排行分組，然後詢問我們的感受，我當時分享的就是：身爲老大，可以領受雙親最多的關愛。這些愛也一直陪伴著我成長，在遭遇困挫時也不輕易退縮。

四、照顧孩子的身心靈層面

故事一

有位小學二年的小男生被轉介到輔導室見我，班級導師說孩子有情緒控管的問題。我問這位同學知不知道自己爲什麼來這裡？他很清楚是打到同學，因爲不小心。後來我們聊到他最喜歡的足球，他還告訴我自己守的位置以及所需要的技巧，我謝謝他讓我知道他是一個很清楚如何善用自己力氣與技巧的人，我也請他繼續維持下去。在與小男生談過之後，我邀請他母親來跟我見個面，母親先爲兒子的打人行爲道歉，但是我誇獎她有一個很知道如何使用力氣的兒子，我提到孩子其實是以父母親爲學習對象，媽媽愣了一下，然後有點羞愧地說：「是我自己脾氣控管不好。」後來她就提到自己養一雙兒子，有時不免煩躁，加上大兒子有時也會欺負弟弟，讓母親很受傷。我們接著聊到大兒子爲什麼會有欺負弟弟的行爲，可不可能是因爲愛被切割了？還是家長的對待讓他覺得不公平？要如何對症下藥？

故事二

一位即將去實習的大四學生提到：很害怕自己又回到原來重男輕女的家裡。因爲家中只有弟弟是唯一男性，她之前的姐姐們也都讀到國中就去工作賺錢，全家將所有資源挹注在弟弟身上，但是弟弟連完成高職學業都很辛苦。當初自己也是奮戰了許久，才得到雙親首肯來唸大學，實習在即，爸媽要她回到家附近實習，她很擔心自己又回到原來的困境中。我告訴她：大學四年，她已經有足夠的自我強度去面對生活給予的考驗，而這四年的學習也證明她有能力獨立生活、過自己的人生，因此「不要怕！」後來這位學生甄選到家以外的外縣市就職，雖然固定回家探視雙親，但至少為自己掙得了自主獨立的生活空間，也發展得很好！

故事一提到孩子的許多表達情緒的方式，其實都源自家長的教導或身教，家長若沒有覺察，可能就讓孩子學習到自己抒發情緒的方式而不自知，孩子其實有更多學習的管道與成果。故事二提到家長因為獨生子，而將所有資源都投注在兒子身上，不管其他女兒們的未來，家長抱持著傳統「養兒防老」的觀念，卻扼殺了其他孩子的機會。幸好這位女同學會為自己的命運一戰，生活才會不同。

古代的希臘人所受的教育只有音樂與運動，我國自古的傳承也是「禮、樂、射、御、書、數」，可見東西方所重視的是以體育優先、學術居次，身體強健了，自然會有餘力讓學術上的學習更好！但是曾幾何時，我們的教育只著重在認知上的學習了？我們的軍人還有攝氏33度以上不操練、有週休二日，還有不同的替代役，加上只訓練幾個月，當眞正要用兵時，可能就無法派上用場。以色列連女性都要當兵，只是年限二年，較之男性少一年而已！我國大學之前的學生近視比率近五成以上，現在若加上網路科技的加持，可能視力情況會比之前更糟！體能是一切的基礎，若無適當的體能，又如何進行其他的學習？家長對於孩子平日活動力的訓練與培養很重要，帶著孩子一起運動，不僅可養成孩子運動習慣，養成正當嗜好或娛樂方式，強健體魄與維持身體彈性，讓孩子情緒不憂鬱，可打發時間，更能增進親子關係，何樂不為？

家長不需要刻意，也可以照顧到孩子的心理與心靈層面，不管是情緒上的安撫與留意孩子身心的變化，並予以適當協助。有些家長自小就培養孩子的宗教信仰，帶孩子到道場或教會參與活動，有些甚至是茹素或在生活各層面都有不同信念的履行。然而即便如此，家長可否容許孩子在成年之後，自己選擇想要繼續原來的信仰或儀式？

與孩子討論日常生活的事件或新聞時，也可以做更深入的討論，或許孩子受到事件衝擊，影響其情緒，家長也要顧及。像是新冠疫情緊繃，孩子也擔心家人染疫、自己無人照顧等，家長同理其可能有的情緒，並給予適當保證。心靈的照護還涉及生命的目的與意義，雖然許多孩子還不會想到這一些，但是當身邊有親人或同學遭遇重大失落或傷痛，生死議題與生命意義的疑問就會開始浮凸出來；家長不要規避這些議題，因爲可能無形中加深了孩子對於死亡或不存在的焦慮，坦然詢問與回應孩子的焦慮或擔心，或許對彼此來說，都是重要的學習課題。許多生活中的瑣事或是體驗，都可以是親子對話或關切的重要題材，有時候孩子在學校所學習或閱讀的素材，都可以是最佳切入點，家長對於孩子身邊所發生的一切有興趣或是留意，都可以抓到到重點，適時給予提點或教導，自己也會覺得與孩子更親近。

欣賞與美的教育也不可或缺。讓孩子可以從周遭的人事物中看見美善，也燃起他們生命中的光亮！小從家中的布置或蒔花養草（甚至可以讓孩子了解生命的美麗與奇蹟），與孩子散步、郊遊時，欣賞大自然的美麗與偉大，或是欣賞櫥窗擺飾與創意，逛逛美術館或展覽館展示的作品，欣賞音樂或是管絃樂等等，也都讓孩子可以洗滌心靈、陶養身心。有些家長希望孩子學會某種樂器，但是最好是站在較爲輕鬆、培養美育的立場，而不是要求孩子一定將其作爲未來生涯（除非孩子眞正有興趣），我曾經碰過當事人聽音樂時只聽到「指法」（因爲他會吹薩克斯風），而非音樂。美與欣賞的教育不需要花費大量的金錢，往往信手捻來也都是可以善用的教材，家長本身想要傳達的訊息最重要！

許多家長或許因爲生計而疲於奔命，甚至生活作息與孩子正好岔開，也要多利用零散的相聚時間（如送孩子去上學或檢查孩子作業時），讓孩子感受到自己是被關照、被愛及有價值的，因爲孩子也不會只因爲物質上的需求，而忽略更重要的親情。有時候，家長會誤解孩子重視的價值（如生活用品或手機），不要因此認定孩子價值觀與我們不同，或許他們只是想要證明家長是「在乎」他們而已！

五、情緒教育的重要性

故事一

小妍一直是表現優異的孩子，總不讓父母親失望，但是當她進入研究所，卻常常有抑鬱的情緒。導師關切她的情況，有一回特別找她來談話，提及導師的擔心，小妍突然爆哭！她說自己身爲長女，很希望得到父母親的青睞，也希望自己不辱家門。但是從小到現在，父母親似乎對她的表現都不夠滿意，只要她的表現不如預期，常常受到父母親笞打，有時用衣架、有時是皮帶，甚至長跪、不准吃飯。她一直覺得自己之所以不快樂，是因爲「不夠好」，連幾段親密關係，都是自己先提出分手。導師分析說：「妳是這麼需要愛、渴望愛的人，卻將愛拒於門外，妳是害怕自己受到傷害嗎？妳要開始愛自己！」也轉介小妍到諮商中心找諮商師談談。

故事二

阿成是家中獨子，但是他的印象中，父親經常暴怒，母親與姊姊都成爲父親發洩情緒的對象，有時候，他也受到波及，但是因爲有母姐保護，較少受到身體傷害，然而心裡卻一直憤憤不平，總覺得有一股怨氣。上大學與不同的人接觸之後，他才恍然覺得自己的家庭不是正常的；儘管自己沒有受到太多肢體傷害，但是自我價值感已經被斲傷許多，連與人互動，都不敢表現眞正的情緒或想法，他決定去找相關的書籍，開始做自我療癒。

雖然上面兩則故事都是有關家暴的，但是家長情緒管理能力欠缺，傷害的是孩子的全部，包括未來的人生，倘若沒有覺察與機會療癒，或許就帶著殘餘的傷痕過生活。第一個故事提到父母親將自己的期待（或未完成的夢想）放在孩子身上，卻又不明白表示，讓孩子猜想是因爲自己不夠好，但是不是也認爲自己是父母親的負擔、不值得活呢？故事二的阿成，可能以爲自己家中即使有暴力，但是因爲受到母姊保護、傷害較少，殊不知許多心理與精神上的傷害已經造成，讓他心上一直有陰影存在。家長的情緒會轉嫁到孩子身上，或許是因爲自己在工作或婚姻關係中的不如意無處宣洩，就將其發洩在較爲安全的家人身上，孩子通常會成爲家長情緒發洩的對象，當孩子不清楚自己爲何會引來一陣痛打，可能就會自己解讀、合理化家長的行爲，甚至認爲自己不夠好、不值得愛，自此就這麼看待自己，其實傷害很深！不僅影響其對自己的看法，也影響其人際關係、工作及生活各層面。

(一) 情緒的功能

情緒是我們生存很重要的功能之一，情緒也是主觀的感受，它可以警示危險（讓我們趕快做出逃跑或攻擊的行動），有其目的（如選擇適當目標前進），也可以有表達功能、協助我們同理與溝通（Reeve, 1997, p.261）。情緒會影響我們的免疫系統（尤其是憤怒）與身心健康、與人互動與人際關係、學習與記憶、自我了解與道德判斷，因此非常重要！家長在情緒教育中也擔任了關鍵角色，因爲基本上，孩子是從家長身上學習情緒的力量與表達方式。情緒教育中有一個是「同理心」的養成，可以設身處地、感受他人的可能感覺並爲他人設想，這樣的人自然會有較多同儕或朋友，其人際關係也較佳，做事容易得到協助，自然生活較適意自在。

家長或許會要求孩子不能表現出某些情緒（如生氣或害怕），甚至不允許孩子表現出任何情緒，這些都是違反自然，且不利於孩子發展成長；當然也不能忽略孩子的情緒，久了，孩子會誤以爲自己是不重要的。有些家長可能擔心孩子會被自己「寵壞」，因此不太願意去關照孩子的情緒或照顧孩子的情緒，這些作法反而會適得其反！要注意到孩子的情緒，因爲這些都是說明孩子狀態的重要線索。倘若孩子經常以某些情緒（如暴怒、哭泣、摔壞物品或撒嬌、耍賴）來作情感勒索或得到他／她要的（如玩具、特權或逃避責任），倒不如去了解其行爲後面的眞正動機，或許會想出更有效之解決方式。倘若故意忽略孩子的情緒或感受，可能會讓孩子誤以爲感受不重要或自己不重要，反而會朝較爲負面且危險（如自傷、憂鬱或反抗）的方向前進。

一個和善鼓勵的眼神、陪伴在身邊，或是一個擁抱，也都足以安撫孩子激烈的情緒，當孩子有安全的依附關係，自然就會有自我安撫的能力，在面對焦慮情境或困難時，不會輕易退縮或逃避。

故事一

一位年輕母親來求助，她說孩子三歲多進幼兒園，但是已經被五所幼兒園拒絕，主要是因爲孩子常常搶奪他人的玩具，因此引發許多爭執，連老師們的容忍度都受到極大挑戰。我問她，孩子都是她帶的嗎？她說之前是由婆婆帶，最近才把孩子帶回來，自己照顧，但是因爲自己要上班，所以將孩子放到幼兒園。詢及婆婆帶孩子的方式，她說婆婆極疼這個長孫，總是嫌其他小孩不乾淨，因此即使是去公園玩，也是把孩子保護得很好，不讓其他孩子接近。我讓這位母親請託幼兒園老師，將孩子安排與人氣較佳的孩子坐在一起，讓孩子有機會觀察別人對待他人的方式，加上較有人氣的孩子容忍度較高，也可以較接納孩子，一段時間過後再來談。這位母親後來說，孩子終於可以好好跟同儕相處了，也懂得分享。

故事二

剛上小一的小琳，上學第一天回來，阿嬤檢查她的鉛筆盒，卻發現許多「屍骨不全」的鉛筆與橡皮擦，而且也不是阿嬤爲她準備的。於是問小琳，學校發生了什麼事？小琳說，同學都來看她的鉛筆或是向她借，然後還她，阿嬤要她明天到學校去把自己的東西要回來。

(二) 少子化世代孩子的情緒

故事一的孩子，因爲被保護得太好，反而唯我獨尊、較自我中心，也失去磨鍊「免疫力」和學習與人相處的機會，這就是「愛之適足以害之」的一例。故事二的小琳很有人氣，也夠慷慨，但是還不知道維護自己的權益，阿嬤的處理非常好，讓小琳自己去將問題作解決，而不是替她出面。少子化的現象，許多家庭都只有獨生子女，沒有手足相伴，孩子若無較多機會與他人相處、調整自我，就容易自我中心，被他人視爲自私、無感，可能就會影響到孩子的許多面向。現代的孩子因爲生活在步調快速、變化多端的環境下，也常身負家長過多的期待，較容易出現情緒上的障礙，包括焦慮、憂鬱、躁鬱或情緒突然暴衝的情況，也比較不能忍受等待或失敗，因此情緒教育就變得異常重要。

(三) 情緒是自我的一部分

情緒是自我的一部分，認識情緒也是認識自我的重要面向，具有生存（危險警示）與社會功能（與人互動、覺察與判斷人際關係的重要線索），也可激勵人有行動，這樣人類才有學習、創造與改變之可能性，情緒也讓人類感受與體驗生活及生命，而了解與適當管理情緒是個人生活重要的能力之一（整理自邱珍琬，2018，p.3），了解與接受情緒是自我的一部分，很重要。饒見維（2021，pp.72-73）認爲情緒教育應包含對自我、他人、環境與事物的覺察、辨識理解、感性接納、行動表達及反省轉化，也就是需要覺察到自己對於周邊環境的感知、了解情緒背後的意義或動機，甚至同理他人處境與思考，接著才有可能採取適當行動因應、有所作爲。適當的情緒教育可以減少孩子的攻擊行爲，特別是氣憤管理部分，但是若幼時就展現最多攻擊力者，可能終其一生都持續如此，主要與負向的家庭影響有關（Warson, Andreas, Fisher, & Smith, 2005, cited in Berman, 2019, p.26）。

(四) 華人社會的親子關係與情緒教育

我們華人文化重視倫理，父母親也視孩子爲珍寶。孩子幼年時，我們擁抱親吻，照顧得無微不至，但是成長之後，就沒有擁抱與親吻的肢體接觸，實在可惜！相較於美國文化，孩子在嬰幼兒期已開始訓練其獨處，即便是孩子哭喊也不一定會將其抱起來，但是當孩子漸漸成長，肢體上的擁抱與接觸就是日常。肢體的接觸的確有安撫情緒、傳達溫暖與安慰的意涵，就這一點而言，可以東西文化平均一下。華人文化特別壓抑個人情緒的表現，導致親子之間經常有猜測彼此情緒的作法，卻往往無法掌握！此外，我們會擁抱自己的孩子，卻極少擁抱自己的父母親，倘若家長可以經常示範，子女自然也會養成這樣的習慣，而不會尷尬。

情緒的管理與嬰幼兒期的依附模式有關，安全的依附行爲讓孩子覺得安全、信賴，接下來，孩子才會相信自己。情緒教育可以養成孩子認識、了解自己與他人情緒，進而有表達及管理自己情緒的能力，促進其人際關係與生活。通常情緒管理較佳者（或是情緒智商——所謂的emotional intelligence or EQ），其挫折忍受力與自我強度都較佳，在生活功能及與人互動上較爲順意。

家長進行情緒教育，除了以身作則之外，可以從幾方面著手：1.帶領孩子運動，養成良好運動與休閒習慣。運動可以增加腦內啡的分泌，讓人情緒良好，加上運動可以強健體魄、作爲休閒娛樂、舒緩壓力，也增加自信心與挫折忍受度。2.從「他律」到「自律」，養成孩子自我管理的習慣。自我管理的功夫絕大部分是從他人的約束或獎賞而來，家長在最初時或許需要用懲罰或獎勵，才能讓孩子慢慢養成自我約束或管理的能力，接下來，孩子從自我管理中會得到酬賞（如他人的讚美、信賴，或是自己完成事務的效率）而成爲自己的能力之一。3.傾聽與同理孩子。孩子與成人一樣，在日常生活中也會遭遇到順意或不順利的情況，不妨在親子間每日有固定討論生活事件或交換意見時間，先積極傾聽孩子的故事，不要急著給答案或建議，孩子也從被聽見與接納中，感受到被尊重與自我價值，更有助於其情緒智商與社交智商的發展。4.帶孩子與大自然接觸、看看大世界，除了可以拓展孩子的視野之外，還因為接觸許多不同的人事物，而有更廣的胸襟與容忍度。5.有效使用電腦與手機等網路科技。手機世代的孩子花費在手機使用的時間增加許多，這似乎是家長不可抵擋的趨勢，然而也可以讓孩子的生活安排上，節制與安排手機的使用時間與空間。沉浸在手機或網路世界者，容易有情緒上的抑鬱或障礙，甚至容易誤蹈網路陷阱或誘惑（如藍鯨遊戲、詐騙或其他），當然手機網路的使用與時間管理、休閒活動安排，也息息相關。

(五)正向管教與情緒

父母親的管教方式當然也影響孩子的情緒與情緒能力。我國家長常常望子心切、責成很多，但是卻也因此使親子都倍覺壓力。「責成」是指家長往往要求孩子表現完美，因此孩子就怕犯錯，或辜負了家長的期許；以前我聽到家長說「考一百分給一百塊」的時候，就要孩子向家長反映：「如果考六十分，記得找給父母親四十元。」家長聽了都會莞爾一笑，接著我就會請教家長「考一百分給一百塊」背後的思考或暗示為何？是不是完美主義、不准犯錯？家長可以給孩子適當的壓力，但是也應該在眞正了解孩子之後量身打造，這樣的期待才切實，不會有過多讓孩子難以承受的壓力。此外，華人傳統較重禮數與內斂情緒，不鼓勵情緒的自然表露，然而正確的情緒教育有宣洩與管理，而非一味壓抑，許多人在習慣壓抑、無法適度表達或宣洩情緒之後，會有情緒突然的暴衝，造成傷己或傷人的嚴重後果。

情緒教育許多都是目睹或模仿家長行為而來，因此家長需要先有自我覺察能力與習慣、以身作則，了解自己可能對孩子的影響，而不是只將孩子視為「有耳無嘴」的被動個體，有時候家長不免會因為自身的情緒表達方式欠缺適當，也應在事後做道歉、解釋與修正動作，讓孩子有機會表露自己的感受或想法，這樣的情緒教育才完整。此外，也不宜以「性別」作為情緒教育的主軸，像是要求男兒「有淚不輕彈」，或是女生應「表現脆弱」；情緒不分性別，而是接受、了解其存在，學會適時適地作適當表露與管理。

多用鼓勵也會增加孩子的自信。但是鼓勵與誇獎都需要具體事實佐證，而不是用美麗的詞藻堆砌（如你好棒、好聰明），反而無法讓孩子看見未來可以努力的方向。當我們用具體的事實佐證時，通常也讓孩子清楚知道自己做得好的部分，因此目標更爲明確。像是：「你這篇作業有……字寫得很好、很有力。」而不是：「字寫得這麼難看，擦掉重寫！」這就像老師在批閱書法作業時，往往用紅筆圈出寫得不錯的筆劃一樣。就像我們在學校或社區做諮商，往往教師或家長轉介孩子過來談話前，都在轉介單上寫滿孩子的不是或不良之處（如十大罪狀），讓諮商師或輔導老師都覺得不妥。我通常會將轉介單放在一邊，先不讓自己受到影響，而且先讓孩子告訴我，他／她知道自己爲什麼來見我的原因？或者讓他／她說自己的故事，接著我就從他／她進門開始觀察，記下他／她所有優良、貼心的表現或行爲。等到要說再見時，我會說與他／她相見是很棒的緣分，讓我知道他／她的哪些優點，並鼓勵他／她繼續努力。

聯合國所提倡的「正向管教」（positive discipline）當然也適用於親職上。家長少用「禁令」（通常是以「不行」或「不可以」的方式或規定，如「不准哭」、「不能犯錯」），而以「正向陳述」來取代（如「你現在覺得難過」、「你很想表現好」），這樣的方式可以明確看見想要達成的目標，而且讓人有動力與希望感。禁止的命令往往會遏阻行動，甚至造成「少做少錯」的偏安與敷衍心態，當然也不是家長所樂見。正向管教之中，還要加上注意孩子的「努力」與「過程」，而不是以「成功與否」爲唯一評估標準，畢竟孩子年紀尚幼，許多事務都還在學習中，許多事務對於成年的家長來說，也不是一定上手熟悉、或一次就學會，加上成功也不是一翻兩瞪眼（不成功就是失敗）的事，而是有程度之別（完成或達到預期多少），因此要看見孩子的努力，以及他／她在過程中所習得的其他能力（如耐心、仔細、問題解決方法等），這樣孩子就容易長自信，也不輕易放棄！

「正向管教」的原則與重點（引自鄔佩麗、陳麗英，2010，p.235）

原　　則	理　　由
目的在於讓孩子學習自我內化管理	「自律」行為不需要藉外力約束，效果較持久。
針對行為而非個人	將「人」與「問題」分開，較容易改善。
注意正向、可欲的行為	看見也肯定個體的優勢，因為每個人都需要被看見、被認可。
與孩子共同討論要遵守的規則	一起商議的結果較容易遵守，也將孩子的意見納入考慮。
前後一致、堅定的引導	一致的態度才能奏效，堅定而不需要「嚴厲」。
肯定也尊重孩子	每個人都需要被認同，語氣要特別注意。
非暴力的語言與行為	做最佳行為示範，也展現了情緒智商。
回應方式直接且符合邏輯	這是與處罰最大的區別
傾聽與示範	最基本的尊重就是從傾聽表現出來，孩子被聽見、了解之後，才有可能接受建議。「不教而成謂之虐」，適當的教導與說明，孩子才會學得正確、又有自信。
不當行為若造成損失，應有適當之補償動作	這是教會孩子「負責」的表現
將錯誤當成學習的機會	許多學習都應該有「第二次」機會，而不是一次就要求完美。

(六) 延宕滿足與情緒智力

少子化的現實，讓許多身爲父母者較容易順從孩子的想法，有時候因爲界限與約束而使不上力，甚至爲了要滿足孩子的慾望或要求，不計一切去達成，雖然這展現了父母之愛，但是也有濫用愛之可能、甚至錯愛，孩子可能就較無法忍受挫敗。1960年在美國哈佛大學，就曾經針對一群四歲大的孩子做過一個「延宕滿足」的實驗，研究者每次讓一位孩子待在房間中，留下一塊棉花糖在桌上，研究者告訴孩子，他要先出去，等他回來時，再吃這塊棉花糖，如果孩子遵守這個約定，就可以另外多吃一塊糖，結果有三分之二的孩子可以等上十五到二十分鐘；研究者持續追蹤這些延宕滿足的孩子，十多年後發現，這些孩子不僅擁有堅定、自信、可靠、有條理的穩定人格，也能夠適當因應壓力或挫敗，在學習成果上也較佳；而那些耐不住誘惑的孩子在成人之後呈現善妒、好爭辯、固執且怨懟他人的行爲。延宕滿足也顯示了衝動控制的能力（Ciaramicoli & Ketcham, 2021, p.317）。情緒固然是行動的燃料，可以激發行爲，但是若在情緒衝動下行動，往往後果堪慮，倘若不能忍受生活中出現的挫敗，也容易灰心喪志、太早放棄！

挫折忍受力還包含復原力（resilience）的培養。家長要監控與監督孩子的行爲與情緒，提供一致性的管教，具支持與溝通能力，協助孩子發展情緒覺察、表達能力與控制力（Reivich & Shatté, 2002, p.262）。不要只以成敗論英雄，而是鼓勵孩子去嘗試，就可以學習到許多能力與智慧，倘若家長事事要求完美，孩子會連嘗試的勇氣都沒有，更遑論學習與成敗了。每一次的嘗試，都會讓孩子更勇敢、更有自信！家長要在一旁支持與鼓勵，也要協助其檢討改進，讓下次的表現更進步、更令人滿意。

六、品格與道德

故事一

一位朋友分享了她小時候的故事。她說有一次，他們姊弟三人嫌媽媽煮的菜難吃，媽媽聽了，當場就把飯菜都收起來，結果半夜姊弟們肚子餓，就躡手躡腳地去廚房的櫥櫃要找東西吃，結果赫然發現母親守在櫥櫃前：「嫌難吃就不要吃！」自此之後，他們都沒有挑食的習慣。朋友說母親平日要協助父親看店、照顧生意，同時要求她要勤下庖廚、做好吃的料理，的確有其難度。因此她認爲，人無法要樣樣兼顧，只要會一、兩樣能力就行了。

故事二

在我的記憶中，父親很少處罰我們，甚至打我們，但是有一次印象深刻的是，他用竹掃把的竹篾子打我們的小腿，因爲我們未經大人允許，擅自偷拆了別人送給阿公的禮盒。當時阿公是警政督察，有不少人想要巴結。那個禮盒底層就夾有一疊紙鈔，所以阿公要原封不動送回，卻被我們的好奇心給拆了，父親生氣的是這個原因。這個教訓給我們的庭訓是：不收受不應得之物，做人要行得正做得正。

故事三

我小五的時候，母親離家出走，自此不見人影，我們是在成年以後才與母親重聚。我上高一時，大弟唸國三。有一天他回來，問了我一個很奇怪的問題：「妳有沒有怎樣？」我當時不知道他說什麼，後來他哭著說，那天班導收到母親寄去學校的信，信上說父親賭博，他與姐姐兩人不孝，導師當下就在大導師室，用椅腳狠狠揍他，他的小腿上還有紅色的血痕，讓他覺得痛又丟臉！既然媽會寄信去他學校，他猜想我的學校一定也收到這樣的一封控訴信，問我有沒有被處罰？我沒有這樣的訊息。這個謎底直到我高三畢業那一年才揭開。郭教官在朝會上提到，三年前學校收到一位母親的信，老師們看過內容後商議，決定觀察再做決定。教官說：「我們很高興我們做了那樣的決定。今天這位優秀的同學就要畢業了……。」我後來想：如果當時我的老師們也如同大弟的導師那樣直接處置，我可能會走不一樣的路，而不是成爲今天的自己！

故事一說明母親的管教原則，讓孩子不以自身之喜惡而有偏見；故事二也顯示了父親重要價值觀的實踐與傳承；故事三說明了家長與師長對孩子的影響力，同樣的處理方式運用在不同孩子身上，可能引發的效果大大不同。家長給孩子最重要的資產是教育（還包括品德與修爲）。認知心理學家洪蘭（2009a，p.6）提到：品格的培養是潛移默化的內在學習歷程，經由長時間的觀摩與內化的結果。所謂的品德「就是生活習慣的集大成」（洪蘭，2015，p.158），品德不是用說的，而是需要家長以身作則、前後一致，並作適時的要求與說明。品格與個人的人際互動、學習、工作等各面向都關係緊密，綜合說來，就是自己是什麼樣的人？做人如何？與人互動時更容易彰顯自己的品格與道德修養，而眞正知心的關係也建立在這些經驗上，所謂的「日久見人心，路遙知馬力」這些重要的人際關係，有時候在關鍵時刻就是「救命網」；即便孩子在不同的學習階段，都可能拓展新的人際關係，但是眞正的好友是需要日積月累的相處，而眞正能夠成爲一輩子的好友，往往就是因爲脾性相投以及高度的信任。品格的養成除了是與人互動時或是處事時的重要元素，也是自處時對自我的要求與無愧於心，畢竟人最終要面對的是自己！品格與道德的測試往往是在較爲危急、艱巨或需要智慧判斷的時刻，孩子能否不畏利誘或威脅，依然堅持自己的信念與作爲，就是最佳考驗！

品格與道德之養成，「紀律」很重要。如何讓孩子從家長或師長的要求（外在因素），慢慢可以學習管理自己的情緒與行爲，在關鍵時刻才容易發揮能力與素養，正是親職教育可著力之處。紀律需要讓孩子學會暫時延宕去做自己喜歡做的事的衝動，而先將「需要」或「應該」的事物完成，這樣不僅可以爭取到做喜歡做的事的時間，也避免耽擱自己的義務與責任。現在最新課綱的目的是養成孩子的「素養」，也希望可以結合課本所學，應用到日常生活中，只是該如何破除傳統文憑形式主義的窠臼、創發出眞正學以致用且闡揚公民素質的成果，還需要努力一段路。在養成孩子的紀律同時，不要忘記彈性與創意，不要讓孩子只會遵守規則，卻不會因時因地制宜或改弦更張，這樣容易被自己或規則框架住，反而不知變通；偶而跟孩子玩玩腦筋急轉彎，也是不錯的方式。

七、培養良好的生活習慣

故事一

我小時候跟阿公散步，發現他會彎下腰來，將路上的小石子或是鐵絲移往路邊，當時我問他原因，他說擔心有人不注意，就會被石子／鐵絲絆倒或受傷。我後來發現自己也會這樣做，因爲阿公的示範，讓我更清楚：即便是小小一個舉動，都可以讓別人好過一些。

故事二

我們小時候家裡很窮，加上孩子眾多，許多物品都需要分享或共用，但是我們沒有抱怨過沒有屬於自己的東西。有一年過年，我們六個人集資買了一雙溜冰鞋，大家協議分配使用時段，因爲年齡與腳型不同，所以分三組輪流使用前，都要將鞋子的尺寸做調整，但是不礙於我們的玩樂興致。這個分工與合作的經驗，讓我更清楚在團隊中該如何用人，以及貢獻爲何？

故事三

小嘉在家中生活很自在，即便習慣邋遢，但是還沒有碰到任何問題，然而母親曾經提醒她，要注意自己的生活習慣，要不然以後若結婚，對方家庭生活習慣很不同，可能要受苦了！小嘉不以爲意。果然，婚後小嘉發現夫家的生活較重視整潔，有時候婆婆還會管到她家，嫌她邋遢、不愛乾淨，丈夫也會無時無刻「檢查」家裡的整潔程度，爲此夫妻常起勃谿。

故事一提到小時庭訓的重要，也是價值觀的承續；故事二提到手足之間可以學習分工與合作，這也是孩子生存很重要的態度與能力；故事三是觀微知著的案例，家長的考量不是沒有道理。孩子的生活習慣可以跟他們一輩子，因此不要小看生活習慣與紀律的養成，通常他人也是以此來論斷個人之品性與可信任度。一位大學男生習慣在寢室裡晾曬衣物，常常幾天當中就有難聞的潮味，他自己卻不自知，也不聽室友的勸、將衣物晾到曬衣場，後來許多人都不願與他同寢室。另一位女大生，經常有突發的暴怒，而且發作起來會捶打衣櫃，或是腳踢垃圾桶，甚至大叫！室友們受不了她的情緒荼毒，後來都去申請見諮商師，她自己卻無事！一位男大生受邀到同學家去過週末，當時看到一組很棒的遊戲，就順手將它帶回，同學後來發現物品不見了，私下問他，他也承認自己拿了，同學願意原諒他、不計較，但是卻也無法繼續與他當朋友。生活習慣的確也展現了人品的極大部分。

生活習慣裡面還有一項是時間管理與金錢的管理。許多家長會固定給孩子零用錢或是將孩子的壓歲錢存起來當作教育基金，這些都是讓孩子開始學習管理的好時機。有位家長說自己不幫孩子買手機，買的只是最基本款（可以作爲聯絡之用就好），孩子若要將手機升級，得自己掏腰包購買，孩子們似乎很清楚這項規則，也遵循無誤！這位家長也說自己不會去用孩子的壓歲錢或存款，只是在孩子很小時就爲孩子開戶、教孩子如何使用存提款的方法，其他就由孩子自行負責！我們的大學生在進入大學之後，就會開始學習金錢管理，畢竟家長每週或每個月存入孩子帳戶的額度有限，不容孩子浪費，倘若學生需要更多的花費，就得自已想辦法，去兼家教或是打工；更多的學生已經慢慢學習記帳，且努力讓收支平衡。

小時候家長對於孩子生活細節上的習慣養成，雖然有時候很瑣碎，但是在許多場合中，這些習慣或紀律是可以協助孩子的。當然，若成人之後，還是有改變的機會，只不過所要耗費的時間與心力就較長、較多。

研究小百科

（取自「腦的美麗境界」http://www.brainlohas.org/wonderfulbrain/guide_a.htm）

大腦皮質可分為四區，即靠近額頭的額葉、頭頂的頂葉、約耳朵位置的顳葉、後方的枕葉，它們皆負責掌管不同的功能。

- 額葉（frontal lobe）——基礎動作功能、行為的策劃、注意力、判斷
- 頂葉（parietal lobe）——基礎感覺功能、訊息的統整、空間知覺
- 顳葉（temporal lobe）——聽覺功能、情緒、記憶
- 枕葉（occipital lobe）——視覺功能

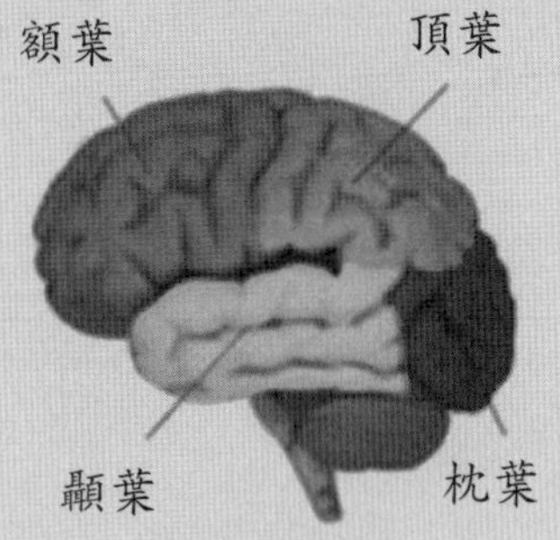

大腦解剖圖

第三章

以身作則是根本之道

故事一

外甥女約莫十個月大時回到淡水，當時大人們都在外面忙，把她一人放在木製地板的房間玩。我隔一段時間去看，有一回卻發現她將面紙盒內的衛生紙抽完了！我看見散落一地的衛生紙，忍不住動怒、大喊一聲，她就哇哇大哭！我馬上意識到自己做錯，於是就半跪下來，將散落的紙張一一塞回紙盒內，沒想到外甥女也如法炮製，跟著我將面紙收拾妥當。還有一回，我母親提到外甥女跟她一起睡午覺，結果母親身上的毯子滑落了，她卻瞧見兩歲多的外甥女學著她，試圖將毯子蓋回母親身上，母親感動得掉淚！

故事二

一位父親語重心長地告訴唸小二的兒子：「兒子啊，以後你要唸大學、碩士、博士、超博士。」兒子仰頭問道：「你有嗎？」做父親的爲之語塞。另一位母親在餐桌前，驚見六歲的兒子將右腳翹起地坐在椅子上，結果生殖器探出頭來，她不知道兒子從哪裡學來的遛鳥行爲？後來與公公一起吃飯，才發現公公也是這樣的坐姿！兒子在他們夫妻上班時，由祖父母帶著，兒子上行下效，並行不悖！

故事三

一位高二老師聽到自己班的學生在打掃清潔時，與另一班同學講幹話互罵，這樣的情況似乎已經稀鬆平常，其他教官或老師們的勸誡或訓斥均無效。於是這位老師將學生叫過來，很嚴肅地問他：「你跟他媽媽什麼關係？」同學覺得莫名其妙、很生氣道：「會有什麼關係？」接著老師問道：「那你爲什麼說要跟他母親發生親密關係？」學生噤口了一週，但後來還是故態復萌。

一、孩子是最好的觀察家

故事一提到孩子的模仿力強、往往超出我們的預期。故事二的兒子很誠實地詢問父親，讓父親啞口無言，而另一位母親也見識到孩子的模仿能力，所謂的「上行下效」！故事三的老師發揮了創意，雖然讓學生去反思自己說話的意涵，暫時遏止了學生的髒話文化，但是效果也有限。

英諺有云：「行動比說話更大聲。」父母親是孩子的神，一般的孩子會將父母親視爲全能，其實家長將自己眞實的樣子呈現在孩子面前，不需要假裝或文飾，孩子也會願意呈現眞實的自我；也因爲孩子以家長爲最重要的他人，因此也會擔心自己犯錯、辜負家長的期待。語帶髒話基本上不是家長的「功勞」，倘若家長三字經不離口，孩子自然耳濡目染，但是孩子不是停留在家中，而是會與家庭以外的社會或人互動，這些潛移默化的學習，也可能深入心中，然後有適當機會就表現出來，家長唯一能夠要求的就是「在家中不說幹話」，或是在家人面前不說不雅的字詞，孩子自然會學到一些規矩，而孩子在其他場域中是否能夠遵循，就得看他／她自己的自律能力，家長也管不到那裡（我們只能控制自己可以控制的）。關於講不雅語言，與孩子討論是一個很好的作法，讓孩子了解家長的關切爲何（如展現個人修爲、髒話是侮辱女性居多、影響他人對我們的看法等），家長也可以知道孩子使用髒話背後的可能原因（如融入同儕、發洩情緒、讓別人知道我的憤怒等）。孩子若提到同學說髒話，也可以拿到檯面上好好討論，了解孩子爲何會提出這個議題？他／她的擔心爲何？可以如何因應或處理？

口出髒話似乎是目前青少年常見的現象。許多家長對於髒話有禁令，但是在家禁止，卻無法將其效果伸展到家庭以外的場域。家長擔心孩子使用髒話，主要是出於教養與道德修爲，希望孩子言行舉止可以文雅一些，也避免外人對家長不適任的指謫。以青少年常有的髒話來說，有研究指出，髒話對國中生而言是屬於「多功能」的語助詞，所展現的功能包含罵人、宣洩情緒、社交玩樂、展現男子氣概、反抗權威及同儕認同等六項

（陳怡璇，2007）。家長有時候會斥責孩子使用不雅語言，卻沒有顧慮到發展期間的孩子，有時候是受迫於同儕壓力（希望被同儕接受），有時候是想要發洩怒氣或是模仿家長（家長是孩子第一個重要的效仿對象），即便父母親以身作則、沒有出言不遜，但孩子偶而會口出不雅之言，也不要很快下定論（認爲自己家教不良）。

許多髒話與人類性器官或是侮辱女性有關。孩子說髒話可以先問其理由，或許用幽默的方式化解、讓他／她有臺階下（如「我可沒教你講【彰化】，應該是【臺中】才對。」或者說：「剛才你問候對方的母親是怎麼一回事？」），或者讓他一日之內誇獎他人三次作爲懲罰，或是跟孩子討論髒話裡蘊含的意義爲何（如性別歧視）？年輕人口出不雅之言，似乎是一種習慣，或許較沒有以往嚴謹的生活或道德教育約束，也較能展現自我（包含自己的情緒）；髒話若只是宣洩情緒之用，或許可以提供孩子更多元或有效的情緒宣洩管道。有一回，我搭臺鐵回屏東，旁座的一位年輕女子在接了手機之後，每一句話中都帶有三、五個X話，她自己渾然不覺，很專注在對話中；有一年臺北大地震，我們一家正從百貨公司的頂樓搭電梯下來，剛走出電梯，就發現一樓的鞋店亂成一團，民眾都急急往外衝，忠孝東路兩旁的人行道上都站滿了人，而車道上川流的車內，人們都很好奇地看著我們，彷彿不知發生什麼事？眼見大家都開始打手機報平安，但是基地臺似乎也亂了套，多數人打不通，近處一位年輕人終於打通電話了，他的第一句話是「X」，然後開口問她母親沒事吧？我當時還嚇了一跳！

父母親可以留給孩子什麼？教育、品德、正確的價值觀，而這些珍貴的禮物都是以家長的身教引導與示範，儘管其他社會力量（如路人、同學）也會影響到孩子，但是只要家長教育得當，或是預先提醒孩子環境中可能有的其他負面影響，可以如何因應？或許就不必擔心太多。

我們認爲自己是有了孩子之後才開始做父母，但是仔細思考一下：我們應該是從自己原生家庭觀察生身父母親開始，或許也觀察了其他同學的家長或左右鄰居的父母親如何執行親職的，甚至是從閱讀或媒體中獲得更多有關身為家長的功能與作法，也就是說，每個為人父母者都不是從零開始。擔任親職最切身的觀察，應該就是從自己原生家庭的父母親身上開始。倘若家長言行不一（說一套，做一套），或有雙重標準、差別對待，孩子自然會有所發現，也會開始存疑，如果發生次數太多，後來甚至會深耕植基成為一種信念，若是錯誤信念，要根除就很不容易！想一想國內民眾擁護不同黨派或意識形態，有時甚至兄弟鬩牆、親子反目，就可見一斑。孩子如果不相信家長，或對家長失去信任，雖然還是對家長言聽計從，但是只是表面功夫，孩子往後在人際互動上就不容易信任他人，會產生極大的問題。

故事一

一位國中教師小月與丈夫在大學時認識，後來回丈夫家鄉任教，為了讓丈夫可以繼續進修，她甚至承擔起丈夫辭職後，全家的家計，還要負責丈夫的學費與生活費，她上有公婆、下有三位子女要照顧，即便辛苦也咬了牙撐著，總是盼望丈夫學成之後，可以一起為家庭努力。有一天，當時還在唸博士班的丈夫，帶著一位挺著大肚子的女性回來，說是女方已經懷了他的孩子，婆婆還把小月拉到一邊求她忍辱負重、心胸寬一點，讓這位第三者入住，小月繼續承擔全家以及那位女性的生活開銷。小月告訴自己的孩子，等到最小的上國中之後，她就要離開這個家，孩子很心疼母親，但是也贊成母親的決定。

小月在多年後回想起自己的婚姻與生活，她說她不希望孩子帶著憤恨成長，但是也不希望自己永遠是一位受害者，母親的角色讓她不忍當下拋家棄子，在真正離異之前，她說感謝自己多了幾年時間與孩子相處，她相信孩子在她離開時，已經有足夠的自我強度來面對生活的考驗。

故事二

一位國二男生常常自己一個人，級任老師發現他在班上幾乎都沒有朋友，所以就轉介他給輔導室。輔導老師第一次看到這位男生，發現他身上的制服有汙漬，但是還算乾淨，雖然剛開始他會有一些羞赧的表情，但是後來慢慢放鬆，說的話也多了。男同學說自己是國二上轉學過來的，跟班上同學不熟，雖然已經過了一學期，情況好像沒有改變。提到他一天的生活，輔導老師注意到他沒有補習，通常放學回家，還是自己一個人，每天晚上會接到母親的來電，問的都是同一件事：「吃飽了沒？」他知道母親是因爲生病（重度憂鬱），所以才沒有跟他們同住，但是也發現無法跟母親互動更多。爸爸在補習班教書，回來時間很晚，一回家就是窩在電視機前的沙發上，父子倆很少對話，頂多是吃飯時間會問要買什麼便當而已！男學生說衣服是自己用手洗的，跟爸爸提過一次要買另一套制服，但是爸爸似乎忘記了。輔導老師也可以體會到孩子的孤單，於是請他到輔導室擔任義工，至少可以跟老師們或是裡面的義工同學有話聊，也可以看看書，到男同學畢業之前，他都還是輔導室義工，而且也結交了一些朋友。

故事三

已經考上很好學校的小裕，在補習班裡準備重考。小裕每天按時上課下課，也額外做了許多評量或自修，他還會把已經做完的自修送給同學。以他的實力，根本不需要進補習班，老師的猜測可能是家人擔心他沒進學校，生活會缺乏規律，所以讓他跟著補習班的作息。後來小裕沒有等到大考就出國，經過幾年，他已經拿到兩個博士回國，才跟同學提起這件事。他說因爲父親是某大學教師，硬要孩子繼其衣缽、學習語文，但是小裕文理科目都不錯，他希望自己可以唸理工，只是父親硬要他塡自己任教的學校，小裕第一年就故意考不好，進了第二志願，但是父親不讓他入學，要他參加補習重考，後來是愛子的母親不忍孩子受苦，自行替他申請了出國唸書，還吩咐他父親在世時，就不要回來，省得又讓父親看不順眼、親子關係受損。小裕說他原本很恨父親為他決定一切，後來是在父親過世後才回國，他在國外求學，幾年內拿到雙博士學位，有穩定工作，幸好不辱父親的期待，只是逝去的時間已經無法彌補已然疏遠的親子關係。

二、道歉與原諒

故事一提到的是一位忍辱負重的母親，在奉獻自己之後，遭遇丈夫的背叛與婆家的無理，但是為了孩子，願意繼續犧牲，但是犧牲也有限度與其考量，然後開始自己的人生。故事二呈現的是一位沒有受到愛與照顧的孤單孩子，有罹患心理疾病的母親與怠忽職責的父親，迫不得已，只好自己獨立求生，學校老師看到他的孤單與需求，也希望補足他的缺憾。故事三的小裕不選擇父親為他鋪設的道路，願意勇敢走出自己想要的人生，幸好母親看見孩子的心願、力挺小裕，他才有後來不一樣的生命，當然最後還是有些微遺憾——無法讓父親看見與接受孩子的本然。

人與人之間有「禮貌」這個潤滑劑，可以增強或緩和彼此的關係，家人關係當然也不例外，但是我們往往將家人的善待視為理所當然。父母親是人，自然也會犯錯，重要的是不要否認自己的錯誤，而是願意道歉，也努力修正或彌補。我在大學時期擔任家教，曾目睹一位父親向女兒道歉，當時對我來說是很新鮮的經驗，因為除了我自己的父親會向我道歉之外，那是我第一回看到其他的父親向孩子道歉。犯了錯就道歉，是一種負責的表現，這樣的態度也一直延伸到我擔任教職。雖然道歉只是負責的第一步，但至少展現了誠意，接下來當然就要做修正或彌補的動作。

我在唸小學四年級時，開始學新數學。當時數學很厲害的父親，有一回蹲下來對我說：「阿琬，妳的數學我已經不會了，以後妳要多問老師。」當時我認為的天崩落了！怎麼所向無敵的萬事通父親，不會我學的數學了？後來父親眞的也去拜託老師們，多多協助我的數學。父親向我道歉是一個很好的典範，他讓我看見父母親也會犯錯，也有不會的事，但是無損於他們身為父母親的重要性，反而贏得我更多的尊重與對人性的同理。「父母親是給我們學習的」，這是《曠野的聲音》這本書裡面的一句話，我非常同意。的確，父母親是我們學習的對象，不管是社會文化的學習、還是未來身為親職的學習，可以讓我們少犯錯、多些改善與改進，讓自己更好。父母親不是神，「道歉」展現的是父母親的身段，與願意承認自己不足的勇氣，孩子從父母親的身教中學習的又何止這些？願意認錯與改正、人都應該有第二次的機會（不需要完美）、父母親也是人、承認錯誤並不難等等。我後來擔任教學工作，也願意在學生面前坦承自己的錯誤或不能，這些並不會減損我的教學專業，至少我對得起自己，也為學生樹立很好的榜樣。當然道歉完，可以或需要修補的動作也不能怠慢！

家人之間最容易的是說「再見」、「謝謝」，但是「對不起」與「原諒你／妳」就較有難度，或許有人會將其與「面子」連結在一起，願意原諒就是「放過自己」——因為不原諒，往往只有自己在意、自己受苦，因此學習原諒是另一項重要的功課。原諒是願意承認事實如此，然後可以繼續往前，不需要被愧疚、氣憤或錯誤阻擋我們前進的腳步，原諒也展現一個人的風度、寬容與同理，不被負面的情緒影響彼此的情誼或生活。有句話說：「原諒別人，就是放過自己」，主要指的就是不讓錯誤或誤解影響了自己接下來的情緒、人際與生活，況且不原諒，受苦的只是我們自己而已。研究發現，寬恕的益處有：減少心因性憂鬱症、焦慮、不健康的憤怒及創傷後壓力症候群症狀，提升生活品質、專注力與自尊，且促進合作、減少霸凌（Enright, 2015/2016, pp.4-11）。適度、合理的原諒是可以的，展現了個人的氣度與修養，但是一味退讓與原諒，卻可能會為虎作倀、無法捍衛自己的權益，不一定是美事！家長如何讓孩子學會拿捏其中的分寸，的確不容易！

故事一

國一男生有一回吃過午餐之後，將紙盒隨手丟到樓下校園空曠處，正好讓對面的校長撞見，於是校長就要訓育組長去處理，訓育處長就去斥責了學生，要他注意並改進。但是翌日，校長竟然要訓育組長將該名學生帶到朝會的講臺上，順手拿了一個昨晚自己製作的寶特瓶「項鍊串」，然後在朝會上將該寶特瓶項鍊掛在學生脖子上，並告訴全校學生要以此爲戒。那位國一學生羞愧難當，不敢回到教室，偷偷揹了書包出校門，家人也找不到他。第二天早上，學生在校門口徘徊不敢進校，輔導老師看見，就請他到輔導室唸書，但他父親匆匆趕來，伸手就抽出皮帶，作勢要打孩子，兩位輔導老師急急擋住，與家長詳談。

故事二

以前上國小教師的夜間輔導學分班課程，曾經發生一起事件，讓我印象深刻。當時時近期末，還有一位國小主任未交作業，我請同學提醒他，直到上課最後一天，他才上來交作業。但是我一看內容，卻是我不久前批閱過的同班同學作業，因此非常熟悉，而他甚至只用立可白將原先同學的名字塗掉而已！我在第二堂下課時，請這位主任學生過來一下，我不想戳破他，因爲每個人都需要自尊，於是很委婉地告訴他說，我看過這一篇，我要給他多一週時間繳交作業，但是他堅持是他的作品，也不願意走開，一副看我怎麼辦的神情。後來上課，我就沒有再追究。但是我在打學期成績時，一直很掙扎：我該讓他使用他人的作業通過？還是當掉他？他還是國小主任，聽說正在接受校長訓練。我閉著眼睛，硬是讓他及格了！但是我自此不再上這個班級的課，因爲我認爲一位即將成爲一校之長的人，竟然可以如此蒙混過關，忝爲人師表！他自己的選擇，自己負責！

三、對待與尊重

故事一提到一位校長處置錯誤，不僅可能毀掉孩子的自信，也可能是前途。每個人都需要被尊重，在與孩子互動時，也要尊重他／她是一個獨立的個體，不管其年齡、背景或經歷，都值得尊重。故事一的孩子也需要面子，但是校長的一意孤行，卻深深傷害了孩子幼稚的心靈！家／師長要孩子學會尊重，先要愛惜與尊重自己，這樣他人才會尊重他／她；而在處理孩子相關事務時，必定要清楚孩子可能有的想法與感受，以及給予尊重。故事二的主任也是如此，當他在自己的課業上作弊，我可以相信他的人格與爲人處事嗎？他如何在學生與同事間立足？建立威信以服人？

我們對於自己的下一輩，會有許多疼惜與愛護，但是對於鞠養我們的父母親，可不一定就有滿滿的愛與尊重，甚至有些過往嫌隙，造成今日的疏離。我們在家庭裡與長輩的互動與對待方式，孩子也都看在眼裡，他們會學習來對待我們或與人互動。許多孩子孝敬長輩與否，都是從家庭教育裡養成的訓練，從他們身上，我也看到家庭教育的重大影響，尤其許多同學提到因爲父親或母親是這樣對待長輩，他們自然就學會這樣做！

或許原生家庭的父母親會協助我們養育、照顧孩子，但是新一代父母親，通常會有自己的養育方式或理念，不一定與原生父母親相同，容易因此而產生衝突或不快。要自己的父母親學習新的教養方式與價值，不是簡單的事，況且經過養育你們的經驗，看到你們茁長成不錯的個體，可見他們整個養育哲學與過程，還是值得的！倘若父母親的教育方式與觀念與我們不同，不要企圖在很短時間內改變他們，畢竟改變不容易。可以談談你們教養方式的動機與目的，希望孩子學習到什麼？如果他們願意配合，自然更好，做不來，也不要氣餒或生氣，因爲祖父母的角色是「疼」孫子、而不在教養。倘若需要原生家長長期協助照顧孩子，就需要有更多的溝通與協調，甚至需要以身作則的教導與示範，要不然就讓父母親回到單純祖父母的位置上，減少煩擾。

家長的房間，當然要維護隱私，不讓孩子輕易進入，那麼孩子的房間呢？孩子的隱私權要如何尊重與維護？美國在許多年前，因為藥物氾濫，許多家長擔心自己的孩子可能會嗑藥，因此是否要在孩子房間裡裝上針孔攝影機，就成為討論的熱話題，但是最後還是隱私權獲勝！家長有時候會認為自己的想法是對的，就要求或強制孩子去做，這樣也不是展現尊重的作法，不妨花點時間告訴孩子，自己為何如此要求的原因，也讓孩子表示自己的想法，然後一起商議、妥協出一個可以共同認可的方式去執行。

四、勿言行不一或有雙重標準

因為孩子是最好的觀察家，當孩子慢慢成長，也會開始質疑家長的言行不一，許多時候雖然不會直接提出或面質家長，但是內心有自己的一把尺。做家長的，有時候會因為自己目前的角色（家長），而忘記自己曾經有過的童年或成長期間的經驗，或許因為位置與責任不同，偶而會忘記去同理孩子的處境，造成讓孩子覺得父母親是有雙重標準的，因此家長的自我覺察與反省很重要。家長雙方在履行親職角色時，可以做彼此的鏡子與輔佐，有時候擔任煞車，有時候要做油門，不要固定由某人擔任黑臉或白臉的角色，容易讓孩子覺得不公平或是有機可趁（知道哪一位家長好說話），且嚴重影響其中一方與孩子的關係。有時候，家長在做管教或教育孩子的行動時，往往看不到自己的盲點，但是另一半可以協助我們，這也是提醒家長們在遇到有關孩子的事務時，要先彼此商議，然後有一個共同結論來面對孩子，而不是雙親有不同意見或處理方式，讓孩子無所適從或覺得矛盾。

孩子從雙親身上或家庭中的學習，絕大多數是人生的第一次，也都是重要的示範與學習經驗，接下來都會運用到孩子生活中的其他面向，因此家庭成員（特別是家長）的言行，都是重要的參考指標。我們在看家庭溝通與衝突的相關文獻，都發現孩子生命中若無其他學習榜樣或角色出現，就會以家長的表現為唯一仿效指標，許多時候會無意中「複製」家長的言行（包括犯罪與違法行為），這的確也不是我們所樂見！即便家長或有不一致的看法與作法，也可以開誠布公與孩子討論，減少誤解或管教上的阻礙。行爲主義的理論中，很注意家長的楷模與示範，孩子當然也以家長爲重要效法對象。

故事一

以前唸國中時，聽到一位同學家裡每三個月就換一臺洗衣機，簡直不可思議！後來才知道：原來他們家的習慣是把自己的衣物丟進洗衣機之後，就會按鈕操作洗衣機。結果洗衣機禁不起這樣的折騰，不久就掛掉。我在一位朋友家裡也發現，他們家有好多把剪刀，但是要用時，通常找不到，因爲家人都沒有將物品放置在同一位置的習慣。

故事二

我曾經在一本書中披露，有一回與外甥們吃飯；前菜上來時，外甥已經開始動手吃冷盤的番茄，可能因爲好吃的緣故，他就不停手。我提醒他：要留給其他人，他看看盤中的番茄，然後說：「夠！」就繼續吃。當下我就發現，不同家庭教育養成的孩子不同。在我們家，每一個人要吃食物之前，都會先問一下：「還有誰沒吃？」然後一定會留一些給還沒吃的人，這是一種體貼，也是顧慮到他人的方式。

故事三

家長經常與孩子在百貨公司前，演一齣大家耳熟能詳的戲碼：孩子要買的東西，家長不願讓步，孩子就在大庭廣眾下大哭大鬧，最後家長屈服、成就孩子的願望。這個事件當然會有持續的版本，而家長永遠是輸家。

五、不教而成謂之虐

故事一提到的是生活習慣，倘若沒有要求或刻意培養，可能就無法養成良好的生活習慣；故事二提到考量他人的作法，當孩子會爲他人著想，也就是同理他人的能力，他／她的人際關係自然好，行事處世也會受到許多幫助。故事三提到家長經常會擔心他人眼光，不要孩子這樣哭鬧，所以儘管很想守住界限，但是最後都會讓步，導致孩子的行爲愈來愈乖張！遇到類似的情況該如何？可以守在孩子旁邊，給他／她選擇一跟你們一塊走到遊樂場玩？還是留在這裡？提供的選擇中，有一個是極具誘因的，也是我們設計希望孩子會選擇的。千萬不要威脅孩子說，不要他／她而自己走開，這樣對孩子的傷害更大！

家長在教導孩子的過程中，往往失之急切或是責成（要求完美），有時候家長以爲已經說明清楚，但是孩子可能還不清楚，或是認知發展尚未成熟而不理解，或是不清楚也不敢提問，造成後來做錯，或不符家長期待，而受到責罰或讓父母親失望，這也會釀成許多不必要的誤解，因此要提醒家長：有時候要求孩子做一件事前，需要評估孩子是否有能力完成，或是孩子準備好了沒，另外，若是孩子第一次嘗試，家長自己一定要先做示範、說明，以及讓孩子有演練的機會，而不是「我說了算」，孩子有時候懾於家長之威權，或害怕讓家長失望，常常會硬著頭皮說「會了」，但結果反而適得其反，容易失敗或讓父母親失望。因此家長在讓孩子學習新的事務或行爲之前，務必要先了解孩子的能力與理解程度，輔以適當適時的演示，確定孩子已經清楚整個過程且有充分練習之後，才可以進一步要求，要不然就是沒有設立適當目標、虐待了孩子。除了要教會孩子必要的能力，還要讓孩子「準備好」之後才放手，而不是突然放開、任其前行！就像是孩子學騎腳踏車一樣，等到孩子練習夠了才放開手，讓他／她自己騎，而不是沒有評估學習效果、驀地放開，孩子可能會因爲驚慌而受傷、甚至不信任家長！當孩子學會騎車，在尚未熟練的情況下，依然會跌倒、受傷，此時家長就不必過度擔心，因爲他／她正在用經驗換取熟練。

家長以身作則的同時，也讓孩子看見一個人言行如一、誠實面對自我的最佳典範，這樣不僅讓孩子學習到重要的價值觀，而家長就成爲孩子相信且效仿的對象。家長若希望家庭內有一些需要全員遵守的規範（家規），不要讓孩子踩到地雷才予以說明或處罰，而是要事先說明或訂立；許多孩子基本上是不知道家裡有哪些家規的，往往是犯了錯、踩到家長底線（如晚歸、出門不告知去處、吃飯前不等長輩動筷子就自己先吃等），才猛然發現有這麼一條規定，孩子自然會覺得冤枉或難受，可能因此妨礙了親子關係。當然也不是說家長需要將家規列出來、像青年十二守則那樣，而是事先明確說明，同時隨著孩子年紀漸長，家規也需要大家共同討論，做一些彈性調整或改變。

許多家長習慣以「增強方式」培養孩子的一些習慣（如閱讀或分攤家務），孩子年幼時，可能是以「原始增強物」（如食物）來獎勵孩子，孩子年紀稍長，可能就用「次級增強物」（如金錢、活動或特權）。但是僅以金錢的方式來獎賞，可能會不小心養成孩子貪婪或沒有獎勵就不做事的態度，因此要注意獎勵要有原則，同時也要與其他鼓勵方式並用（如擁抱、微笑、使用手機的特權或全家一起活動等），方能讓孩子有內化的自我增強，也就是不需假藉外力，就有行爲的動機。家長也要注意給予孩子獎勵背後的可能意義，像是孩子考一百分給一百塊，背後是不是要孩子完美、不准出差錯？這樣就可能造成孩子無形的壓力。我經常會舉這樣的例子讓家長聽，然後就問道：「孩子若考六十八分，可以找你／妳三十二元嗎？」家長莞爾一笑！

家長不是換了位置就換了腦袋，而是往往站在自己家長的高度思考，忘了同理孩子的年齡、經驗與處境。像是會以自己過去的經驗來推論，卻沒有顧及目前的環境與之前大不同（如「我以前也是這樣學的，根本沒有問題！」），或是忽略了時代脈絡與科技發展（如「我們以前有電視，卻沒有沉迷的問題。）」，甚至是堅持自己的價值觀、不與時俱進（如「讀書才是王道，也可以改變以後的命運！」），孩子懾於家長的威權或孝順的規範，或許不會當場爲自己據理力爭，但是採取了敷衍、擺爛、裝樣子，或只一味順從、不去傾聽自己內心的聲音，這些應該不是家長希望樂見！

六、相信孩子也有自己的選擇與判斷力

儘管家長很急切，想要將重要的價值觀或理念傳承給孩子，也不忘記孩子身處的社會及時代與自己不同，不能夠全然以家長自身的標準來要求。或許家長希望孩子養成惜物的習慣，那麼就可以在生活中要求孩子、自己也要以身作則；倘若家長擔心孩子可能有錯誤的價值觀，不妨與孩子開誠布公討論，甚至有溫和的舉證與辯論，彼此充分且確實表達想法。家長不要在沒有聽孩子的想法之前，就認爲孩子是錯的，即使孩子在家長面前似乎言聽計從，但是心裡不一定服氣，因此也不會遵循！

判斷力可以協助孩子做更好的選擇。判斷力的養成當然不是立竿見影，而是需要訓練且經過經驗的淬鍊。將一個／件事物的優劣處（或證據）臚列出來是第一步，然後分別考量接下來的行動，列出每個行動可能造成的好壞或結果爲何？有無其他可採行方式？最後再做決定。孩子小時候就可以給予選擇的機會，讓他們清楚選擇結果及後面要承擔的責任，孩子也從這些事件的歷練中學習判斷與做決定。

七、他人的成功或經驗可以參考，但不一定適用

許多家長因爲擔心犯錯，所以常常到市面上買一些親職教育書籍來看（我是不是拿石頭砸自己的腳了？），這樣的求知精神値得嘉許，但是也要注意孩子是自主的個體，每個孩子都不同，因此他人教育或管教的方式或許可做參考、試用一下，或是做些修改，但不要將其當作眞理，還是要看自己的孩子需要什麼，找出最適當的方式。家長在履行親職工作時，也是一位「做中學」（Learning by doing）的實驗家，針對實驗結果要做檢討與改進，包括同一種方式對不同的孩子，可能效果不同，就需要作修正或改善。此外，也要考量家長的性格與做事方式，有時候做事方式容易

改，但是個性上的特質要改變很難；家長盱衡實際情況、看見可能的效果，或許願意嘗試不同的作法，也是孩子之福！

第四章

原生家庭帶給我們的影響

故事一

小月懷孕的時候，因爲體內的變化，臉部開始出現黑斑。有一天，小叔半夜來訪，丈夫要她先去化妝一下，不然難以見人。小月覺得很奇怪：小叔這麼晚來訪，不禮貌的是他，爲什麼要她去化妝迎客？所以她不願意，逕自去睡。丈夫爲了這件事情與她冷戰很久。當初小月只想要脫離原生家庭，所以爽快答應了丈夫的求婚，但是婚後卻發現丈夫的許多價值觀與自己不合，光是對於金錢的看法，兩人就差距很多。她成長的家庭並不富裕，但是沒有把金錢看得很重要，反而願意與人分享，但是丈夫家卻很慳吝，什麼事都剋扣得緊，而且還管到她頭上！剛結婚時，丈夫假借要替她投資，將她的存款簿與印章拿去。有一回，她想要去剪個頭髮，卻發現自己帳户裡只剩下幾百元，質問丈夫將她的錢花到哪裡去？丈夫支吾其詞，說不出個道理來，這個事件之後，她才把自己的財務主權拿回來。丈夫爲此還直接要她分攤家事支出，卻不提她已經負責了全家保險的款項。

故事二

淑華與丈夫約會八年，才決定結婚。婚前，她只去過夫家用過一次餐，當時淑華屢次起身要去廚房協助，但是未來的婆婆卻一直婉拒，還說廚房是她最熟悉的，要淑華去客廳休息就好。但是結婚之後，婆婆的態度丕變，許多家務事，淑華下班後會分擔，但是丈夫卻常常要她幫忙婆婆，不要自己閒閒晾在一旁，淑華也覺得奇怪。後來無意中聽見婆婆與丈夫的對話，才知道婆婆每每在丈夫跟前抱怨媳婦回來不做事，讓她這個老媽子很累！淑華以爲生下孩子後，她的婚姻會有改善，但是婆婆對丈夫的抱怨更多！當初淑華也不希望孩子由婆婆帶啊，是婆婆堅持自己帶孫子的，她也因此補貼給婆婆一筆額外費用。她的婚姻不及兩年半就結束。

故事三

阿嫻在婚前就知道婆婆與丈夫兩人相依爲命，儘管婆婆還有女兒在國外居住，但是丈夫與婆婆的關係緊密，一度讓她打消與丈夫結褵的念頭。然而丈夫打包票告訴她：「只要我媽對妳一分不好，我就用百萬倍對妳好！」這個承諾丈夫有守住。後來孩子進入學齡期時，婆婆還擅自決定帶孫子去國外依親，希望給孫子受最好的教育，當時小嫻心如刀割，十分不捨與兒子分離。但是婆婆到國外不久，就發現自己的女兒待她不如外家的媳婦，就吵著要回國。經過這個移居事件，婆婆對阿嫻的態度才翻轉，懂得疼惜對她孝順的媳婦。

一、家庭帶來的傷痛

結婚一直都不是兩個人的事，而是兩個家族的事，許多人在婚後才了解。故事一提到婚前認識不足，後座力延續到婚後；故事二是媳婦沒有預料到婆婆認爲媳婦是跟她來搶兒子的，因此儘管婚前與丈夫兩人恩愛，卻敵不過婆婆與丈夫的血緣及關係，看樣子，任誰都很難討好這位婆婆！故事三的婆婆在比較之後，才眞正了解媳婦對她的好，願意眞誠對待兒媳。我們從家庭來，也在最後回歸到家庭中，而原生家庭是我們所從出，自然受到最多影響，儘管如此，也不要太宿命論——許多人會以爲原生家庭就決定自己日後的一切，事實是：雖然我們無法選擇自己的原生家庭或父母親，但是可以選擇讓原生家庭影響我們多少。

沒有一個家庭是完美的，也因爲家庭是我們所接觸的第一個社會化場所，是愛與隸屬的營養補給地，我們接下來的價値觀、世界觀、與人互動、如何看自己等等，也都承自於原生家庭。也因爲家庭都不完美，我們多多少少都從原生家庭中受到一些傷害，只是許多的傷口都可以修復或復原，極少數的確需要努力，方能療癒或減少其後座力。同樣一種傷害，對不同的個體會有不同的影響，也就是個人的自我強度、復原力、對事件的解讀、支持系統的厚實與否、是否有反思與療癒動作等因素，都會影響其復原或修復狀態。

個人倘若愈早遭受到創傷（不管是虐待或忽視），影響更嚴重，但是仍然要看後來的環境、因應方式或治療及個人性格而定。對於尚未有語言能力的孩子，就會將創傷經驗儲存在右腦（非語言區）中，長大後可能無法用語言方式表達自己曾經遭受的經驗，而是以非語言的生理狀態重新經驗情緒（Glasser, 2000; Rauch et al., 1996，引自Klorer, 2008/2012, pp.56-57）：像是夢魘、尿失禁、害怕獨自待在一個空間或是懼怕特定的人等，因此在童年受過創傷的孩子身上，經常會發現他們以行動或徵狀方式述說或表達自己曾經有過的傷痛。創傷造成的影響，往往是「一次連結」，也就是「一朝被蛇咬，十年怕草繩」，因此除了自身的調適之外，許多是需要靠家人體諒與支持、醫療或心理的介入治療，將創傷造成的後遺症減少或消除、儘量恢復正常生活。

陳婉琪（2014）以「臺灣教育長期追蹤資料庫」爲資料分析來源，發現國中生的焦慮、憂鬱等等情緒受到家長婚姻品質影響，父母離異對子女心理健康的影響也視婚姻品質來決定，而父母的持續衝突，對子女心理狀態有嚴重的負面影響，這也說明了家庭氛圍影響著身在其中的所有成員。子女對於父母親的關係會很重視，主要是因爲對家的（歸屬感）渴求，萬一家長不合，家庭就有分崩離析的可能性，孩子們就無處可歸，沒有庇護之所、沒有人愛，就會擔心自己成爲天底下最可憐的人！研究也發現，即便子女只感受到一位家長的愛，也能夠順利成長！但是家長切勿將自己的所有行爲（不管對錯）以愛的名義掩飾，有家長以體罰、心理或言語虐待對待孩子，卻說「這是爲孩子好」，孩子不是笨蛋，他們也會觀察、將自己的情況與他人的家庭相比較。

當然，儘管孩子是脆弱或容易受到傷害的，但是並不表示孩子無法超越傷害、達到自我成長與茁壯，只是有時候需要藉助外界的力量、協助其修復或療傷。傷痛需要先有自我覺察的敏銳度，才會思及採取行動療癒，倘若個體無病識感，或總是壓抑，甚至忽略已經出現的一些生心理症狀、仍諱疾忌醫，或許其預後情況就較不樂觀！

倘若家長無意中傷害了孩子，該怎麼辦？孩子會觀察，也會做解讀，或許家長不全然理解孩子解讀的內容，但是最好在許多處置或管教之前，對孩子做說明，即便是事後的解釋也一樣重要，可避免孩子誤解。

家庭若有一些傷痛或悲劇，往往會影響裡面所有的成員。孩子與主要照顧人的依附關係最基礎、影響也最大，與重要照顧人沒有安全依附者，可能會終其一生都在尋找這樣的依靠，但是卻不知從何做起；不安全依附者在擔任親職工作時，不知如何與孩子營造安全依附關係，而不被善待或受虐的孩子在認知與學業成就上大受影響，研究也發現，不安全依附與破壞性解決策略有關，因此家長營造溫暖、正向、支持的家庭氛圍非常重要，同時要兼顧開放溝通（Berman, 2019, pp.24-27）。冷漠疏遠的親職，可能造就暴力、無感的孩子；暴力社區或家庭，會讓孩子覺得不安全，雖然曝露在暴力底下的，未必都有「重創後遺症」（Post-traumatic stress disorder, PTSD），但是當個人在遭遇創傷時，若無適當支援挹注或資源耗盡，就可能會有後續的嚴重影響（Berman, 2019, p.22），這也說明了治療很重要。

邱珍琬（2014）針對大學與研究生對於家庭傷痛的研究，發現研究參與者的家庭傷痛類型有：不適任親職、雙親不睦、暴力父親、暴力家人或家族涉入過深、專制威權不明理的父親、父親耽溺於自己的嗜好而不養家、父親的差別待遇、母親情緒的代罪羔羊、以及專制掌控（情緒綁架）的母親，這些都與雙親有關。這些傷害對他們的影響在於對親密關係的要求與看法、對性別的刻板看法、自信不足、不相信他人或孤單、希望自己被了解或信任、對母親辛苦的疼惜、對人際與生命的不解、提早長大、以及情緒困擾；而這些傷痛的特別意義有：看見父親行爲背後的原因，讓自己有機會去檢視生活、也做些改變，將這些經驗當作是成長或資源，或當作試煉。

沒有一個家庭是完美的，就如同沒有人是完美的一樣，更何況兩個不完美的人所一起創建的家庭！但是至少彼此在人生路上相遇、相愛，願意一起組成家庭、繼續走人生路，一路上相扶相攜，的確是很幸福的事；然而，愛情遇上現實生活，尤其是實際上的朝夕相處，就需要許多的調整、相容、忍耐與智慧。在育有下一代之後，責任與負擔增加了，還有面對長輩、姻親、鄰里與工作上的角色及要求要兼顧，倘若要維持原先彼此一對一的親密關係並不容易，何況若是遭遇到生活中的一些挑戰或困厄該如何因應？ 一般人提及婚姻出現問題，都脫不了金錢、性與孩子三因素。當家庭遭遇挑戰或問題時，就是展現其「強度」或「優勢」（family strength）的機會，大部分的家庭在經過考驗之後，仍然屹立不搖，重新回歸健康的平衡，少數會因此一蹶不振或分崩離析。

二、父母離異的影響

雖然現代家庭個人自主權增加，也較願意追求自我的幸福，離婚率增加其實就是一種選擇的顯示，有人說是因爲女性「自主權」增加的緣故，這樣的結論是不科學的；換句話說：是不是因爲男性享受足夠的自主權了，因此就把婚姻破裂責任推卸給女性？這也說明了一般人還是將「完整家庭」視爲美好婚姻的必要條件。然而，結構完整的家庭並不能保證家庭美好，反而是有許多人受到完整家庭的迷思框架，不願意負起破壞家庭的責任，因此即使配偶間衝突不斷、家庭氣氛不佳，家庭成員長期身在其中痛苦萬分，夫妻卻不肯提出離異的要求，放過彼此一馬？

歐美國家離婚統計近四成到五成（Strizzi, Koert, Øverup, Cipri c, Søren, Lange, et al., 2021），我國的情況也不遑多讓，根據內政部2019年的資料統計，在2018年，每一百對夫妻中，就有兩到三對離異。父母離異的孩子比喪親更難適應，主要是因爲許多的離異事件之前，配偶彼此之間的爭吵、敵意或冷戰，對於家庭內成員都可能造成莫大影響，甚至延續到離異之後，倘若再加上配偶間彼此拉攏孩子，甚至刻意詆毀對方，孩子對於親密關係、婚姻或異性，可能產生一些誤解或懼怕（如極端喜愛或仇恨），也對於婚姻的態度不佳（不婚或想要及早脫離家庭而早婚）（張碧華，2004，引自張華甄，2012，p.31），當然也會影響孩子人際、情緒、對自我看法（像是自己不值得愛）等。家庭的結構是否完整，其實不重要，而是家庭能否發揮其應有功能，才是決定一切的基礎！

家庭結構若產生變化，其影響因人而異。結構變化前，家人及親子關係、子女的性格或韌力，是決定其適應的重要因素。研究發現：因父母一方過世的單親家庭子女，可以有很好的適應與復原過程及結果，但是若雙親是在很醜惡的情況下離異的子女，適應狀況最糟，更遑論離異之後還糾纏不清！ 子女的情緒與行為問題在離婚後一年會出現較多（Strohschein, 2005; Sun & Li, 2002），雙親離異的子女在未來的立即家庭也會出現婚姻或親職問題（Amato & Cheadle, 2005）。在父母不和的家庭中長大，雖然有不少研究提到兒童時的依附關係與成長後的親密關係有關，而雙親離異後是否會影響子女成年後的親密關係，結果不一，也有研究（Lopez, Melendez, & Rice, 2000; Shulman, Scharf, Lumer, Maurer, 2001）呈現離異雙親並不會影響子女的親密關係，可見子女的親密關係還是受到早年與主要照顧人關係品質的影響較多。

倘若雙親在離異之前，可以與子女做良好溝通，子女在父母離異後的適應情況也較佳（Afifi, Huber, & Ohs, 2006）；雙親在離異之後，依然衝突不斷下的子女，若在雙親共同監護下的適應情況最差（Johnston, Kline, & Tschann, 1989），可見親職態度與作法很關鍵。由於許多離異單親家庭是以母親為戶長，因此許多的研究都以母親為對象，母親的敏銳度與較高收入，可以減少子女在雙親離異後的負面影響（Weaver & Schofield, 2015）。一個長達二十五年的研究發現：母親是維繫親職功能最重要的因素，而在離異後有近一半的單親母親因為生計之故，對子女的親職功能與反應顯著減少，而有三分之一的母親也會從離異早年的親職焦點慢慢轉移到財務收入上，也因此許多青春期的孩子會有較多偏差行為，甚至因為母親罹有心理疾病而必須成為主要照顧者（Wallerstein, Lewis, & Packer Rosenthal, 2013）。離異對於牽涉其中的所有人都產生影響，像是負面情緒、失落經驗、安全依附關係的裂解、經濟情況與子女養育、事後的生活調適等等，當然還有後續要如何相處與互動的問題。

家長相處的情況會影響下一代對於親密關係與婚姻的選擇（張允中、林燕卿，2006，p.180），父母關係親密，子女對親密關係較有興趣，也較有意願成家，當然若家長彼此長期對抗、齟齬，子女選擇不婚的機率更高（張華甄，2012；林儒君，2005）；相反地，也有子女因爲家長的前車之鑑，更積極投入在自己立即家庭的經營（陳玟君、吳幸玲，2017，p.117），想要打造一個更理想的家庭，因爲子女不是被動的受影響者或受害者，他們因應家庭紛爭會做自我調適，有主動改善的能力。父母離異的影響其實不大，主要是離異前的衝突或不合，甚至是離異後，依然以孩子作爲彼此鬥爭的籌碼，這樣的負面影響才嚴重！倘若以依附理論的觀點來看，子女會選擇一個與自己依附型態相似者發展親密關係，這也說明了早期經驗會影響一個人的人際關係，甚至是親密關係。

倘若家長因爲經常衝突而去尋求協助是應該的，也是解決問題的方式之一。但是切勿將家族拉進戰局，爲了爭勝負而選邊站，而是可以去找較客觀的第三者（包括諮商師）協助兩造將問題看清楚，並尋求較佳的解方；若是因爲彼此歧見太嚴重而無修復可能，有仳離的打算，也要在最後離異定奪之前，先將未來可以努力與合作之處，做預先計畫與商議，與孩子們開門見山、好好談談，而不是在憤怒之下做決定，讓孩子無所適從！在美國國小階段，就將家長離異子女視爲輔導重要對象，以團體輔導的形式爲主，讓家長離異或正在離異過程中的孩子聚集在一起，形成支持團體，團體目標之一就是強調「家長離異只是因爲他們彼此不再喜歡對方了，但依然是孩子的父母」，以及「父母離異不是孩子的錯」！

離異並不是悲劇，造成悲劇是因爲延續上一代的創傷，且不願意放下。我們華人家庭的雙親在離異之後，即便已各自擁有或另組了家庭，卻通常無法好好相處，在教養共同的孩子上，更難達成協議或合作，造成孩子跟著監護的一方，就會聽到監護的父／母詆毀攻擊另一方，考驗孩子的忠誠度，讓孩子內心百般撕扯，甚至會認爲自己的存在多餘、無法信任他人，無法信任他人又如何與他人做良好互動、建立情誼？倘若家長即便仳離，依然能夠以孩子爲共同關注的對象，爲子女的福祉，願意一起承擔親職責任，發揮有效的親職功能，子女將因而獲益，成長爲健康、健全的人格！

三、情緒（感）綁架／勒索

故事一

一位大二男生外表高壯，但是卻有怯弱的肢體語言與表情，我一直覺得很納悶：這個孩子身上到底發生了什麼事？爲什麼會有這樣的表現？有一回，他終於鼓起勇氣告訴我他的故事。他說他是家中么子，母親經常會跟父親吵架，或只要稍不如意，就會突然作勢要自殺，而且還把在各地唸書或工作的子女叫回來「交代後事」，三位子女疲於奔命！大姊因此不敢交朋友，也不敢搬出去住，大哥卻寧可在外與人同居，不願意回家。這位男同學說自己一天會接到媽媽好幾通的電話，若沒有及時回應，媽媽就會生氣，即便他想要做自己喜歡做的運動或跟同學出去玩，媽媽還是會叫他不要，一切以功課爲重，他也不敢違反，所以他跟同學較少接觸或交流，感覺自己很孤單。

故事二

唸研究所的小華一直很不快樂。媽媽本身有憂鬱症，只要發病就會大吵大鬧，甚至尋死。小華深知母親之所以如此，是因爲祖母的關係，因爲父親是長子，又長期在外工作，讓母親單獨與祖母相處。祖母偏愛叔叔與姑姑，把母親當下人使喚，稍不如意就會發脾氣，或到鄰居那裡告狀，說媳婦的不是，讓母親倍感壓力。每年到祭祀時間，母親更忙得不可開交，忙裡忙外之外，還要伺候姑姑叔叔的家人們，很多時候都在房裡偷偷流淚。小華一直能夠感受母親的痛，但是卻無力無能協助，更讓她覺得無助！小華後來發現自己身體也出狀況，自體免疫力受到攻擊，最後生病，醫師說主要是因爲壓力使然。

故事三

這是聽來的故事。一對年輕夫婦帶著年幼女兒移民到美國，後來因爲經濟等壓力，彼此之間的情感受到極大考驗，最後甚至形同陌路、各居一處；女兒很努力想成爲雙親間的和事佬，甚至在自己結婚前就讓父母親擁有一個共同帳户，希望他們可以重新和好、相守以老，但是母親對於父親的怨恨不變，即使有一天，父親駕車突然心肌梗塞死亡之後，母親的怨恨依然未消。女兒在母親被診斷罹患癌症之後，還特別向丈夫告假，回家照顧母親。父親過世後，女兒也發現自己罹有癌症，而且已近末期，她不敢將消息告訴母親。女兒過世後，母親移居回本國，初期許多親友還前來拜訪，但是她每日也只會對來訪的鄰居抱怨過世丈夫的不是，慢慢地，這些親友也不再登門造訪了。

故事一的全家，幾乎都受到母親情感綁架，大兒子還會反抗，用來爭取自己的自由與自主權，但是女兒與么兒深怕違反母意，儘量委屈自己，可能連自己的人生也因此葬送。故事二的小華，承受著母親的不滿與怨恨，都不能夠有自己的生活與思考，也是另類的情感綁架受害者。故事三的女兒被不睦的雙親拉扯，忠於某方都不是，最後也賠上了自己的健康與性命，但是仍不能討好母親。看到這些關係理應親密、卻彼此傷害的家人，我們是不是可以退一步想：値得嗎？有沒有其他的作法與選項？至少不要造成這麼多無法彌補的傷痛？

情感綁架（或情緒勒索）就是利用彼此之間的「關係」，來威脅或要求對方妥協的方式，主要是利用害怕、義務與罪惡感（Fear, obligation, and guilt）來要脅特定對象（Forward & Frazier, 1997/2017, p.35）。情感綁架的六個階段是：提出要求、對方產生抵抗、感受壓力、遭遇威脅、順從要求、最後只要一次得逞就會繼續舊事重演（Forward & Frazier, 1997/2017, pp.48-51）。情感綁架中，勒索者會提出要求，倘若被勒索者沒有接受或者是反抗，勒索者就持續威脅（如以控制金錢或破裂關係等），讓被勒索者不得不就範；倘若勒索者嚐到甜頭，自然會故技重施。被勒索者如果順從的話，表面上似乎雙方的問題解決了，實際上是被勒索者「被摸頭了」（周慕姿，2017）！如果其中一方不與之共舞，可能就不會造成這樣的模糊又不舒服的關係，但是也因為彼此的關係，往往無法理智做切割，像是以自殺來要脅對方不能分手，家長對孩子也會以這樣的方式來逼迫其讓步。家長不時會以愛或不愛的方式，要求孩子順從或妥協，其實對孩子來說，都是極大的痛苦抉擇，有時候根本無選擇可言！

情感綁架會讓被勒索者感到壓力、煩躁、有罪惡感、無助、無力，甚至向內攻擊（有憂鬱情緒），將滿足他人的需求列為優先，而犧牲自己的需求，也忽略自己的眞實感受，感覺自己被犧牲與玩弄卻無計可施，認為自己是一個受害者，無法與他人建立適當、彈性的人際界限（周慕姿，2017）。家人之間因為血緣與情感因素，更容易受到情感勒索，尤其是權力與地位較小的孩子，往往因為怕失去家長的愛，而勉強順從，家長就需要反躬自省：到底自己為何這麼做？是為了自己的私心，還是孩子的利益？有時候家長不允許孩子有自己或自我空間，而使出情感綁架的手腕，不僅破壞了親情與彼此關係，也讓孩子無法為自己發聲、出頭，而過著畏畏縮縮的生活！

孩子希望自己被看見、被愛，也期待自己有不一樣的人生，但是又擔心違逆家長，成了背叛家長的罪人！家長的愛不要有條件，也不要因為彼此關係而強逼孩子做違逆其意願的事，眞正的愛要有包容、體諒、保護與教導，也出於善意，而不是以愛為名、為武器，滿足自身的慾望或缺憾！

四、家庭暴力

故事一

許多年前，有位朋友提到自己朋友的故事。她說當時她跟閨密及其男友一起逛街，突然走在後面的小倆口開始吵起來，一人一句地唇槍舌戰，最後閨密的男友竟然一把抓住女友頭髮往馬路的方向推去，當時馬路上車流量極大，不小心就可能釀成災禍。當時閨密的男友大聲質問：「我是男人耶！男人要有自尊！」朋友道：「女人也有自尊啊！」我聽了這個故事，告訴友人說：「叫妳朋友趕快跟這個男人分手！他膽敢在其他人面前做出這樣暴力的舉動，以後有極大可能會家暴！」朋友傳達了我的擔心給閨密，但是對方道：「可是我們交往兩年了！」我當下的反應是：一輩子跟兩年，哪個比較長？數學要好一點！過了幾年，朋友與我見面，說我很神，因爲我的預測很準。她提到那位閨密還是嫁給了當時的男友，但是有一回高中同學會，閨密也來參加，小小的臉蛋上掛著一副大大的名牌太陽眼鏡，但是卻遮不住眼睛周圍的大片烏青，她被家暴了！當時在場的其他女同學規勸她離緣，不要繼續待在受虐的關係中，但是閨密幽幽地道：「可是我們有孩子了！」言下之意是她會繼續待在這個暴力的婚姻中。

故事二

小莉高中畢業就結婚，後來生了一對子女，但是在孩子年紀尚幼時，丈夫就會因爲工作上的不順利，回家打她出氣，她爲了保護孩子，一直不敢離婚，娘家的人也不知道她的情況，小莉怕家人知道以後反而會難過。問題是小莉都沒有出外工作過，十多年的家庭生活，讓她對自己可以獨立謀生感到很懷疑，所以遲遲不敢做重大決定。有一次她因爲丈夫暴打嚴重，所以去醫院驗了傷，但是她不敢告丈夫，以爲這樣丈夫下手會輕一些，但是情況並沒有好轉。女兒上國中時，小莉終於逃出家門，找到一位高中同學家暫時居住，但是因爲太想孩子了，有一回偷偷跑回家去看孩子，卻正好撞見丈夫，就被拉進去強暴，她衣衫不整地衝出來，卻正好撞見女兒返家，小莉說她從來沒有感受到這麼羞愧過！

在同學的介紹下，小莉接受一個基金會的協助，參與就業訓練，她終於開始工作、賺錢了，於是就租了一間雅房，一年多的日子很平靜，她也會偶而回到家鄉，到兒女的學校去探望。有一回她終於邀請女兒到自己住處，國三的女兒與她一起坐在床沿上，她還沒有開口，女兒就哭著抱著她：「媽媽！我們就是要看妳這樣！」這一句話把小莉歷年來的擔心給化解了，一直以來，她以爲孩子會看不起她，讓女兒撞見的不堪一幕，丈夫灌輸孩子她是一個拋家棄子的壞母親，每每想到這個，就讓她悲痛欲絕！但是女兒說：「媽媽，妳知道我跟弟弟每天上學都很擔心妳在家，很怕爸爸又打妳，書都唸不下！妳出來以後，我跟弟弟就不用擔心了。」

故事三

一位遠赴外地就讀的高中男生，因爲週記未寫而被校方記一支小過，臨畢業前，學校給予銷過機會——要學生到各處室取得類似離校許可的簽章就可以。學生在各處室當然不免會被師長斥責或勸說，當他來到輔導室時，輔導老師要他說出寫週記的三個好處，學生先回答可以練習作文能力，接著道：「可以說一些心事。」，老師於是打蛇隨棍上，詢問他：「比如呢？」學生提及自己每週末一定要回中部家裡，主要是確定母親是否安全，因爲家裡父親施暴，唸國三的弟弟不知如何保護母親。接著老師就與其商議可以怎麼做來保護母親？也期許他在大考中順利。老師簽了章，學生還很老實地回頭問道：「還有第三個優點？」老師笑笑，揮手讓他離開。

故事一提到在親密關係中，我們很容易爲對方找藉口，有一部分原因也是擔心別人認爲我們識人不清，因此即便遭受暴力對待，也是儘量掩飾，可是俗語說：「見微知著」（從很小的地方就可以看出其他部分），旁人的觀察也是很重要的線索。有時候子女會因爲擔心自己交往的對象，父母親不喜歡而加以掩飾，但是萬一親密關係出現問題時，家長反而無從伸出援手；因此家長對於子女的親密關係交往，不妨多些開放與寬容，也找適當機會與他們談論如何識人的智慧，不要只是一味排斥，因爲這樣會讓子女覺得自己價值低，或不被認可。故事二是指母親承受家暴，留在家裡通常是爲了保護子女不受到災殃、淪爲下一個家暴受害者，同時也爲了盡到自己身爲母職的責任與義務，不希望外人汙名化自己，但是卻不知子女在沒有見到母親時的擔心受怕，卻無力援助。從第三個故事就可以看出孩子的心事與擔憂。

家庭暴力，特別是配偶之間或是親子之間的暴力，近年已經有愈來愈嚴重的趨勢，據聞新冠肺炎發生，居家健康管理增加，反而造成各國離婚率與家暴劇增，難道人與人之間的親密是要有所限制的？倘若在一起的時間過久，反而容易有衝突與爭吵？從這一點也可以看出：人的確需要獨處（我、你）與共處（我們、歸屬與愛）的時間，只是兩者間要如何做平衡，的確需要智慧！

家暴主要是權力與控制的問題。有研究者整理家暴對受虐／害者的影響發現：兒童期受虐者在自我概念的發展上（如對自我價值感較爲負向、較高的憂鬱情緒、被動或有自傷與自殺意念）受到極大影響，同時也較容易衝動或過度活躍；有些受虐兒會出現「誇大」的自我意象，用來與內在無助、不安等感受做區隔，另外有些受虐兒會將家長的暴力合理或理想化，甚至歸咎爲自己的責任。而在人際關係上，許多受虐兒對他人抱持負向看法、缺乏信任，也與他人保持較疏遠距離，或出現較多焦慮、憤怒的情緒及攻擊行爲。家暴環境下成長的青少男，容易在成人之後成爲施虐者，女性則是受虐者（Jankowski, Leitenberg, Henning, & Coffey, 1999），可能因素是：一般說來，家暴行爲人是男性，受害者爲女性，或許是因爲觀察模仿，認爲自己難逃厄運，或者是沒有其他可以效仿的正向楷模；而在成長之後，受虐經驗持續影響受虐者的生活，包括親密關係（吳東彥，2019）。

我國規範「失功能」或「脆弱」家庭是以家庭經濟、家庭關係、家庭支持系統、兒少與個人等不同需求與困境，作爲通報與協助對象（請見表一）。失功能（或脆弱）家庭可能有嚴重或頻繁的衝突、藥物濫用、頻頻更換照顧者，或是有虐待傾向、疏忽的照顧者，這些都可能置孩子於險境（Berman, 2019, p.35）。也有研究指出，霸凌者的危險因子，包括：出自於嚴苛親職、外化問題（用行爲表現、向外宣洩情緒），或將攻擊視爲問題解決方式的態度有關，而長期的影響則是會有性騷擾，使用酒精或藥物、破壞公物、輟學或犯罪等（Berman, 2019, pp.29-30），可見暴力其來有自。青春期出現的約會暴力，也提醒家長需要讓孩子清楚親密關係的妥協該如何進行？不安全依附的青少年，強烈想要發展親密關係，但害怕被拒絕，也許會採取疏遠策略，或表現出亟需獨立的模樣（Berman, 2019, p. 31）。

因此避免孩子陷入暴力的保護因子有：照顧者提供社會與情緒的支持、實際引導與教育如何因應暴力行爲、家庭氛圍開放溝通、尊重個人人際界限等，都是重要因素（Berman, 2019, p.38）。孩子在安全、關愛的環境下成長，自然會養成溫暖、良善、自信、不怕挫敗、願意付出與協助弱者的特質。

故事一

一位高三老師剛接導師職，但是她在這幾個禮拜卻發現一件很奇怪的事，於是找輔導老師商量。導師提到班上男同學似乎有意無意的在暗示自己與班上一位叫小珊的女同學「過從甚密」，所以輔導老師邀請這位女同學來進行了解。小珊很坦然承認自己與班上許多男同學都發生過親密關係，在進一步仔細了解之後，才知道在小珊小四那一年，母親再婚，繼父就進入她的房間，告訴小珊她很特別，繼父很喜歡她，於是就開始了性侵行爲，繼父先是說希望與小珊之間所發生的事情是一個祕密，但是如果小珊將這個祕密洩漏給任何一個人知道，他就會離開這個家，讓她們母女無處棲身。

小珊在自己第一次月經來潮時才全力反抗，也停止了繼父對她的性侵，但是她開始與不同的男同學發生性行爲，許多同學對她的評價都非常負面，但是卻沒有人願意去了解她。後來輔導老師轉請當地的社工幫忙，但是社工也是第一次遭遇這樣的事件，不知如何處理，老師於是就打電話請教某基金會的律師，律師先問學生什麼時候滿十八歲？老師去了解之後，知道小珊還差一個多月就滿十八歲。所以律師建議有兩個途徑可以協助：第一是代替小珊打官司，但是打官司就可能要犧牲掉這個家庭（尤其是經濟全仰賴繼父的母親）且耗時甚久，第二是讓女同學在滿十八歲以後離開這個家，就不需要家長的監護。小珊不願意因爲自己的事傷害母親，於是她決定走第二條路。輔導老師於是安排給她一個安全住處，直到滿十八歲。

故事二

二十多年前，我唸博士班時，在美國一所公立心理衛生中心做全職實習，當時曾經碰到一個個案，那時中心要求我協助這位四十歲、中度智能障礙的母親，可以準確地餵食處方藥物給九歲的兒子，那是我第一次看到這對母子。九歲的兒子在房間內跑來跑去，同時發出怪聲，對於我們所說的語言都不做反應。由於他需要一天服用六種不同的藥物，但是媽媽本身卻很困惑，無法按時準確地讓孩子服用這些藥物。在與這對母子晤談之後，我很好奇地請教督導：到底爲什麼這個小孩子智商測不到，身上又罹患這麼多的疾病，而且似乎沒有理解語言的能力？督導告訴我說，這位母親本身是經歷自己親生父親的性侵，等到她被發現懷孕時，已經是懷孕末期，最後只好把這個孩子生下來。

故事三

唸小學四年級的小麗，常常在同儕之間談一些男女之間親密的性行爲以及代名詞，讓同儕都覺得她很怪異，經由導師的轉介，小麗來到諮商師面前，諮商師才了解原來小麗在六歲時曾受到母親同居人的性侵，當時因爲怕社工追案，於是母親就帶著小麗從中部回到南部自己娘家，但是她的生活習慣未改，還是靠著男人過生活，因此當她把小麗帶在身邊，也就是讓小麗處於可能持續受害的情境中。即便母親的生活型態讓小麗遭受了這樣的創傷，但是小麗依然以母親爲唯一的依靠，母親不願意放棄自己的福利補貼，而小麗也不願意離開母親。這也是我們在做性侵害處置的時候，很難撇開血緣與情感的因素，即使努力要讓這位母親意識到自己的生活對孩子造成了傷害，而她卻不願意爲孩子做改變。

表一　脆弱家庭需求面向與脆弱性因子（衛福部社會及家庭署，2019）

需求面向	脆弱性因子	參考樣態
家庭經濟陷困需要接受協助	(一) 工作不穩定或失業	1. 家中主要生計者連續失業六個月以上。 2. 家中主要生計者突發性遭受資遣或非自願性失業。 3. 家中主要生計者為低薪非典型就業型態。
	(二) 急難變故	因天災、意外或非個人因素致家庭經濟陷困，且影響家庭成員日常生活。
	(三) 家庭成員因傷、病有醫療或生活費用需求	因疾病、傷害事故就醫所生全民健康保險之部分負擔醫療費用或健康保險給付未涵蓋之醫療費用以最近三個月之醫療費用累計達新臺幣3萬元以上，且影響家庭成員日常生活。

需求面向	脆弱性因子	參考樣態
家庭經濟陷困需要接受協助	(四) 家庭因債務、財務凍結或具急迫性需求	財產或存款帳戶因遭強制執行、凍結或其他原因未能及時運用，致生活陷於困境。
家庭支持系統變化需要接受協助	(一) 天然災害或意外事故等突發性事件致家庭支持功能受損	1. 天然災害：風災、水災、震災（含土壤液化）、旱災、寒害、土石流災害、火山災害等。 2. 其他意外災害：火災、爆炸、公用氣體與油料管線、輸電線路災害、礦災、空難、海難、陸上交通事故、森林火災、毒性化學物質災害、生物病原災害、動植物疫災、輻射災害、工業管線災害、懸浮微粒物質災害等災害。 3. 因上述災害致家庭成員生命、財產嚴重受損，影響家庭基本生活功能。
	(二) 家庭成員突發性變故致家庭支持功能受損	1. 家庭成員死亡或失蹤。 2. 家庭成員入獄服刑。 3. 家庭成員突患重大傷病。
家庭關係衝突或疏離需要接受協助	(一) 親密關係衝突（未達家庭暴力程度）或疏離致家庭成員身心健康堪慮	1. 主要照顧者與夫妻、同居人、伴侶間經常發生口語衝突、冷戰或其他事件，致影響家庭成員日常生活。 2. 主要照顧者離婚、失婚後與他人同居，且頻繁更換同居人，致影響家庭成員日常生活。
	(二) 庭成員關係衝突（未達家庭暴力程度）或疏離致家庭成員身心健	1. 家庭成員（如親子、手足、代間關係）中時常爭吵、有帶年幼子女與人同居、或有離家出走之念頭，致影響家庭成員日常生活。

需求面向	脆弱性因子	參考樣態
	康堪慮	2. 非親屬關係同住人口眾多，家庭關係衝突或疏離，致影響家庭成員日常生活。
兒少發展不利處境需要接受協助	(一) 具有特殊照顧需求之兒少，致主要照顧者難以負荷或照顧困難有疏忽之虞	1. 發展遲緩兒童。 2. 身心障礙兒少。 3. 罹患重大疾病兒少。
	(二) 主要照顧者資源或教養知能不足，且無合適替代性照顧者或輔佐人	1. 主要照顧者失蹤或失聯，且無合適替代性照顧者或輔佐人。 2. 主要照顧者因資源匱乏或資源不足，無力提供兒少基本生活所需或無法協助兒少發展所需資源。 3. 未成年父母且親職功能不足。 4. 學齡前子女數三個以上之家庭且家庭功能不足。 5. 居住不穩定，一年搬遷三次以上。
	(三) 兒少不適應行為，係因家庭功能薄弱致有照顧問題	因兒少個人或家庭功能薄弱，致有擅自離家、遊蕩或自我傷害等不適應行為。
家庭成員有不利處境需要接受協助	(一) 家庭成員生活自理能力薄弱或其他不利因素，致有特殊照顧或服務需求	有關失能、失智或身心障礙，應優先由長照管理系統及身心障礙服務系統服務。其餘有生活自理能力薄弱或其他不利因素，致有特殊照顧或服務需求。
	(二) 疑似或罹患精神疾病致有特殊照顧或服務需求	1. 疑似或罹患精神疾病致家庭成員無力照顧，或影響家庭成員日常生活。

需求面向	脆弱性因子	參考樣態
		2. 有醫療照顧需求，應同步連結或轉介各地衛生單位。
	(三) 酒癮、藥癮等成癮性行為致有特殊照顧或服務需求	1. 使用具成癮性、濫用性等麻醉藥品或酒精致家庭成員無力照顧、未獲適當照顧，或影響家庭成員之日常生活。 2. 有醫療照顧或戒癮服務需求，應同步連結或轉介各地衛生單位。
因個人生活適應困難需要接受協助	(一) 自殺／自傷行為致有服務需求	1. 自殺或自傷行為致家庭成員無力照顧、未獲適當照顧，或影響家庭成員之日常生活。 2. 有自傷行為，且依自殺通報之簡式健康量表（俗稱心情溫度計）分數10分以上（中重度情緒困擾）或自殺想法2分以上（中等程度）者。 3. 於知悉有自殺行為情事時，進行自殺防治通報作業。
	(二) 因社會孤立或排除的個人致有服務需求	1. 社會孤立：與他人缺乏相同的網絡或得到社會支持。 2. 非正式資源連結薄弱：係指被社會排除的家庭或個人，缺乏和社會的接觸或溝通，包含身體、社會或心理因素的排除。 3. 缺乏親屬、朋友、社群、職場、鄰居、宗教團體、學校、醫師、社區機構、醫療機構和其他醫療照顧及社會服務資源。 4. 非屬《社會救助法》第17條所定對象。

研究小百科

「界限」（boundary）是指人與人之間（或人際）的心理界限，想要與人親密或疏遠由自己決定。與他人之間的界限分明，可能保持了個人的獨立性，但是缺乏親密；但是若與人界限不清楚，雖然擁有親密，卻少了自我與獨立。因此親密與獨立兩者之間的權衡，需要智慧。

五、家人犯罪或自殺

家中若有成員因爲違法而入獄或是有自殺企圖／已遂，也會留下一些影響需要作調適。首先是社會對於此類家庭的不諒解與汙名化（如怎樣的家長會養出罪犯？或什麼樣的家庭造成自殺事件？），對於有人入獄的家庭成員或自殺遺族來說，都是沉重的壓力；其次是因家人入獄或自戕後留下的個人議題（如自我調適或對抗汙名、該去探視服刑者或與入獄者的關係應當如何？自殺者也會留下一些疑問待解？如爲何會自殺？自殺後留下的問題該如何處理？）或經濟問題（如主要維持家計者入獄或死亡），該如何因應？孩子在朋友或家人自殺已遂後，通常會感受到罪惡感（自己已做或未做什麼），有些人甚至會從事危險行爲，也面臨創造意義及重新與朋友連結的議題（Bartik, Maple, Edwards, & Kiernan, 2013）。華人社會將自殺當作「不好的死亡」（bad death），通常不會鼓勵自殺遺族討論這件事故，因此得靠個人自己去解決，雖然自殺遺族可能會認爲死亡對自殺者而言是一種解脫，卻無法明說（Wong, Chan, & Beh, 2007）。

有人說現代的孩子較缺乏挫折忍受力（如草莓族、水蜜桃族），因此常常在遭遇問題或瓶頸時，沒有適當可用的解決方式，就可能以自殺或自戕爲出路。自殺的動機除了想要停止痛苦之外，也可能會爲了逃避不能忍受的困境、引起他人注意、想要與死去的人團聚、想要藉此掌控某人而達到自己想要的目的（如情感勒索、要對方不敢分手）、企圖逃避懲罰或想要被處罰、想要向死神挑戰、企圖結束不可能解決的衝突、想要懲罰活著的人或報復等（Capuzzi & Gross, 1989, p.288）。但是自殺並不能解決現存的問題，可能會讓其他重要他人受累或痛苦，許多自殺遺族終其一生就必須背負著這些愧疚或罪惡感。

家人若有犯罪或前科，在我們集體主義的華人社會，全家族都蒙上汙名，社會人士不時會以檢視的眼光來看待，只要一旦發現可能有疑問的行為，就會將其歸為犯罪家族使然！ 家長入獄的孩子，除了面臨被汙名化之外，還被迫與父／母親分離、孤單、家人模糊的說明、不穩定的照顧或緊張的親職工作、收入減少、搬家或轉學等變動（Murray, Farrington, & Sekol, 2012），也可能出現情緒與行為上的問題（Emory, 2018），甚至男孩未來會有犯罪行為出現（Wildeman, 2012）。犯罪行為固然可能與經濟需求或欲求有關，但是親職教育很重要的是讓孩子體認到金錢並不是萬能，即便經濟困窘也可循正常合法管道取得資源或協助，而不需要身涉其險或犯法，導致人格與道德上的汙名。

家長面對家族中有人自殺或是入獄，最好可以跟孩子說明或解釋，而不是任由孩子自身去解讀或消化，因為孩子的生命歷練不足，極有可能做了錯誤的解讀，或是自責，這些心理狀態或想法若無適當處理，可能終其一生都不能放下，增加了許多危機（如自殺解脫）。即便是孩子，也可能會以自殺作為解決問題的途徑，不容小覷！孩子若有自戕的意念，也要注意觀察行為上的不同，而不是勸告說「想開就好！」，許多事情很難想開，因為我們無法感同身受，有時候就錯過了關鍵解救時機！因此留意孩子的情緒、開放與孩子討論、注意孩子的生活習慣與交友狀況，都是重要線索。

自殺警訊（引自邱珍琬整理，2019，pp.422-427）

- ■ 以前曾自殺未遂
- ■ 威脅要採取自殺行動
- ■ 情緒低落
- ■ 覺得無望、無助
- ■ 談論死亡或絕望
- ■ 焦慮緊張

■ 變得退縮，不與家人或朋友親近
■ 出現暴力或叛逆行為
■ 吸毒或酗酒
■ 將珍貴物品送人
■ 行為突然發生改變
■ 在情緒低潮後，出現亢奮舉動
■ 翹家或翹課
■ 學業或課業上的表現出現變化
■ 老是覺得無聊
■ 無法集中精神
■ 覺得自己沒有價值
■ 生理上的病痛
■ 睡眠模式或飲食習慣改變
■ 親密親人或朋友、認同偶像最近自殺了

六、家人罹患心理疾病或慢性病

若是家中有人罹患心理疾病或慢性病，也是家中壓力源之一，家人關係與家庭功能因此受到影響。家中若有身心障礙的孩子，對於家長與家庭成員來說，都是一輩子的責任與負荷，有些家長（人）怕自己快樂，因爲認爲自己沒有權利享受，但是痛苦又可以背負多久？有些家長因爲照顧特殊兒，而忽略了其他孩子，也會讓這些孩子覺得自己受忽略或不值得愛，甚至對於自己的生活沒有太多期待、走入歧途，有些孩子則是會犧牲自我、替代親職、提早成熟，也讓人不忍。此外，不管是家長或是孩子也會擔心：心理疾患會不會好？會不會遺傳？自己可不可以有孩子？別人怎麼看我與我們家？事實是絕大多數的心理疾患是可以正常生活的，極少有攻擊他人或自我，甚至不適合在社會生活的！

家庭成員有心理疾病，是否有病識感最重要！患者本身要有病識感，才會願意去就醫、請求協助，家人要有病識感，才願意配合診療、協助患者就醫與預後。家長有心理疾病，首先受到影響的，自然是親職功能，另一半需要負擔更多的責任，或是家裡的責任需要分攤，最受到影響的是家人的心理與情緒；若是罹病的家長住在別處（如療養所），自然未能履行親職或者只能發揮少許的親職功能，若生病的家長待在家中（如憂鬱症或情感性疾患），其自身的病況也會影響到家庭氛圍與孩子的身心狀態，甚至傷害到家人（如管教不一致或是情緒暴衝）。若家中有心理疾患，不要諱疾忌醫是首要，要積極治療與配合照顧，甚至尋求資源與協助（包括福利措施），但是也不要忽略自身需求與配偶及其他孩子的需求，一切盡力就好！倘若家長自身是主要照顧者，也要知道自己才是源泉活水，將自己照顧好，才有餘力去關照家人，必要時要接受喘息服務，給自己適當的時間與空間，也要持續維持親密家人關係與友朋的支持網路，當然尋求專業人士（如醫師或諮商師）或相似遭遇者（如自助團體）的協助也是有益的。

七、自我傷害

自我傷害（簡稱「自傷」）常常發生在有創傷經驗者身上，創傷經驗來自原生家庭者占多數。自傷行爲與自殺最主要的區別在於前者不是以「死」爲目的，自傷通常是用來調節情緒的極端方式，但往往也可能造成意外死亡。倘若覺得自己較無感，深怕自己沒有感受，因此藉由自傷來證明自己活著、有感覺，反之若是情緒太敏感、容易受到影響，則是以自傷方式來抑制或控制自己面臨崩潰的情緒（Hollander, 2008/2020）。自傷不應該用來作爲情緒管理或情感綁架的手段，患者需要進一步作診斷與治療，同時也需要家人的理解、了解與協助！

程雅妤與謝麗紅（2020）整理了國外學者（Brown & Kimball, 2013; Nock, 2009; Ougrin, Tranah, Leigh, Taylor, & Asarnow, 2012）的研究發現，影響自傷行爲的家庭影響因素有：家人關係不良、親子衝突或家庭缺乏支持、手足競爭、家庭結構不完整、家長期待過高、曾目睹家庭成員自傷或家庭暴力、以及童年創傷經驗等；而在學校因素方面則包括：師生關係不佳、同儕衝突、情感或關係困擾、學業壓力、同儕模仿等（Ougrin et al., 2012，引自程雅妤與謝麗紅，2020）。國內學者黃雅羚（2003）以自傷青少年為對象的研究發現，自傷者通常在人際上被同儕孤立、排斥及嘲弄，缺乏對人之信任，常感到無助、挫敗及憤怒，因而藉自傷害宣洩情緒（引自程雅妤 、謝麗紅，2020）。一般說來，自傷者不輕易向人出示自己的傷痕（除非其目的為引起注意或憐憫），畢竟情緒是主觀自己的，不希望讓他人看見自己的不堪，有時候若傷痕太明顯（如在手臂或是腿部），自傷者也會以衣物覆蓋，不希望他人發現。在青少年族群裡，有時候自傷會「傳染」（同一群體的成員都有自傷行為），就要特別留意。

倘若發現孩子有自傷行為（廣義的自傷還包括酗酒嗑藥等），先找孩子談談，不要歇斯底里、大驚小怪，家長自己要先安定下來，才會有清晰合理的思考與判斷，找一些相關資訊與資源（如學校輔導老師或諮商師、心理醫師或社工），明白自傷的可能起因與處置方式，配合校方與醫師的建議，跟孩子一起面對與處理問題。

八、創傷成長能力

故事一

一位中年的父親，提到自己有一天在孩子吵鬧時，突然發現自己的右手竟然舉起要揍人，他被自己的這個舉動嚇到了！憶起小時候，他就是不喜歡父親動粗的行為，搞得全家不得安寧，沒想到自己有了孩子之後，竟然承襲了原先不齒的父親的行為。他當天大哭一場，內心有許多複雜的情緒，後來他向孩子道歉，也慢慢將這樣的行為做了修正。

故事二

阿忠已經二十歲，但是除非必要，他不願意回家——「不要回那個男人在的家」。阿忠說從小就跟父親不親，幸好家裡還有媽媽跟姊姊，他跟姊姊很親，但是父親腦袋裡總是有一些「骯髒」

的想法，像是若他坐在姐姐床邊聊天，父親就會懷疑他跟姊姊之間有「不可告人」之事；有一次父親發現阿忠的內褲夾在洗好的被單裡，父親甚至就大打出手，阿忠身體覺得傷痛之外，也覺得受傷與莫名其妙。阿忠沒有機會問父親為何他的想法如此汙穢？阿忠後來有機會外宿唸書，就開始了自己獨立的生活，因為他覺得跟父親在同一個空間呼吸空氣都覺得髒！

故事一提到家暴的可能代間傳承，幸好這位父親覺察到自己的行為，也做了改變。家庭可以代代相傳許多重要的價值觀，這些價值觀或許不是白紙黑字，但是隱藏在平日的身教或是儀式之中。想一想你們家裡可有一些家規？然後進一步去思索：你的原生家庭有哪些家規？而有哪些家規你想要保留或發揚光大？理由為何？故事二提到父親對於身為男性的兒子的懷疑與不潔的想法，到底是因為父親本身對於男性的誤解？還是對自己兒子的妄然猜測？讓人不得不聯想到父親是否有心理疾病或妄想的問題？正常的家長怎麼會懷疑自己的孩子？家長在孩子年幼時，就企圖斬斷孩子與家庭的連結，居心何在？若以家族治療的系統觀點來說，孩子的心理疾病主要是家庭造成，而不是孩子本身的問題，家長帶著偏見或自己的誤信來教養孩子，孩子的未來會如何？當然孩子是人、也有能力，不會總是處於被動的角色，家庭的影響雖然很重要，但是也需要孩子能夠有思辨、判斷能力，才不致於無法翻轉家庭的影響。

華人儒家傳統的倫常（君臣、父子、夫婦）觀念，往往帶有許多的性別位階與權威，這與我們的集體文化有關，也就是集體和諧勝過個人自由，華人家庭往往為了維持「虛假」的「表面」和諧，而犧牲了個人的權益與福祉。華人重視面子，認為面子就等同於自尊，但只要是人，都有自尊，為什麼男人的自尊需要靠女人來維繫？父母親對子女的「禁令」太多，容易讓孩子限制自己的探索與冒險，凡事膽怯或思慮過多，而無行動力。雖然大部分家長的「禁令」是與「保護」或教導孩子有關，但若是過多或過於繁瑣，可能就會「制約」孩子，讓孩子被框架住，甚至對自己與未來感覺無能與無望。

華人家庭觀念影響夫妻婚姻品質甚多，而且婚姻生活仍然以男方家庭文化為主，中老年夫妻因為子女都已成長、或自身從職場退休生活，焦點會從子女轉向夫妻關係，倘若發現彼此差異更多，就可能選擇離異，也是造成此族群離婚率升高的因素。家庭中的成員若沒有對於自己原生家庭的家規或是價值觀，做一些覺察或反省，可能就會在無意中，將一些負面的影響遞傳給下一代，當然也有人刻意將一些自己認為正確的傳統或價值，傳輸給下一代，甚至要後代子孫承襲下去。每個家庭都不是單獨存在，而是有歷史與淵源，因此許多的家庭承襲著歷代家族的價值觀與任務；以家族排列的觀點來說，整體（家庭為一系統、牽一髮而動全身）、序位（長幼有序、各司其所）、平衡（施與受、工作等的平衡）、事實（承認事實存在而不去否認）與流動（順應生命的力量）法則（周鼎文，2018，pp.39-41）是每個家庭必須要遵守的一些原則，其中也包含了許多家族代代相傳的價值觀與傳統。

生命中有高潮也有低潮，人生其實也是解決問題的過程。問題或挑戰出現是表示我們可以應對或解決，可以學習一些什麼，不需要太在意！遭遇創傷並不會將人打倒。有研究者（Calhoun & Tedeschi, 2014, cited in Boniwell & Tunariu, 2019, pp.141-142）發現「創傷成長力」（posttraumatic growth）會促進個人成長、與他人連結、欣賞生命及發現新的可能性。的確，不同的人遭遇到生命中的考驗，會有不一樣的因應方式與結果，創傷亦同。每個家庭都有不同的挑戰與議題，需要面對與解決，也從這些經驗中學習及增進能力，當然也有人因此而一蹶不振，就得視其自我強度來決定。

父母親在親職上是各司功能，互相彌補，倘若其中一人不在其位，當然會影響家庭的系統與功能運作，只是需要注意的是：因為家庭是一系統，所以當有人未能發揮功能時，其中成員就會替代或補上，反而展現了家庭的優勢與韌力，這就是創傷成長力的展現實例之一（Boniwell & Tunariu,

2019）。有覺察或反省不一定會有改進或改變，需要有進一步的行動才有可能。因此家長先要有自我覺察的能力與敏感度，接著才有可能對症下藥、採取行動。許多孩子往往會將命運給他／她的考驗視爲不可抵擋或無力頑抗，但是隨著生命經驗的增加，他們開始有了選擇，也了解：即便我們不能選擇自己的原生家庭，但是可以選擇家庭對我們的影響有多少。

九、公平與正義

故事一

一位母親有一雙兒女。她青春期的兒子有一次在與母親爭論時說：「我覺得妳比較愛妹妹，每次都要我讓她，錯都是我帶頭、我不對！」母親因此來做諮商，提到因爲小時候，父母親都以哥哥爲重，讓她倍感不公，沒想到自己擔任親職之後，爲了彌補小時候的不公平感，竟然反其道而行，而且做過頭了！藉由這個發現，她找到了問題的源頭，也向兒子道歉。

故事二

女大學生已經大二了，但是看起來沒有自信，也不太喜歡與同儕一起活動。後來藉由一個作業，讓導師知道她下面有一位很傑出的妹妹，也很得雙親的喜愛，所以她這個姊姊儘管很努力，但是從國小開始一直屈居劣勢，她不敢怪父母親，只怪自己不爭氣！導師要她從自己的生活與歷年的表現中，去找出自己的優勢，然後要她在大學這個階段好好去深耕、去學習，大四要畢業前，她過來謝謝導師，說她不曾知道自己也是一個很棒的人！

故事三

我小學時候經常是五科滿分，極得老師們的寵愛。但是有一天，我聽見唸小四的三妹抱怨說：「老師說妳頂呱呱，我頂溜溜。」還伸出小指頭示意，我當時覺得很難過，因爲我不想要因爲我的好而傷害了手足。三妹是我很敬佩的人，因爲她的意志力堅強，成年之後她挺過了複雜的顏面手術，而且減重成功（從未復胖過）！

故事四

我們家有六位手足，在當時經濟不佳的情況下，要做到公平不容易，但是父親會儘量公平。像是我們平日吃的食物或水果，都是平均分配，如果一個橘子裡面的瓣數是六的倍數就好辦，但是若只有十瓣或十一瓣，父親就會請某人這一次先少吃一瓣，下次補足！連過年發壓歲錢也是如此，我們都覺得父親是很公允無私的。

故事一提到母子對話，讓母親得以省思，進而看見自己的矯枉過正，反而傷害了兒子，並願意在事後做彌補動作。故事二提到的也是實際發生的案例，家長或許認爲姊妹之間的比較沒有關係，無形中彷彿偏愛了其中一位，讓姊姊覺得自己不被愛、沒有價值，這樣的傷害很嚴重，因爲是傷害了孩子的自信與自我感，往後可能會抬不起頭來！故事三是我們手足在師長面前被比較，以前我沒有意識到這樣可能造成的傷害，但是這個事件讓我明白：原來被比下去是如此不堪與影響嚴重！也協助我看見不同手足的長處。故事四就看見家長的公平很重要，要避免偏愛某人、造成手足相爭或嫌隙。

孩子重視公平，也不喜歡被比較。我們華人社會的父母親很喜歡比較，不僅在孩子之間做比較，親友之間也是，有時候還拿社會人士來比較。「人比人氣死人」這個道理大家都知道，但是卻沒有眞正懂得且做得到！每個人就像我們的手指一樣，各有短長與用處，倘若每一根手指都一樣長，那就麻煩了！孩子比人強又如何？別人背地裡會認爲你驕傲、靠勢，反而容易中傷孩子；孩子比不上別人又如何？家長的目的是要激勵孩子更努力？還是瞧不起孩子？孩子比不上別人，又失了家長顏面嗎？家長的顏面需要靠孩子來支撐嗎？爲何家長自己不表現好一點，讓孩子起而效之？即便只有一個孩子，還是不免會被比較，或許是在親友之間、或許是在同儕之間，有一句話說：「人沒有十樣好」，每個人有不同的優勢、可改進，或是只能接受無法做改變的部分，在社會中，每個人發揮所長、讓世界運轉，就是很美、很棒的事！讓孩子知道自己有長處，可以貢獻社會或協助他人，有挑戰、可以克服或更精進，而倘若不能做改變，也接受它是我們的一部分。自己可以接受自己「如我所是」，就是肯定自己、有自信的表現！家長或許會希望孩子效法某些人，但是也要注意這些人是不是眞正符合孩子的性格與發展（才能）？如果孩子是鴨子嗓，卻要求他／她去參加歌唱比賽，不是讓孩子去自取其辱嗎？如果孩子對打籃球有興趣，Michael Jordan或Stephen Curry或許是可資效法的楷模，但是也要強調成功背後其實都需要付出許多努力，同時不要告訴孩子「做Curry第二」爲何不能做自己第一呢？儘管孩子有典範在前，但還是希望做獨一無二的自己啊！

十、為孩子做決定，也要還給孩子自主權

故事一

以前在某高中任教，當時該校有義工媽媽的團體。其中一位媽媽經常提到與高三兒子間的「鬥法」，她說兒子老要損她，還故意在丈夫面前說：「你怎麼會娶這樣一個女人回家？」她於是就將年輕時的舊照翻出來，證明自己到目前爲止，都還維持得很好，丈夫卻變形了！但是兒子似乎不買她的帳，偶而還是會以同樣事件調侃她。後來這位媽媽提到小四的么子，每次在這樣的胡鬧事件後，都說要出去找工作，我於是請這位母親去了解么兒的想法。原來十歲的他，擔心父母因此離異，他就無法生活，所以要先去找工作養活自己！多麼可愛卻又值得重視的想法啊！

故事二

一位研究生一直鬱鬱不樂，她說自己從很早以前就不快樂。爲了讓父母親高興、以自己爲榮，所以她在學業上力爭上游，也表現傑出，但是父母親似乎還是不滿意，有時候家長自己遭遇到挫敗或是他人的言語刺激，就會用體罰方式找孩子出氣，她的手足與她經常遍體鱗傷，她不明白的是：爲什麼父母親這麼討厭他們，還要他們誕生在這個世界？

故事三

我小時候常常與母親不和，因爲我認爲不對的，就應該要說出來、做矯正（當時還沒有讀到《論語》的「事父母幾諫，勞而不怨」），因此母親將我視爲眼中釘。小學六年級時，我擔任班長，有一回與母親吵架，她要我將她的手錶還她，我就直接脫下手錶，但是這個動作卻惹惱了她，直接抄了竹棍追著我，我跑出家裡，她就騎車追趕；因爲擔心被同班同學看見，我於是就繞道，但是小時候的生活圈很窄，能跑的地方不多，後來還是精疲力竭後被追上。我跌坐在地上，媽媽就揪著我的耳朵到大河溝邊，將我的頭按進水裡，問我：「還敢不敢？」然後再提起來，這樣反覆數次，我都不予回應。後來等我成長之後，幾乎每週都會做被水淹溺的夢。一直到國外唸書時，碰到一位阿德勒學派的老師，才解了這個謎。老師說我是一個「有原則的人」、堅持對的，這樣的解釋竟然化解了我多年來的噩夢。

故事一提到孩子解讀父母親的爭吵，往往會後果嚴重，也可見家庭氛圍的影響力，不過也要注意：青春期孩子喜歡鬧父母，只是因爲好玩、不是認眞的；故事二是一個認爲自己永遠討好不了家長，卻不知爲何的傷痛孩子，家長將自己的不如人或是傷痛加諸在孩子身上，卻不做任何說明與彌補，這是孩子最深刻之痛；故事三是我自身的故事，幼時的創傷，後來演變成不間斷的噩夢，最後經由老師的正向解讀，才化解了這個疑慮。家長通常不給孩子選擇或做解釋的機會，孩子自己的大腦會協助他們解讀這些困惑，而這些解讀卻不一定正確，因此需要家長敏銳覺察到這一點，做適當的協助或善後，要不然孩子就會帶著這些既定的觀念，成爲堅固的信念，也容易誤解許多家長的善意。

子女在生涯的選擇上也受到家長極大的影響。許多父母會要求孩子選擇家長自己認爲不錯的系所或行業，卻沒有進一步了解孩子的興趣、個性與能力，甚至只是以市場行情或經濟趨勢爲標準。生涯是孩子選擇的生活與工作的結合，也是要做一輩子的，不要輕易爲孩子做決定，畢竟生涯是孩子一生重要事項，必須要自己負責。以往家長認爲軍公教是鐵飯碗，倘若自己是勞力階級或受僱於私人企業，往往就會希望孩子可以從事公職、是退休保證，但是曾幾何時，全球經濟與整個大環境都改變了，科技網路將許多傳統行業淘汰，連教師這個工作都不若以往那般受到尊敬、任務簡單，還有家長、上級與課綱變動的壓力，流浪教師最後覓得正職，也沒有預計的幸福感。

孩子不是父母親的延伸，當然也不是家長未竟夢想的實踐者，因爲孩子有自己的生命任務與理想要實現，因此協助孩子發現與開發自我與能力、尊重並支持孩子的選擇，就是家長可以給孩子最棒的禮物！以往的孩子較少主動權，加上不希望違逆家長的意志，往往犧牲掉自己的興趣與意見，去迎合父母親的期待或願望，導致最後親子雙方都不幸福！一個人所從事的工作可能持續好幾十年，也是自我認同的一環，因此家長若能夠教導孩子認識自己的性格、興趣，提供相關資源培養其能力，甚至讓孩子可以在課業之外，多與他人或外面世界接觸，平日也讓孩子養成良好作息與休閒活動，以及處理個人事務的能力，未來選擇什麼樣的職業或生活，就讓孩子來決定，家長則是站在了解、提供資源與協助的立場，讓孩子可以成就自己、創造生命的意義與達成使命。

孩子需要有相當的成功與失敗的經驗，做不好不必譴責，告訴孩子做得不錯的地方，與孩子一起商議要如何做得更好的方式；孩子若表現良好，給予適度的讚許與鼓勵，嘉許他／她在過程中的努力，並與其討論在這個經驗中的感受與心得，都是家長可以給予的貴重禮物。要孩子嘗試新的事物之前，一定要有示範或前導說明，甚至是一步步來（如騎腳踏車），不要一次就要求完美或完善，這樣的責成期待壓力太大，反而容易造成孩子失敗或放棄的念頭。另外，也不要以自己的經驗或成功來作例子，畢竟每個人擅長的事物不同。孩子學會做決定，自然就容易負起責任，也成爲一個更有自信與可靠的人！

站在家長與教育者的立場，我們都希望孩子可以發展得比上一代更好。以往是讓孩子接受比我們更好的教育，也是翻轉社會階層、脫離貧困的最便捷之道。現在卻不一定要求孩子只會唸書，而是有能力、並且能發揮能力，讓自己在社會上有立足之地，就很重要。有些家長對於孩子沒有過多的期許，甚至認爲自己是勞動階級，孩子能夠混一口飯吃就可以，殊不知認識與了解孩子的能力與興趣，做孩子最重要的支持，提供其可用資源，就可以讓孩子的人生與我們的不一樣！家長也要對孩子有適當的期待，讓孩子可以有努力目標，期待過高或過低都不是好事——前者容易讓孩子有過多壓力，反而表現不如預期；後者像是直接鼓勵孩子耍廢、再努力都無用！

十一、不要凡事代勞，讓孩子學會問題解決能力

故事一

系裡有一回邀請一位日本學者來演說，我在正式開場之前抵達會場，卻發現現場一片凌亂！學生太多、座位不足，所以許多學生就或站或坐地散布在走道或會場四周。我於是發動學生排成一列，然後到室外找椅子，將座椅用傳遞的方式放進來，然後讓學生都先坐下，恢復秩序。

故事二

有一回在系辦聽到一位男同學正在電話中與書商洽談。對方似乎有較不合理的要求，學生放下電話有點氣沮。我於是跟他談了一下、了解事情始末，他說書商認爲要從國外進書，應由學生負擔國際運費，但是學生覺得有問題，應由書商自行吸收才對。我了解學生的困惑，鼓勵他堅持下去，而且說：「有道理，就堅持！我相信你可以爲同學代言、爭取權益！」果然，他再打一次電話的口氣堅定許多，結果也如預期！

故事一提到的是問題解決的事件。學生到達會場，不會看見會場缺乏座位的凌亂，即便看見，也不會思考到問題該如解決？故事二的男同學知道對方的邏輯有問題，但礙於對方是書商、是成人，很怕與之交鋒，但最後可以將理說清楚、完成任務，我認爲是很棒的成長！許多機會都是學習的契機，在這個事件中，我當然也可以插手，但是我不願意錯過讓學生學習的機會。正如同家長都捨不得孩子辛苦，往往會爲孩子「過度代勞」，除非家長立志培養「無能」的孩子，就去做吧！想一想：家長再長壽，也只能陪孩子一段；因此在家長能力可及的範圍內，讓孩子學會準備好過獨立自主的生活能力，是更重要的！

孩子總要經歷許多的第一次才能學習與成長，家長放手讓他們嘗試是必要的，只要事先讓其準備好一些必備的能力或認識就好。剛開始有家長在一旁陪伴，孩子不孤單，而家長也擔任諮詢與協助的角色，漸漸讓孩子步上軌道，能夠獨自因應與處理，同時也不要忘記讓孩子學會與人分工及合作的能力。

十二、不要刻意延續這一代的傷痛

故事一

一對夫婦當時是在大學時相識相戀，他們原本沒有結婚的打算，但是因爲家長較爲年長，希望孩子們趕快將終身大事底定、也想抱孫子，於是兩人就結婚。但是結婚後，女方不想離娘家太遠，選擇在中部就職，男方卻因爲父母都在北部，想在臺北安身立命，在孩子誕生後，幾乎就是過著家人分居兩地的生活，加上帶孫子的方式與期待不同，夫妻開始有嚴重勃谿，兩人都是高級知識分子、誰也不肯退讓，女方不願意離婚，認爲男方聲稱自己無產不是事實，而男方也爲了自尊，耗在那裡。孩子漸漸長大，發現自己的父母親很奇怪，有時在阿公家同桌吃飯，孩子坐在父母親之間，卻要爲他們傳話。孩子後來學會了投機取巧，在旁邊人眼中卻是痛苦萬分！這樣子成長的孩子，未來在心態上會是怎樣發展？會不會是下一個潛在的心理疾患？

故事二

一對夫妻相識到結婚只有短短半年。女性希望婚後過著少奶奶的生活，因爲她的生活一向富足無虞，因此也不清楚丈夫到底有多少不動產，以爲丈夫現有的都會是自己的。婚後她隨丈夫遷到南部，也找不到工作，就在家休息。有一回，婆婆突然開門進來，看見媳婦竟然在沙發上無所事事、聽著貴重音響的音樂，就很爲自己兒子的辛勤賺錢抱不平，卻沒有細問音響是媳婦自己出錢買的！婆婆愈來愈看媳婦不順眼，甚至認爲她是來幫忙花錢的，就開始在兒子面前道媳婦的不是，丈夫竟然也直接傳話！媳婦後來受不了，一度認知出現問題，後來診斷是憂鬱前兆，住院一段時間後，女性自己的父親就說女兒既然已結婚，就是潑出去的水，病好了就要回南部去！這個婚姻沒有持續太久就裂解。

故事一告訴我們家長如何培育一個未來身心有問題的孩子。夫妻的不肯妥協與讓步，甚至在孩子面前也沒有愛，又如何讓孩子感受到自己是有價值、被愛的？孩子為了獲得家長的愛，或許會虛以委蛇或企圖討好雙方，但是對愛可能懷有許多疑惑。故事二看到一位不願意放手的母親，將兒子當成自己的，甚至自由出入兒子的家，還不明究理、擅自解讀所見的一切，導致孩子婚姻無法自主與圓滿。家家有本難唸的經，沒有一個家庭是完美的，因為組成家庭的人就不完美，但是願意彼此用愛來彌補與成就美好。

有些家長因為自己的議題或傷痛沒有處理好（所謂的「未竟事務」，unfinished business），反而將一些剩餘的情緒宣洩在伴侶或孩子身上，也要他人感受自己的痛，這其實很不公平，而孩子又何其無辜！也有些家長會無意中承襲或模仿了原生家庭帶來的痛苦，而不自知，有些或有覺察，但是卻無改善行動；也有些會認為既然自己撐過那段時間了，現在情況還不算壞，因而不思改進。基於眞正愛護孩子的心意，以上這些家長其實都責無旁貸，若不思改進，在某些層面上是屬於刻意延續傷痛的作法！

第五章

社會化與性別

故事一

近二十年前，一位參與我研究的高中男性，提到自己在國中時的一段經歷。他說其實自己很早就知道自己喜歡同性，可能是舉止陰柔之故，常常被父親威脅說他不是男人，母親也極爲苦惱，有一次在父親數落她沒把孩子教好的壓力下，順手抓了一把剪刀，追著兒子說要把他的生殖器剪掉！進入青春期，他開始了解身體的慾望，有一次受到登門拜訪的推銷員蠱惑、發生了第一次性關係，接著他就開始到藥房去買一些雌性賀爾蒙來服用，希望自己未來可以變性成功。當我告訴他，他不是同志時，他覺得很納悶，我說：「同志不會想要改變自己的生理性別，你是心理女性，裝在男性的身體裡。」

注：這位男同學是「性別不適症」，也就是生理性別與心理性別不一致。通常性別不適症者，男多於女，以往會以變性方式作解決，但是現在不一定需要動手術做永久的改變，而是可按照當事人的意願過生活。

故事二

我在唸博士班時的一位督導李奇，因爲在大一時向父母出櫃說自己是同志，雙親馬上帶他去接受「轉型治療」（conversion therapy）——治療師將許多裸男與裸女的相片呈現在他眼前，然後將一個電極接在他的生殖器上，只要他對男性裸體有反應，立刻施予電擊，這樣一直重複，讓他倍覺羞辱與痛苦，父母親發現沒有辦法將他「變回正常」，就與他斷絕關係，李奇只好離家獨立，幸好他以優異成績申請到獎學金，最後拿到博士學位，現在生活很好。

故事三

一位高三男同學的母親有一次打電話來求助，約定時間到時，她拿出一些雜誌（是當時男同志喜歡看的「熱愛」雜誌）、哭著說：「老師，妳看怎麼辦？」她說除了這些讓人看了「臉紅」的雜誌之外，她也發現孩子會上一個同志網站。這位母親的擔心不是因爲孩子是同志，而是：「如果他爸爸知道該怎麼辦？他以後要怎麼找工作？別人怎麼看他、對他？」我想這是所有爲人父母親的唯一擔心。接著我就告訴這位母親，同性間的情慾不是只有人類才有，有同志孩子也不是她前輩子造的孽，而是天生自然！同樣是母親懷胎十月所生的孩子，都是雙親的寶貝，先理解孩子，不要排斥或孤立孩子，是目前可以做的。結果這位女士後來說，他們家老二早知道哥哥是同志，同志也沒有什麼特殊，就是自己的哥哥。有了老二的協助，這位母親也努力汲取同志相關訊息，後來成爲兒子最重要的支持力量！

故事四

國小的女兒看到電視中提到的同志議題說：「唉呦，怎麼會男生愛男生？」媽媽在一旁淡定地說：「人生知己難尋，愛上誰有什麼關係？」

第一個故事是「多元性別者」（生理上男性，心理上是女性），但是他自己不知道，因爲資訊不足，後來遭受銷售員性侵，吻合了自己的性傾向（喜歡同性），就認定自己是同志，但是家人的反對聲浪與過激要脅，讓他幾乎無法有機會去認識、了解自己，甚至喜歡自己、肯定自我的價值。第二個故事是倍極羞辱的故事，也是我開始認識性傾向族群的一位朋友的親身體驗，我當時覺得不可思議——怎麼會有這麼殘忍的父母親？但是這樣的事實卻持續在現實生活中上演著。感謝臺灣的性別教育，經過多人、多年的努力，慢慢有進展，但是年輕一代對於父母親堅守傳統家庭觀念、擔心未來無人祭祀的焦慮，有許多無法溝通的難處，因此親職教育中有必要將性別社會化列入。第三個故事，是一個典型的故事，可以一窺爲人家長的憂懼，但是也是從家長開始教育，讓家長了解性傾向不是選擇的，而且不影響親子情感（因爲都是母親懷胎十月生產），母親的努力就成爲子女之福！ 故事四的母親給予孩子一個很肯定的答案，相信這樣平權的性別教育會讓孩子受益良多！

家庭是對個人進行社會化的第一個場所，所謂的「社會化」就是讓自然人慢慢熟悉與適應在社會人群中生活的一些規範與原則（包括法律），包括「性別社會化」——也就是依照自己的生理性別而規範行爲的「適當性」。在異性戀爲主的社會，子女也從父母親互動與對子女要求的觀察及學習中，了解不同生理性別的人「應該」表現的行爲爲何？但是卻缺乏少數性別的相關教育，不僅讓孩子對於多元性別者沒有更多的認識，也導致許多少數性別族群沒有可依循的行爲準則，甚至被汙名化與貶低，甚至霸凌或剝奪許多人權（包括交友、工作權等）。我曾經到南部一所國小作家庭與性別教育的演說，對象是該校教職員，當時那所學校的校長也全程參與，但是在演說完後，校長致詞時，他卻說：「我還是傳統地認爲一男生女生還是要有一定的行爲標準。」當下打臉我的演說目的！

性別教育從孩子尚未出生就開始，從家長知道孩子的性別之後，就可以看到母親或父親對著胎兒說話，有時候還會有不同性別的期許（如「弟弟好有腳力！」「妹妹要乖乖呦！」）；出生時在醫院，院方在不同性別的初生兒手腕上會別上不同顏色手環（如男嬰淺藍色、女嬰粉紅色）；而家長在與嬰兒互動時，對於性別不同的孩子也會有不同方式（像是對女兒講話，但玩弄兒子的手腳、刺激他活動）。家庭對於孩子不同性別的要求與對待，還會影響孩子對自己的看法與價值。像是要男孩強壯、女生纖細，男孩勇敢、女孩端莊，男生會體育、女生學會手工藝，男生數學理科強、女生語文歷史佳，男生表現氣憤、女生表現脆弱或悲傷，男生要習慣孤單、女生可以結伴依賴，男生要養家、女生照顧家等等，況且孩子年紀愈小時，較重視他人對自己的看法與評價，若加上「性別」這個框架，是否就會限縮了孩子的發展？甚至家長重男輕女的差別待遇，會不會就貶損了孩子的價值？甚至內化爲對自己的貶低或不值？

一、性傾向是天生的

「性別認同」是自我認同的一部分，在異性戀主導的社會，性別認同似乎是理所當然，但是對於性少數族群（如同志、雙性戀跨性或無性戀者）來說，就可能會遭遇到較多阻礙。絕大多數的性傾向是天生的，只有極少數是自己的選擇，也因此絕大多數的異性戀者不需要特別留意自己的性傾向，較少數的多元性別族群卻必須要面對這個議題，甚至遭受社會大眾的歧視、刁難、欺負與誤解，更可能與家人決裂，不僅工作受阻、人際被孤立而孤獨過一生，許多還選擇自戕身亡。

異性戀家長可能很難想像，家中有多元性別子女的困境或難處，但是如果自己的子女是多元性別者呢？許多性傾向少數者的家長，多多少少會懷疑孩子的性傾向，但是不願意去證實，因爲證實之後，必須要打開潘朵拉的盒子，面對許多預想不到的問題，甚至會因爲焦慮而引發家庭衝突。許多家長會將孩子的情況視爲自己的責任，倘若孩子是同志或多元性別，就會先歸罪自己或譴責自己的教養問題，其實這些都不必要，也無助於實際情況。同性家長教養的孩子較有平權意識（Miller, ,Kors, & Macfie, 2017; Sumontha, Farr, & Patterson, 2017），主要影響因素是家長的親職行爲，與性傾向無關。異性戀家庭並不一定就尊重人權（可能複製父權或家暴），反而釀成更嚴重的後果（不管是異性戀者加緊了孩子身上的性別緊身衣，或是違反多元性別者的人身自由與權益），當然也有人爲了自身的安全與前途，不能承認自己是異性戀以外的性別傾向，因而違背自己的意願與認同，甚至掩飾自己的性傾向而刻意表現出異性戀的行爲（如結交異性戀或結婚，有時甚至誇大化或表現得更極端），這都是徹底違反自我的表現，痛苦非常。

少數性傾向族群受到許多的不理解、霸凌、虐待，甚至殺害（如美國1998年的Matthew Shepard案），受到許多非人性的待遇。以前資訊不發達，屬於多元性別者或許意識到自己「不一樣」，但是不知是何緣由？只能自己去翻書、找答案，又擔心他人發現，無法正常過生活；現在資訊發達，而我國也於2019年通過「同婚法」，許多年輕世代已經不那麼在意或歧視少數性傾向族群，但是多元性傾向族群仍然沒有得到應有的尊重與人權，即便同婚法通過，但是執行起來仍有許多問題（如收養、代理孕母等），須待來日慢慢修正。

孩子也需要民主素養（包含性別相關的教育），這樣當他們進入教育系統或社會，甚至自己生養下一代，也都可以讓這樣的素養與知識繼續延續和發揮下去，讓更多人可以共享民主的眞髓與成果。有位學生說得好：「如果社會進步，就不會因爲性別或其他條件，而造成不公平！」

研究小百科

Matthew Shepard案例

二十二歲的大學生Matthew在同志酒吧被幾位異性戀男子誘拐出去，被毆打與折磨，後來被綁在車後拖行，最後如稻草人般被架在荒野上，路人發現後送醫，六天後不治，死於腦部被毆打後之重創。Matthew的死亡也促成了美國2009年的「仇恨犯罪」（hate crime）之立法。

二、性別意識與教育影響孩子一生

我們一般說的「性別」（sex）主要是依據生理上的構造來區分，而「性別角色」（gender）或「社會性別」則是根據社會的期待與約束而產生，也就是後天教導訓練的成果。所謂的「性別刻板印象」是指社會要求生理上不同性別者（男女性），表現出某些特定行爲的規則（如男生協助或禮讓女性、男性不流淚，女性可撒嬌、但不潑辣）；以往是因爲社會分工的關係，將不同性別擔任的工作、角色都做了劃分與規定，成爲一種習慣之後，就形成了「男性」與「女性」專屬的「刻板角色」（stereotypes），如果有人逾越或違反了性別規範的舉止行爲，就可能受到懲罰，或是社會的制裁。隨著時代的進步與人權的落實，性別刻板印象已經有了許多修正，但是還遠遠不足！一般說來，家長也會按照社會既定的刻板印象，來教育或要求孩子依照其生理性別而行爲，除非家長本身的親身經歷或是接受過性別平等的相關教育或訓練，要不然也很容易陷入性別刻板印象當中，限制孩子的發展。教養孩子要從他們的能力著手，而不是性別。家長對於不同性別的態度與潛移默化，會深深影響著孩子對於自己、自己性別與親密關係的看法與作法，更需要謹愼將事！

性別幾乎充斥著社會，也就是說無處不性別。雖然家長也承載著傳承文化的壓力，然而文化並不是不能改變。時代更迭，聯合國也倡導「性別主流化」（gender mainstreaming）的現在，家長的教育內容與方式也要與時俱進。許多家長本身在年輕時飽受性別刻板印象的毒害，但是當自己晉身爲家長時，卻往往忘記了當初的痛苦及想要改變的決心，有時候甚至沿襲舊的、錯誤的觀點或方式，來養育下一代（所謂的「父權複製」），這就可能會釀成代間因爲觀念不同所導致的關係疏離或衝突，是我們最不樂見的，這也暗示著：親職需要配合孩子的性格與發展階段之外，還需要有所反省及與時俱進。家長本身若曾經因爲生理性別而承受許多壓力、不平對待或期望，自己當初一定很想要改變，只是自己一人面對整個大環境或文化，會感到力不從心而心生膽怯，一旦成爲家長，相信爲了孩子，許多的勇氣都可以發揮出來，爲下一代爭取更多的權益與公義。

故事一

一位大四女學生因爲在實習時，受到學長跟拍，而學長卻不願意認錯，也毫無悔過之心，女同學心情上受到極大影響，決定要申訴，但是周遭的師長及父親都極力反對，認爲這樣會「把事情鬧大」！女學生去找諮商師說：「我自己以後要擔任教師，萬一我有學生受到這樣的對待，我自己都先逃掉了，以後我怎麼爲學生爭取應有的權利？」

故事二

一位國二上資源班的男同學，因爲跟父親一起看A片，後來到學校就在廁所內與同樣智能障礙的女同學發生關係，女同學大叫才引發注意。學校請男同學父親來校一趟商談，但是父親堅持自己沒有錯，也提到孩子「也是男人，會有性欲」，言下之意似乎撇開了自己的責任；校方很無奈，也無法阻止女方家長提告。

故事一是校園內都會發生的性騷擾或性侵害議題，女同學樹立了很好的榜樣，她提到自己未來身爲教師的使命，若自己在面對相同問題時卻步，又如何爲學生發聲？我相信她會是一位優秀教師！但是那位偷拍的學長也是教師啊！誰敢將孩子安排在這位教師班上？故事二是家長的身教影響孩子的言行，倘若家長不願意認錯、留意自己的身教，又如何教養下一代成爲社會有用的人？

一般家長往往會因爲孩子的生理性別而特別要求孩子遵守一些行爲準則，這樣的性別教育很容易約束孩子的天性與才能，像是要子女行爲舉止合乎禮節是可以的，但是若只要求女兒要遵循禮貌或合宜，或是對女兒有宵禁、兒子沒有，這就是性別差別對待。另外，認爲女兒哭泣是可以的，卻要兒子不能哭或表現出所謂的「脆弱情緒」，就是有問題的。雖然家長或許會抗議說：「如果不這樣要求，孩子在外面可能會被嘲笑或歧視！」這也要提醒家長們：倘若家長本身不夠勇敢或挺身護衛孩子的權益，孩子如何有楷模在前，可行效法？倘若提高到都是「人類」的立場，人有情緒是正常，反應或表現出情緒也是人性，需要注意的可能是表現的場域而已！家長也不需要自己強撐或是漠視感受，若能夠自然流露情緒，孩子可以從中學習更多！

家長若有較爲平權的性別意識（如人權），教導孩子性別只是人的一部分，不要以性別論高下或人品，而是以其能力及品德（包括社會公義）爲圭臬；除了認知層面的教導之外，家長還需要在實際生活中示範與執行，才能夠說服子女。也因爲性別無所不在，因此言行之間，若無意中透露出性別差異或刻板化的訊息，可能就會讓孩子質疑家長的眞心與可信度。由於許多家長本身也慢慢在接受與消化性別主流化的知識，不免會犯下一些錯誤，或採用了不太適合的方式，也都可以就教他人或多多汲取相關訊息。

有學者Schwarzer（2001/2001, p.54）認爲性行爲具有文化教化與學習意味，受到心理社會的影響大於生物性驅力，每個人都至少是雙性的（這也是心理學家楊格Carl Jung所聲稱的），「異性戀」（「非男即女」的二元論）可以說是社會文化強迫壓制的產物，在倡議多元性別的現代，許多有關文化的社會規範也需要作檢視與修正。很早之前就有研究指出：兼具兩性特質（androgynous）的人，在心理健康的分數較高、適應力最佳（O'Heron & Orlofsky, 1990, cited in Liebert & Liebert, 1994），也就是適當發揮自己本身擁有的不同性別特質，就可以更自在做自己，也發揮能力！其實仔細看我們自己，很容易發現自己身上有許多雙性的特質，只是礙於自己的生理性別及社會規範，在許多場合裡，只能按照自己的生理性別，表現「適當」的行爲，有時候連在家裡（理應是自由、舒適的場域），還是不能做自己（如女性被要求坐姿要優雅、腿不能張開，男性則是不能示弱或哭泣）。

孩子成長之後，對於自己的身體有自主權（包含性自主），家長可以干預的不多，但是之前的性教育（如性別意識、對自我的看法、對性的態度等）就攸關重大。家長可以給孩子的，是正確的價值觀，孩子的行爲，基本上家長無法完全約束與控制。科技網路世代，許多資訊與資源靠網路就可以傳輸或完成，包括性知識與性滿足。父母親也許對於一夜情或約炮行爲有許多擔心，可以提前了解，或在相關新聞出現時，與孩子做詳細討論，親子彼此都可以發表自己的看法、交換意見，不需要以道德或價值判斷爲先，而是進一步商議彼此可能擔心的事項（如保護自我、避孕措施、約會暴力等），先一步思考預防步驟，不要因爲孩子的行爲、想法與家長不同或扞格，而犧牲了彼此最重要的關係。孩子永遠是家長一輩子的擔心，是因爲親子之間的關係，這一點讓孩子知道就可以。

故事一

2012年8月，美國軍隊正式退出駐守二十年的阿富汗，政府由原先的塔利班接下。雖然塔利班政府聲言會讓女性擁有其權益，但是一切仍然依照回教教義進行，言下之意可能不能保證阿富汗婦女的權益。二十年前，美國藉塔利班為恐怖組織的名義進駐該國，扶植所謂的民主政府，但是軍需耗費浩大，國內反對聲浪也大，拜登政府上臺就履行其退兵之計畫，目前局勢仍在動盪之中，阿富汗難民也成為國際的注目焦點。

二十多年前的塔利班政府，法律規定許多限制女性的部分，包括女性年滿十三歲就不能再接受教育、女性不能露出眼睛以外的身體部分、也不能穿戴墜飾（會發出聲音）、女性在家活動不能讓外面人看見（因此窗户都需要漆成黑色）、婦女出門需由男性親戚陪同等。當時有位新聞記者就追蹤到一位育有四位子女的寡婦，其夫早亡，但是仍有孩子要養，而自身又無維持生計之能力（女性不能從事有給薪的工作），於是就上街乞討，但是這違反塔利班法律（無男性親戚陪同行乞），軍人會到處抓捕。這個消息上國際版面之後，才讓許多人更清楚塔利班的人權現況。

故事二

我在美國俄亥俄州進修時，有一回傍晚要去球場另一頭的朋友家拜訪，結果途中突然殺出一位阿拉伯青少年跟我聊天。他說自己十七歲，是皇族之後。我於是就當他是「阿拉伯專家」，把我許多對回教國家的問題都拿來問了，包括他可以娶四個老婆的事（他說要有財力才有可能）、媒妁之言也是對的（而且他只看過他未來新娘的一雙眼睛）。聊著聊著，他突然不見人影，過了幾分鐘才又出現！他說因為剛剛有同國的人開車經過，他若被目睹與女人同行，就會喪失尊嚴，雖然他清楚那裡是美國。

我想起我那位巴基斯坦的女同學瑞瑪，她與來自約旦的丈夫相戀而結婚，但是在本國出門時，一定要女人與孩子跟在丈夫後面才可以。由於當時巴基斯坦是軍人治國，因此軍人可以隨時進入民家搜索。她那位八個月大的女兒，就是因爲軍人接獲報案，說有竊賊闖入他們家，於是就先丟了煙幕彈進去，他們的女兒因此嗆死；雖然後來知道是謊報，但也無後續的補償。她與丈夫帶兒子來美國，是希望兒子享受幾年的自由生活。

故事三

我在美國生活幾年，印象很深的是有一回，當地僑胞載我們幾位新生去超市購物。回程途上，我先下車，然後將自己的物品提往住宿大門，但是同行的僑胞太太卻暗示我說：不要那麼能幹，一下子提那麼重的東西，應該要讓其他男同學發揮一下「男性氣概」，讓他們服務。我當場傻眼：這都什麼時代了，還有如此冬烘之思考？

回到國內服務，先到一所男子中學擔任教職。在辦公室的一位大姊，有一天私下勸我：女生走路不要大喇喇地邁大步，而是要細步慢移。我只是一笑置之。

三、性別無所不在

故事一提到不同文化或宗教對於性別的規範不同，在目前性別主流化與多元化的現代，性別與人權似乎也是許多國家與政治關懷的議題之一；故事二提及宗教與政治對生活在其中人民的重大影響，對於不同文化或宗教背景者，只有藉著第一手的接觸與互動，方可以釐清許多迷思！故事三提到性別無所不在，而社會中許多人，也會以生理性別或性別規約來要求或警示他人。因爲性別社會化不僅是家庭會教，媒體或是社會中其他人士也會（包括學校），但是通常是以暗示、隱微的方式（如「偷吃只是犯了全天下男人都會犯的錯」），因此孩子也受到來自多方面的影響，家長抱持著開放、溫暖的態度與孩子討論，孩子自然可以學會在不同脈絡或情境中有適當表現，當然也要提醒孩子：儘管有些場域在性別行爲的要求上較爲刻板或傳統，但是孩子可以決定如何表現自我的同時，又不失禮儀。

兒童在中年級開始，就會因著性別而聚在一起作活動，像是女生可能就是三三兩兩聊天，男生就一群人一起玩有規則的遊戲，而在青少年階段，孩子的性別刻板印象最嚴重，即便孩子自己不想遵循生理性別所給予的規則，但是同儕或是師長們可能無意間會提醒及要求，逼得他們在這些壓力下，勉強壓抑自己的眞實表現。家長也要預測會有這樣的可能性，與孩子先預演可以因應的方式，孩子就較不容易受到負面影響。當孩子年齡稍長，可能就因爲自己的性別而被迫對於所學有所偏重（像是鼓勵男生學習數理、女生語文），必須要摒棄自己的興趣，這樣也會限縮了孩子的學習與能力發揮，甚至是未來就讀科系及生涯的選擇。不少家長仍然有一些迷思，像是要女兒去學護理或教育、兒子學理工，認爲這樣較符合其生理性別，孩子爲了不違逆家長的期待或愛，就放棄了自己眞正喜愛的，即便進入家長期待的科系或行業也不會持久，待久也不會快樂。

在孩子成年之後，家長依然抱持著希望男婚女嫁的期待，對於子女的另一半也會設下一些條件（像是媳婦學歷與收入不能高於兒子，也不希望女兒讀「太多書」、以免他人「高攀」不起）。以目前社會來說，男性的擇偶範疇還是大於女性（基本上，男性是學歷愈高、對象愈多，女性則恰好相反），雖然女性已經有較多自我發展或實現的機會，但是女性學歷「太高」或能力「太強」，反而能選擇的對象更少，這也是性別不平等可以觀察的一個指標——因爲女性「高攀」可以，男性「低就」不行。子女在選擇親密伴侶與未來配偶上，多多少少也需要考量家長的期待，要不然似乎不符合社會對於「孝順」或親子關係的要求。

家長因爲自身成長的年代與價值觀，或許較難去接受一些現代性別相關的觀念，即使如此，也不要因爲堅持自己的想法而破壞了最重要的親子關係，聽聽孩子的想法，也看看或接觸新近的資訊，就不會讓自己的親職效能落伍。即便家長有較進步、平權的性別意識，同時也要教育孩子如何去對抗社會不公平的性別對待，教導子女爲自己發聲。有句童謠的歌詞是：「大象大象你的鼻子怎麼這麼長？媽媽說鼻子長才是漂亮！」這就是家長給予孩子的自信！當孩子受到社會標準或是同儕的性別壓力（像是長相、身材、舉止等），有時候不免會懷疑自己是否需要遵循性別的行爲規範？不妨花時間與孩子討論看看各自的觀點爲何、有無道理？這些坦誠、開放的討論，會讓孩子看見更多面向的看法，不會侷限於狹隘的性別刻板印象，當然也會有足夠的自我強度，來因應面臨的困難或挑戰。有時候挑戰孩子的觀點也是不錯的開始，沒有所謂的對或錯，而是將選項做更多的拓展。既然性別無所不在，除了家庭與學校的成人，會因爲孩子的生理性別而對孩子「適性別」的行爲做提醒與約束，陌生的路人甲也會好管閒事，擔任性別教育的工作，孩子自然也會擔心他人看待自己的眼光，因爲我們是生活在社會人群中，有時候不想要讓自己太突出、受到非議，就會逼迫自己隱忍或壓抑，這一點家長應該更有經驗與體會，與孩子分享自身的經驗或感受也是可以的。

以統計與經驗來看，女性家長對於性別的意識較爲敏銳，可能自己本身也是性別弱勢的經驗使然，當孩子因爲生理性別而遭受不平待遇時，必定會挺身而出。同志子女也較願意對母親出櫃，就是因爲母親懷胎與照顧，對孩子有較多的了解與寬容。現在的年輕世代，穿衣都趨向中性，行爲表現也較不受傳統性別刻板印象的約束，但是性別的緊身衣依然堅固地存在，因此家長以身作則，讓孩子較不在意或接受刻板印象的制約很重要。學校裡面會有性霸凌（包括因爲是女性或身體特徵而受騷擾、男性因爲表現出不符合生理性別的行爲而受到揶揄與嘲弄），這些都要事先預防，並讓孩子學會適當的臨場反應、自我保護以及舉報，必要時，家長要出面與老師商議，不要讓孩子因爲因應失效或不如預期，而沮喪或放棄、淪爲受害者角色。在這個性別無所不在的現代，即便性別意識有顯著提升，但是一般大眾還是不能自在做自己，生活當中的性別框架還是很多，希望有朝一日，我們的社會能夠進步到看見「個別性」，而非「性別」這個類別而已！

四、適當的性別教育讓孩子更人性

性別要求對於男性女性都一樣嚴苛，只是對男性的要求似乎較爲明顯可見，但是基本上，許多的性別規約是很隱微的，家長或許在不經意之中教導或訓練了孩子（像是女生腳不要張開坐著，要求兒子體育要很行），因此家長本身的性別敏銳度與自我覺察是最重要的，接下來的改變或修正行動才有可能。只是按照社會對於生理性別的行爲標準來要求或教育孩子，會有失偏頗，因爲最重要的是「適（合個）性」而教；社會對於男孩獨立自主的期待，也不要在孩子還沒有準備好時，就放手讓他去冒險，更不要因爲性別而有錯誤期待。

性認同是自我認同很重要的一部分，對於異性戀者來說並不是問題（因爲大部分人都跟自己一樣），然而對於少數的多元性別者來說，就需要花費許多心力與時間做自我保護或掩飾，甚至要花許多心力去抵擋社會壓力及歧視、自我懷疑和懼怕等等阻礙的重要議題。「同性戀恐懼」不只是異性戀者會有，許多同志也會害怕因爲自己是性傾向少數族群、擔心他人識破性傾向，而有同性戀恐懼，甚至爲了隱藏自己的性傾向，而刻意表現出典型或強勢男性氣概的行爲，不少同志進入異性戀婚姻，就是其中之一。

性少數族群的家長，主要不是不認同孩子，而是擔心孩子的處境與未來，因此應該要站在第一線上護衛孩子，孩子才會有足夠的勇氣去面對生命中出現的挑戰，不管孩子的性傾向如何，都是母親懷胎十月所生，都是父母親自己的血肉，自己不愛他們，又怎能期待他人愛他們？以往有些家長因爲孩子的性傾向不同而離棄孩子，對孩子來說，都是生命中極大的失落與創痛，可能終生都不得緩解，家長能夠看到更大的圖畫（親子關係），就不容易做出錯誤的決定！身爲家長都想要做自己，當然也不能剝奪孩子同樣的權益，況且性傾向絕大多數非自我之選擇，而是天生如此，爲何不能改變思考，也接受孩子的「如其所是」？美國老牌影歌雙棲紅星芭芭拉・史翠珊，知道孩子是同志，也坦然接納孩子，甚至以兒子爲傲，努力爲同志與多元性別族群代言。

當孩子對於家長的言行有疑問時（像是「爲什麼隔壁哥哥要跟人打架才是男生？」），先不要斥責或否認，而是聽聽孩子的看法，或許也可以給家長許多珍貴的提醒與注意。家長不管是對於異性戀或多元性別的適當教育，可以讓孩子更了解自己，同理他人處境，更懂得如何與人相處，學會更寬容，活得更眞誠，也會爲弱勢倡言！當然家長或許基於自身成長環境影響或是根深蒂固的信念，要一時之間改變不容易，然而家長也需要與時俱進（至少與孩子的成長同步）、充實與進修，家長有更新近的知識，對孩子的協助自然更多！

五、性教育內容為何？該怎麼教？

故事一

媽媽在幫三歲的弟弟洗澡，突然間弟弟的生殖器就朝天般硬起來，在一旁的哥哥驚嚇大叫：「站起來了！站起來了！」媽媽很冷靜地道：「當然要站起來，要不然我怎麼當阿嬤？」

故事二

一位有個高三兒子的媽媽，很煩惱地找輔導老師幫忙。她說現在距離大考只剩下幾十天了，她每天去爲兒子整理床鋪，卻發現兒子好像常常手淫，這樣是不是太耗費體力了？會不會影響精神？輔導老師笑笑道：「妳眞是一位體貼的媽媽，還注意到孩子的壓力。的確，他們面臨大考壓力很大，現在又沒有性關係對象，所以手淫就成爲發洩壓力的管道之一。妳可以建議孩子自己整理床鋪，了解他的壓力，也常去運動來紓解壓力就可以了。」

故事三

一位大一男生提到自己約炮對象竟然是同班女同學，但是對方要他在人前裝作不認識，要不然就會斷絕關係。然而現在彼此固定都還有約會，他發現自己好像喜歡上這位女同學了，但是女同學另有交往對象，讓他心痛不已！

故事一的媽媽非常有智慧，在遭遇到有關性方面的議題時，可以理性面對，並藉由一種幽默方式來化解；故事二的母親，會擔心孩子會不會因爲性欲求而荒廢了學業，幸好來找輔導老師商議，也解了疑惑；故事三的男同學與某位女性固定有性關係，卻發現彼此竟然是同學，而現在自己的情感狀態有了變化，讓他不知如何是好！

家長們碰到性教育，有時候會束手無策，因爲除了性別教育、對抗性別刻板印象、接受多元性傾向、防止可能的性霸凌之外，可能就需要面對更多且敏感的性教育議題。國中教科書內還有一些關於性成熟及發展的生理特徵，除此之外，沒有更多新的內容，使得在生理漸漸成熟、性衝動在體內竄動、第二性徵的發展或許不如自己預想的青少年更感徬徨無依，只好到動漫或其他非正式管道（如網路性教育或色情影片）去找可能的答案。問題是這些資源或管道可信嗎？會不會誤導孩子？身爲家長的我們怎麼辦？孩子需要哪些相關的性教育內容？除了生理發展的過程與細節、自我護理衛生常識、避孕方式與效果、性病預防及相關法律，當然還有親密互動、身體界限、分手、約會性侵、性暴力、性霸凌等資訊。家長自忖無法面面俱到，或許最簡單的方式，還是去搜尋與尋求較爲正確的書籍或資源來協助孩子，也樂意與孩子討論，學校提供的性教育也可以協助或補充家長對於性教育內涵的了解與執行，必要時也可以請教學校教師或輔導室。

研究小百科

- 「父權體制」是指社會以男性為尊並控制女性的規制或系統，而「父權複製」則是指將男性至上的規則承襲或傳遞下去，許多女性也助紂為虐，擔任複製父權的推手（如多年媳婦熬成婆之後，繼續以男性規約來荼毒自己的媳婦，忘了自己曾經受過的苦難）。
- 「性別主流化」是說明性別不平等，主要是因為社會結構的失衡，因此需要改變社會結構及性別、種族、階級與其他因素的交互作用（楊幸真，2016，p.40）。

第六章

家庭關係的經營

故事一

有位大四女同學哭著進諮商室，她說已經要畢業了，卻不知道自己要做什麼，周遭的同學們對於自己的未來，彷彿已經胸有成竹，不是去補習考研究所或公職，就是已經開始找工作，但是自己卻一事無成。接著她提到她之所以如此，都是父親害的，因爲是父親要她填這個學校、這個科系，我問她成績如何，她說都過了，於是我道：「可見妳的聰明才智是可以的，即便在自己不喜歡的科系，都還能夠達標、順利畢業。」接著我問：「即使妳父親做主、爲妳填寫，進入這個科系，他只爲妳做了前面的決定，但是要如何度過這四年、怎麼過生活，是不是妳自己可以決定？」於是我們開始探索她接下來可以爲自己生涯做的決定有哪些？

故事二

一位有三個孩子的父親，平日忙於工作，有一天突然恍然自己好久沒有看到孩子，發現孩子趁著他不注意時，已經長得好大。這一天，他在客廳跟唸國中的女兒坐在一起，看到女兒已經慢慢成熟的模樣，驚覺自己錯過了寶貴的時間，於是很感慨地拍了女兒的大腿一下，結果女兒立即逃開，還大叫「色狼」，這個反應讓這位父親非常錯愕也難過，後來他默默地將女兒小時候坐在學步椅上的錄影帶看了一遍，女兒在他的背後也看到這一幕，想到自己曾經是這麼的弱小，現在長大了，才比較能夠了解父親的心境，進一步企圖與父親和解。

故事三

一位母親很努力地錄製了許多錄音檔的故事，讓它們成爲孩子入睡前的陪伴，但是似乎成效不彰，她認爲自己這麼努力，怎麼結果不佳？其實孩子想要的，可能不是故事，而是與母親睡前相處的時刻，連很單純的「三隻小豬」的故事，也可以在孩子床邊，與孩子創作不同的內容與結局，這就是所謂的「優質時間」（quality time）。

故事一的女同學認爲父親爲其塡寫志願、逼迫她並使她的生活與生涯不如意，因此情緒上極爲抑鬱，但是諮商師也告訴她，她其實可以選擇過好自己的生活，不必浪費時間在過往的決定上；故事二的父親有一段時間沒有與孩子相處，因此看見孩子茁然成熟，心情百般複雜，卻沒想到自己的一個動作，引發女兒這麼大的反應，讓他覺得難過與不堪，幸好女兒目睹父親記錄自己成長的片段，有了新的感悟；故事三的母親非常努力，錄製了許多故事給孩子睡前聆聽，但是沒有站在孩子的立場去思考，孩子眞正想要的可能不是聽故事，而是可以在床邊或入睡前與父母親一起相處的甜蜜時光。

一、家人關係為何難搞？

家人之間應該是最親密的，理論上溝通應該較無問題，但是家人之間卻對彼此或自己有一些期待，導致溝通無法太直接、坦白，或許是擔心彼此的關係因此受損，影響對方對我的看法或信任度，或只是純粹不想讓對方擔心，造成無謂的負擔，因此採取「報喜不報憂」或者是默默承受、不吭聲的行動，但可能適得其反。有的時候又會因爲對對方太了解，也不太敢說實話，像是：「我知道她的個性，一定是沒有聽完整，就自己下結論，說了可能更麻煩！」或者是：「拜託！我才不會給自己找麻煩。他又不是會聽別人意見的人，爲了不讓我們的關係更惡化，我還是閉嘴最好！」當然也有太直接，卻沒有顧慮到家人情緒的，這樣溝通方式也可能會造成傷害或無法坦誠。

每個家庭成員都希望可以在家庭中自在做自己，但是有些人覺得家裡像牢籠，總是有許多限制或不能說不能做，有些人覺得家像冰窖，每個人各顧各的，沒有溫度，有些人認爲在家中沒有自己的一席之地，乾脆就不回家，這些故事的背後在最初之時，都有一些理想或盼望，但是卻在眞實的家庭生活中慢慢磨蝕、消失殆盡，也成了許多人心的流離失所，無從歸屬。

家人之間因爲血緣關係，有時候太將彼此之間的關係視爲理所當然，卻忘記關係都需要經營、需要用心；此外，家人互動之間都會慢慢形成一種固定的模式，即便大家對於此固定模式或嫌不足或不滿，卻不願意從自己開始做一些改善與改變，造成所有家人都陷溺在這樣不健康的互動中，也都很痛苦！

二、適當的期待與界限

每位家長對於子女或許都有諸多期待，希望養成子女有獨立生活能力，對社會有正向貢獻，或者希望子女可以成就什麼、擔任何種工作等等，但是畢竟子女不是父母親的分身或延伸，也有自己的生命目標與任務要實現，因此家長何時收手與放手，就極爲重要！

家長對於子女的期許是否適當、適性（符合孩子的期待與發展），也是很重要的生涯發展因素。許多子女仍承接著文化與家族的傳承和期待，不太敢違逆父母親的期許與要求，即便知道自己想要的與父母親不同，卻礙於孝順與愛，不敢表達自己眞正的想法，而是勉強自己、努力去達成家長的目標。家長擔心孩子的安全或發展，總是希望自己可以在孩子身邊保護、教導，因此「收手」的功夫做得很道地，然而教導與管控只是最初的教育，家長還有更重要的任務是「放手」，讓孩子去成就他們自己以及他們的使命，所以也需要在讓孩子放行之前，養足他們面對問題與困難的態度及能力。

家人之間的親密關係不只是因爲血緣，還有因爲共同生活，彼此互動、學習、有歸屬感，況且在家裡，我們總可以展現最眞實的自己，不需要戴上面具去迎合不同的人或維繫人際關係，但是家人之間的溝通同時也是最困難的，正因爲礙於血緣跟期待的關係，再加上華人社會有所謂的

「父父子子」的倫理位階，所以在一般子女的心裡，會認為違逆父母親就是「不孝順」，若不能達成父母親的期待也是「不孝順」，因此往往為了維持表面的和諧、犧牲或放棄了自己想說的或想做的，或是自己去做卻不讓家人知道（所謂的「陽奉陰違」），這樣不僅讓親子關係漸行疏遠，也可能造成未來需要家人支持系統時，無法求助。

我們的集體社會強調和諧、重視人與人的關係、不喜衝突，但是也容易犧牲或埋沒自己，也就是與他人的界限糾結或模糊；反之，西方社會重視個人，與他人之間的界限也較為明確，雖然維持了獨立與自主性，卻較缺乏親密。家長雖然要求孩子與人為善，但是也要教導孩子如何維持與人之間的「適當」界限，包括如何自在做自己，甚至提出與他人不同的意見、做不同的事，以及如何抵擋這些外界的壓力。界限是屬於心理上的，由自己做決定要讓他人靠近或遠離；與他人靠近，可以滿足歸屬與親密的需求，但是卻可能會失去自我與獨立；相反地，若與他人界限分明，或許擁有了自我與獨立，卻也可能失去親密與歸屬感。界限是流動、有彈性的，看自己要對方靠近的程度不一而定。

因為家長本身對於拿回「自我權」的經驗不一，因此在教導孩子如何在「與人關係」及「維持自我」之間的平衡拿捏並不容易，況且家長們總是儘量用簡單易懂的原則或說法，這種方式並不能包攬所有複雜的現實生活，因此也需要與孩子常常溝通、做適當的解釋與原則修正，要不然孩子可能會不知變通或是不知如何做適當決定。許多家長（尤其是女性）往往是在人過中年之後，才慢慢超脫社會文化的綑綁、勇於說「不」、活出自我，有了這樣的領悟，理應更能同理子女（特別是女兒）的處境，因為女性被期許是「關係導向」（重視關係的維持），卻也因此常需要犧牲或失去自我。許多家長了解人際之間的分際要留意，卻不一定允許子女有「自我」，甚至認為女性有自我是自私、不道德的行為，這會影響到女兒對於自己的信心與尊嚴，甚且在生涯與自我實現的發展！當然孩子也需要與他人有聯繫，建立較佳、支持性的人際網絡，因此讓孩子學習如何與他人相處、合作的同時，仍保有自己的獨立性，是極為重要的。

三、親密關係的經營先於親子關係

故事一

一位學生分享一個故事。他說常常在車裡與妻子互動，有時候意見不同，也會有爭論。恰巧有一次車後座載有兒子，夫妻倆在前座因爲討論某件事而有爭論，兩人不免愈說聲音愈大。結果下車時，兒子突然跑過來跟他說：「爸爸你贏了！因爲你比較大聲。」當時他楞了一下，才知覺到：孩子身爲旁觀者所解讀的訊息是不同的。這個事件讓他往後在與妻子討論事情時，會注意到自己表達的方式，也與妻子約定身爲家長的身教問題。

故事二

有位母親因爲週末時洗衣的事件太煩了來請教。她說都已經明白告訴家人——要洗的衣物要放在洗衣機旁的洗衣籃內，但是往往只有自己遵守這項約定，因爲每次要洗衣服之前，都要到各個房間去搜尋，往往就耗費許多時間與體力，要不然次週就會遭受家人找不到自己需要衣物的轟炸！我告訴她「事情變好之前會變糟，妳可不可以承受？」她說願意試試看。我請她第一週回家後，在家人都在的場合宣布「只洗洗衣籃裡面的衣物」，宣告兩次即可，週末也不要到各個房間找要清洗的衣服。結果她照辦，但是週一時，家人因爲沒有乾淨衣物而大鬧，連她丈夫也不例外。她來諮商時，心情很糟，我說最糟的時間過去了，但是還得要再忍受一週，我請她還是依照我所說的——在大家都在的場合，再次宣告一次洗衣規則。接下來那一週也很可怕，但是洗衣籃內的衣物增加了，第三週開始，她就輕鬆洗衣，不需要像以前那樣到不同房間去搜尋，把自己累得半死！

故事一看見天眞孩子的觀察與結論，也讓做家長的啞然失笑！倘若沒有這樣的事件，就不會讓家長有所反省、改進。故事二提到媽媽的擔心，讓自己勞累萬分，卻得不到家人的合作，必須要祭出一些有效的方式，讓家人認爲媽媽是認眞的。

在談到親子關係的經營之前，首要之務是要關注到家長彼此之間的關係。家庭是個人社會化的起點，因此在家庭中所目睹與學習的一切，都會帶到家庭外及未來的生活當中。受到儒家文化影響的國家（如日、韓），往往在育有下一代之後，夫妻之間的生活，基本上就是以孩子爲主體，甚至稱呼對方爲「孩子的爸」或「孩子的媽」。誠如之前所述，子女是以家長爲學習榜樣，因此倘若要讓孩子了解與養成人際關係（包括親密關係）的能力，家長就需要以身作則，先經營好與配偶的關係，孩子自然有目共睹、觀察學習，也會了解與異性或他人互動的方式。有了下一代之後，不要忘記與配偶有私下獨處的時間，唯有伴侶間堅強、良好的關係，才有能力與自信去經營家庭和親子關係。子女會視家長的親密關係來決定自己未來的親密關係或婚姻。

家長之間除了將許多時間花在教養子女上，還需要持續經營彼此的關係，因此偶而來個個別約會，或是與個別的孩子單獨去參加活動（讓孩子覺得自己特別），也都是讓親密關係與親子關係增溫的方式。孩子的成長只有一次，而親子之間創造故事與記憶是最重要的，孩子會記得與家長間的互動，即便只是一起購物或是看電視時交換意見、開個小玩笑，也都會成爲美好的記憶。知名媒體人李艷秋曾經提到夫妻關係，她說她的腦袋裡有一本「好帳本」跟一本「壞帳本」，如果配偶表現不如預期時，就去翻翻好帳本，記得對方有過的好，這樣就可以平衡一些了！

另外，也要尊重孩子有獨立自主的需求，給予適當的尊重及隱私權很重要。孩子小時或許這樣的需求不明顯，但是已經要漸進式教導，當孩子行年漸長，就會更清楚如何拿捏與他人的關係，並維持或捍衛自我的權益。孩子有自己的房間是隱私權的第一步，即便與手足共用房間，也要有屬於自己的空間與時間；家長或許基於自己是父母親或成人，可能不小心就違反了孩子的隱私權，倒不如事先說好規則，可以互相提醒、彼此共同遵循。

四、親子關係與溝通

溝通的第一步是「會聽」、而且「聽對」。每個人都需要被聽見，被聽見是一種被尊重與認可的表示。孩子若覺得被聽見，才會願意說，願意說，就不需要隱瞞或說謊，這樣也才會在有任何疑慮或遭遇問題時，提出來與家長一起商議或解決，不必掩飾到事情「大條」或不可收拾時讓大家都手忙腳亂。孩子若是認定家長不會聽，許多小事到大事，都不願意跟父母親提，這才是嚴重危機。傾聽不容易，因爲我們總是帶著一些既定的想法、想說的話在腦袋裡，加上不一定有時間、專心聆聽，這讓溝通產生許多阻礙，其實就是強調家長對待孩子的方式與態度最重要。溝通時常常因爲自己的想法而阻礙了溝通或繼續溝通的可能性。

溝通最容易產生的認知障礙有：1.讀心術——認爲自己了解他人所想，或是認爲他人知道我在想什麼，因此沒有進一步去獲取相關資訊或確認資訊的正確性就下定論；像是：「我再怎麼解釋，他也不會聽，因爲他認爲我就是說謊成性。」2.都是我——一切都是我的錯，我應該負起完全的責任；像是：「我很糟糕，沒有一件事情做得好。我就是天生缺憾！」3.都是別人不對——我沒有錯，之所以結局會如此，是因爲別人不配合、沒有能力或是環境條件不允許所造成；像是：「又不是我的錯！我跟爸爸說，他也不幫我，最後我成績才會這樣！」4.災難化——根據自己的邏輯，認爲事情的演變只會愈來愈糟，最後不可收拾；像是：「完蛋了！我這一次又考不及格！我媽一定不會愛我了，我會被趕出家門或流落街頭，我一生都毀了！」5.無助感——覺得自己已經無力、無能做任何改變，或是自己所做的一切努力都白費了：像是：「反正我做什麼都錯，別人也對我不抱期待，說又有什麼用？」（Reivich & Shatté, 2002）

家人關係最難的是不能說實話，因爲怕傷感情。但是家庭又是我們最終、最重要的隸（歸）屬，也是最能自在做自己的場所，若是連實話都不能說，哪裡還能說眞心話？有時候家人之間爲了維持關係，不敢說實話或表達自己的眞正感受，而隱忍下來，若沒有機會說出或溝通，往往壓抑過多過久，就容易不小心迸發，反而讓彼此關係更糟。許多人以爲溝通就是用「說」的，這其實是很大的誤解，我們一般在與人互動的時候，不免也會有這樣的評語或感受：「我在跟他說話時，他連看都不看我一眼，你認爲他在聽嗎？」或是「他就一副那種表情——你說啊，反正我就是不同意，所以才沒有人敢去捋虎鬚。」也就是說，我們其實知道雙方用言語溝通之時，已經會注意到表情、姿勢、眼神專注的線索與可能代表的意義，將這些線索資訊綜合起來解讀，才可以眞正了解對方所要表達的。每個人最重視的依然是家長或家人的認可，因爲家庭是我們安身立命最重要的堡壘，倘若這樣的需求都無法獲得滿足，孩子自然會往外發展，去獲得他人的認可及歸屬，這樣就會與家人愈離愈遠，有時候家庭的拉力在關鍵時刻就無法發揮作用！

家長也不要做「歷史學家」或「未來學家」，前者是老挖之前的舊帳（如「你以前也這樣說，但是沒有改。」），讓孩子覺得自己沒有修正錯誤的機會；後者是預測孩子的未來（如「你現在如果這樣，以後一定會變成那樣！」），讓孩子覺得自己再怎麼努力都沒有用。有時候一些用語要注意，如「一定」、「總是」、「每次」（如「你一定會失敗！」「你總是沒有進步！「你每次都這樣！」或「我說過多少遍了，怎麼還不會？」），也讓孩子覺得一切都是命定、無法改善，也嚴重辜負了家長的期待與對自己的信心。

五、儘量公平對待孩子

故事一

我們家有六位手足，小時候常常因爲搶玩具或食物分配而爭吵，但是父親總是儘量公平對待。我記得農曆除夕發壓歲錢，父親會讓我們按照年齡排成一列，先從大筆的金額（通常是百元鈔）開始發放，從老大開始，然後第二輪就從老么開始。我們手足間若有爭吵，父親會讓每個人都有機會説出自己的立場跟想法，然後再做判斷，但是父親也常常提醒我們：大家都是兄弟姊妹，要好好相處。也因此，雖然我們平日相處還是有一些小摩擦，但是也有很多機會分工及合作（包括家事的分配、一起出資買溜冰鞋輪流使用），甚至在面對鄰里或其他鄰居同儕的欺負時，則會團結一致、箭頭對外。

故事二

有位長輩很有人際智慧，她每每在返鄉拜訪時，都會爲家裡的長輩準備一些禮物。當她面對關係惡劣的婆婆與嬸嬸時，雖然準備了同樣禮物，但是會私底下分別拿給婆婆與嬸嬸，並且說：「這只有妳有喔！收好收好。」按照這樣的方式，讓兩老都相安無事。

故事一提到家長「儘量公平」的作法，孩子至少不會認爲自己被忽略或不公對待，這樣的公平態度也是未來孩子成長很重要的價值觀；故事二的長輩深深明白兩位老人家的關係，也了解自己的立場不容易，因此採取了這樣的策略，讓三方都贏。手足是最長的人際關係，儘管現在是少子化的時代，但是若家中有兩個以上的孩子，適當且公平的對待是很重要的。獨生子女固然與長輩的關係較好，但可能會較欠缺與同儕的相處機會，萬一無其他延伸家庭成員（如堂、表兄妹）的互動經驗，屆學齡期進入學校學習，可能較容易產生人際關係的問題。我們目前在國小，就常聽見老師們提到獨生子女因爲缺少與同儕互動的經驗，對於玩具與遊戲器材較容易獨占、較無分享的意願，有時甚至是自視太高、較難與他人平等交流。

家中若有兩名以上子女，孩子較容易有不公平的感受，雖然「公平」是很主觀的感受，但是孩子都希望能夠得到父母親的愛與「認可」（認爲自己是值得的、被愛的），倘若有手足，就成爲自然的競爭（父母的愛與看見）對手，因此家長的對待方式就變得非常重要。物品的分配公平比較容易，但是關心與愛的分配就不容易，不妨與孩子個別約會，或參與他們的活動，同時在處理紛爭或意見不合時，都給予孩子同樣的時間與注意力。即便是獨生子女，也可能因爲父母對待不同而覺得不公平。華人文化習慣將家產留給子女，倘若子女又因爲照顧父母或父母對待不公平而有嫌隙，父母百日之後，可能釀成子女公然決裂的結果，這也是父母親始料未及！家長能夠留給孩子的就是教育、品格與能力，留下財產不容易分配公平，有時候即使極爲公平，但也因爲跟父母關係親疏遠近不同（如在父母老年時，照顧責任承擔不同）而覺得分配不公。

每個孩子（人）都需要被看見、被認可、被愛，也被疼惜，況且家長也是有限的資源，爲了爭取家長的目光或愛，孩子彼此之間也會有競爭，倘若家長對待與處置得宜，讓每個孩子都感受到自己是特殊、有價值與值得被愛的，他們也會看重自己，願意去愛惜他人，將愛傳出去。有些沒有感受到被愛與疼惜的孩子，在成長階段中就會爲了獲得愛的其他替代品（如認可、喜愛與權力），往往做出傷害他人的事，讓重要他人後悔莫及！「不公平」的感受主要也是來自於爭取父母親的認可而來，倘若家長的認可不同或比重不一，也會讓孩子有不公允的感受。當然，有時候家族裡的長輩（尤其是同住者），或許還是有重男輕女或偏愛某孩子的傾向，甚至有教養態度與親代南轅北轍之虞，身爲子女較難去糾正或改變，但是可以對長輩與子女做適當的說明、贏得其合作，不要讓孩子覺得自己是被忽略或不被愛的。

要做到絕對公平不可能，況且公平也是主觀的感受，因此家長可以做到的就是「儘量公平」，至少關照到每位孩子的感受或需要，甚至願意開放心胸去了解孩子行爲背後的所思所感，或許就會對孩子有更多同理，孩子會在被了解的同時，感受到自己的重要性與被愛的價值，在人格發展上也會較爲健康。

六、衝突也是一種溝通

故事一

有一對兄弟因爲騎腳踏車的問題而吵架，母親就將腳踏車高高掛起，要求兩兄弟去房間、好好商議使用腳踏車的方式，等到達成協議，再來與母親報告。這位母親的作法很公平，她同時也讓這兩位兄弟學習如何協商與合作。

故事二

小時候我發現自己在弟弟出生之後，我吃雞腿的機會幾乎沒有了，因爲長輩們的確也是重男輕女。當我向父親抱怨時，父親蹲下來告訴我：「妳比弟弟先出生，所以以前都是妳吃雞腿喔！」我眞的還相信父親的說法。但是後來發現自己只比弟弟長一歲而已，能夠多吃多少？

故事三

以下是資深主持人于美人所說的故事。于美人有一對雙胞胎子女，女兒叫妮娜。有一回她送妮娜去學校，女兒就將週末家人出遊買回來的零食分享給同學，她給甲同學一條，但是要給乙同學之前，卻將零食切短一些才給對方，于美人覺得女兒很小氣，就罵了她，女兒覺得委屈哭了，於是于美人詢問其這麼做的原因，原來妮娜想要公平一點，所以才把要給乙同學的零食弄短一些。在了解孩子的想法之後，她向女兒道歉。

故事一提到母親對於孩子衝突的解決方式，多麼有智慧！也讓兄弟倆學會合作。同樣的情況，華人家長往往要「大的讓小的」，這其實就是一種不公平！雖然暫時解決了紛爭，但是極不具教育性。故事二的父親願意回應孩子的問題，雖然似是而非，但是當時也解了孩子的疑惑與不公感受。故事三的母親，願意去深入了解孩子行爲背後的思考或原因，讓孩子有說明的機會，這也是有智慧的家長不憑藉自己的個人判斷下定論的好例子！

家長因爲是不同個體，自然也會有思考或價值觀不同處，或許也會大聲爭論或有爭執，這些不需要刻意避諱，只要記得衝突與爭執也是溝通的一種。家長若能夠展現出建設性的衝突及溝通、取得共識和合作，孩子可以學習更多，而不會一味逃避衝突、隱忍或壓抑，甚至不敢有自己的想法、爲自己發聲。偶而也可以舉辦小小辯論賽，讓彼此站在不同立場、爲不同議題發聲，可以拓展思考與視野。

每個人都不同，當然也會有不一樣的想法或意見，因此偶而會有衝突是難免的，重點在於如何建設性地處理衝突？衝突也是一種溝通方式，至少表達了自己不同的意見或想法，但是我們華人一般不喜歡明顯的衝突，甚至會刻意避免衝突，但是已經呈現的問題是否獲得有效的溝通與處理？家長彼此之間也會有意見不同，正好讓孩子看見如何表達和溝通自己的想法，也就是展現出人世間的實際與處理的智慧，因此不需要害怕或逃避衝突。處理衝突往往需要聽懂及同理對方，尊重對方跟我一樣是不同個體，有不同意見或價值觀之權利也是理所當然，接下來看看彼此有無「公約數」（也許是異中有同或共同關切的事物）。衝突或許是因爲價值觀不同或看事情的角度不同，也許是誤解了對方，基於彼此是家人、有愛的連結，何事不可商議？也可以做適度的妥協與讓步，或許就會看到更好的遠景。

我們目前法院設有「家事調節員」，但是通常處理的都是離異已經定讞後的事宜，像是財產、贍養費或監護權的問題，其實都有點爲時已晚；倘若在兩造訴請離異之前，可以有一些協商機會或時間，或許可以挽回一些頹勢。就如同美國配偶若要仳離，先分居半年時間，然後再決定是否仍決意離婚，倘若在這半年觀察期可以了解彼此的歧異，或是有家庭治療師之協助，或許可以對於離異的決定或是離異之後的相關事宜，做較爲理智的討論與協議，不管是成人或孩子所受的衝擊或後座力就會減少許多。儘管離異已經勢不可挽，但是雙親是否可以睿智地看見彼此之間的「公約數」（孩子），或是彼此關係可能引發的一連串負面效應？倘若只是因爲情緒或面子問題，不願意退讓或更理性思考及溝通，可能輸掉的就是家庭所有成員及延伸家庭，退一步思考或許會有不同的想法與作法，結果會大大不同！只是一般家長經常讓情緒牽著走，或是有既定的成見不易改變，沒有去思考哪些人會因此而受傷。孩子們意見不合也是正常，不要在孩子爭吵時，就馬上介入，看看自己可以做些什麼？讓他們學習什麼？此外，也請家長不要運用冷漠疏離的方式來與孩子互動，特別是當孩子與家長的意見不同，或是孩子不願意屈就於家長的期待或作法時，這就是一種「冷暴力」。家長彼此之間也常因爲個性不同，或是對於一些議題或價值觀有歧異時，採用冷暴力方式處理，不僅影響家庭氛圍，也考驗了孩子對家長的忠誠度，眞是左右爲難啊！

另外，華人社會往往將「孝」與「順」連結在一起，讓孩子誤以爲「孝」就是「順從」父母親的一切，不僅不一定討到父母親的歡心，有時只會陽奉陰違，同時也抹煞了孩子有自己思維的自由！

七、親子溝通中常產生的問題

孩子的溝通方式承自於家長的日常生活示範，包含處理意見不合或衝突，因此若家長呈現的互動與溝通是理性、理解、有溫度的，孩子不必刻意學習就能夠學會。不少家長提到自己與伴侶通常會習慣扮演「黑臉」跟「白臉」的角色，最好是輪流扮演黑白臉，這樣才不會造成某位家長與孩子較親近、某位較疏離；不少家庭是以母親爲主要教養人，除非母親管不住了，就會叫父親出馬，這其實也是間接造成父親與子女關係不親密的原因之一，因此也奉勸媽媽們不要將配偶推出來收拾殘局。親子溝通最常出現什麼樣的問題？解決之道又如何？

(一) 帶著既定的觀點來聽

或許親子彼此之間對對方有一定程度的了解，因此常常用過往經驗來推估，卻不一定願意給對方新的機會來說明或有不同表現。像是平常較被動的孩子突然之間有討好的動作，就會懷疑對方是否有「不良企圖」，或者是父親通常較不會買吃的東西回來，有一次突發奇想買了宵夜回家，孩子可能也會從較負面的角度來猜測父親此舉的動機。

帶著既定的觀點來聽，就如同戴著有色眼鏡或成見來看人，基本上就是不公平的，也會讓對方不舒服、覺得自己沒有「翻身」或改變形象的機會，因此也逼得對方很容易放棄，或回歸到舊有的溝通模式中。華人家長喜歡做「歷史學家」與「未來學家」，前者就是翻舊帳，讓孩子認為自己要改進幾乎不可能，如：「你這樣已經不是第一次了，你上國小四年級的時候也是這樣。」後者是以目前情況類推到未來，讓孩子覺得自己再怎麼努力，可以改善的幅度很小，如：「你現在連自己的被子都摺不好，以後還要學什麼更難的，都不可能！」孩子年紀尚輕，表示潛能無窮，況且在支持、鼓勵氛圍下成長的孩子，比較不會害怕失敗或是在失敗之後退縮，家長若能夠看見孩子努力的過程，而不是以結果論英雄，孩子就會欣賞自己的努力，也從經驗中累積實力與韌力。

當然家人每天相處在一起，或許會讓家長認為自己對孩子「瞭若指掌」，也因此經常會在有意無意中「未審先定（讞）」，甚至「認定」對方一定會如何如何，這樣的思考，讓溝通無所發揮，也無用武之地，又何必多此一舉？想想「溝通的目的為何」就變得很重要。有些家長認為溝通就是「我說你聽」，不妨乾脆就以「告示」方式為之就好，何必多說？

(二) 沒有給予充分時間與機會完整表達

孩子除非已經進入後青春期或是成年，在口語表達上會較為成熟（當然也是因人而異），但是儘管如此，面對自己的長輩或父母親，還是會有許多的擔心（如對方會不會想太多或對我的看法更差），而不敢直接表達自己的想法或感受，倘若家長又急著要得到答案或回應，有時候時間不足，就不太可能讓孩子有完整表達的機會，況且很多時候，家長也沒有時間或急著忙手邊的事，即便有時間聽，也讓孩子覺得家長在敷衍或不專心，漸漸放棄了溝通。

家長若手邊正在忙，就跟孩子告知一下，或許等自己忙完之後再與孩子談，倘若情況較緊急，先稍微處理一下，或是先告知孩子幾分鐘之後再找他／她談，接著就要挪出充足的時間來討論或商議，因爲忙亂時容易有情緒，也可能會情緒失控。孩子很怕做錯事受到責罰，如果家長都是以指責爲先，也很容易堵住孩子的嘴，不願意說出事情眞實的經過或自己眞正的想法，因此家長願意花時間了解是很重要的。再忙，只要是家人，都會給予對方時間，千萬不要「我說了算」，家長若常常用「你／妳」字開頭，孩子會擔心是將要受到指責或批判（如「妳就是這樣不聽話！氣死人！」。家長若願意常常利用「我訊息」（I message——先說自己的感受，再客觀描述對方的行爲）的方式處理，或許更能夠表達自己的情緒與想法，同時不會遭受對方的抗拒；像是「我剛剛嚇了一跳！原來只是你關門的聲音。」「我只是覺得難受，因爲看到你哭！」

溝通時的時機、地點、環境也都很重要，若有重要事件宣布，就選在較爲「正式」的場合（如餐廳），周遭的環境基本上會有一種約束的力量（不會讓孩子或家長突然發飆）；若家長認爲有重要事件需要傳達，也不需要絮絮叨叨、講太多遍，讓孩子覺得囉嗦、知道父母會持續重播（所謂的「媽媽聾」），因此孩子在意或遵循的機會就減少。

每個人都有「被聽見」的需求，因爲被聽見的同時，就是一種接納與尊重，可以緩和激動的情緒，接下來才會去聽、溝通或實踐。

(三) 只願意用口語溝通

故事一

小學三年級的小美，回到家中告訴母親：今天老師不給她飯吃。媽媽就立刻打電話去質問老師，老師說：「今天有蝦仁炒蛋，小美不是對蝦過敏？我叫她不要吃那個菜！」

故事二

唸高二的美美又不上補習班了，作業也不交。媽媽打電話請班導幫忙勸說，班導已經幫過許多忙，但是效果有限，雖然很同情美美媽媽單親教養孩子的辛苦，但是美美從國中開始，行爲就有偏差，媽媽卻愛女心切、不忍苛責，導致後來情況愈來愈糟！美美媽媽在求助不成之後，哀哀地說：「反正妳就是不願意幫忙就是了！」

故事三

一位中年母親帶著成年兒子，來到孩子以前就讀的小學謝謝主任。媽媽說兒子本身較爲害羞、不喜歡說話，但是小學四年級時，老師教他直笛，孩子學會了樂器之後，常常在有心事時，就會吹奏直笛，作母親的也因此會進一步去詢問，孩子與她就可以交流，她也因此關照到孩子的情緒。

故事一提到孩子在語言發展上仍在進行中，因此往往詞不達意，媽媽在衝動情緒下打電話問責，老師很冷靜地將實情說出，化解了原先的誤解。故事二的母親無法與自己女兒做有效溝通，反而要仰賴導師協助，導師這一次不幫忙反而被責怪。故事三的母親很了解自己的兒子，因此會在兒子吹奏直笛之後，緊跟著去關切與詢問；兒子以直笛爲宣洩及表達情緒的管道也很聰明！

就如同之前所言，我們經常會期待以口語或說話方式來溝通，倘若對方無法用語言方式表達清楚，就是對方的錯。實際上，一般的溝通，語言之外的肢體語言或表情等因素占七成以上。對於年幼的孩子而言，因為智能及許多能力都還在發展階段，語言的表達不夠完整，經常使用簡單的句子或單字，因此容易造成誤解，我們在校園裡常常發現動手推擠或打架的孩子，其實就是無法用語言表達清楚，因此很生氣，乾脆就用行動表現。了解孩子行為背後的動機很重要，孩子或許是因為要引起家長注意（認可的需求）、權力鬥爭（看誰是老大）、報復（受過傷，要讓對方也嘗嘗其中滋味）、自我放棄（對自己無希望感）或無聊需要刺激（如捉弄他人、做無厘頭的事），家長先了解自己在孩子有這些表現時的情緒（如煩、生氣、痛、無望感或莫名其妙），進一步去詢問與了解，甚至做些猜測，然後確認，就是可以初步了解孩子行為背後動機的好方法，接著就會有解決問題的思考。

首先，口語溝通的同時，我們會注意到其他的溝通線索（如表情、眼神、姿勢、語氣或語調、彼此間的實際距離等），我們相信肢體語言多於口語的表達，而且會去做言行相符程度的比照。溝通的方式有許多種，並不限於口語或文字，有些或與溝通線索重疊，像是「前語言」（如嗯、啊）、語氣（帶著的情緒）、行為或肢體動作、圖畫、音樂等。家長也可以使用遊戲（如沙遊）或實體玩具（如扮家家）為溝通媒介，就可以配合孩子發展階段及溝通多元的考量。

(四) 要有說明

故事一

一位家長在女兒要出門時，喊著：「天這麼冷，也不加一件外套！妳是要生病看醫生、浪費錢嗎？」女兒甩頭就走人！

故事二

唸大一的阿祥，提到父親是粗人，往往說話不經大腦。有一回阿祥在家幫忙搬貨，父親卻一直在旁邊指導說哪裡做錯，反正他動輒得咎，當時火一上來，就順手拿了身邊的菜刀，他父親才嚇了一跳，住了嘴！

故事一的媽媽有點「畫蛇添足」，她其實只要講前兩句就好，但是卻偏偏又加了後面一句，女兒只聽到「浪費錢」三個字，但是卻沒有體認到母親的關心；故事二雖然有點驚悚，但是也說明了孩子「有耳無嘴」的壓抑力道，幸好後來阿祥有好好跟父親談。有時候父母親會認爲即便解釋了，孩子也不懂，於是就不說，其實孩子很需要知道爲什麼。我之前提到唸小學三年級時的級任孫老師，他在處罰同學之前，會先蹲下來，用眼睛直視同學，然後詢問同學知道自己哪裡做錯了嗎？等同學講完，他就會告訴同學：「我知道你會改過來，所以我現在會輕輕打你一下，提醒你以後要注意。」然後他就用塑膠尺在同學掌心輕輕打一下，以儆效尤。老師這樣的作法其實收服了許多學生，在我們「老師至上」的古代，這位老師的確愛護孩子，也將他的溫柔傳遞給我們。

家長有時候基於保護孩子，避免生命危險，會有一些突發緊急動作，這也可以理解，然而後續的說明是必要的。許多家長會認爲自己所做的都是「爲孩子好」，但是卻不說明，有時候孩子不一定理解，可能就會誤解家長的用意。

(五) 過度解讀

「過度解讀」也是一個問題，也就是明明對方並不是這個意思，卻被解讀爲有其他意涵，倘若又沒有機會做印證，可能就會產生誤解。家長若沒有站在孩子的立場去思考及感受，可能誤解了孩子，讓孩子感覺委曲或不被接納。以前教育心理學曾經有過一個實驗，問十歲以前的兒童兩個情境，然後請兒童判斷其好壞。情境一是有一位小朋友幫忙洗碗，但是卻打破了幾個碗，另一位小朋友則是要偷糖吃、不小心把糖罐子打破；年紀小的兒童還分不出行爲背後的動機良窳，所以會認爲打破幾個碗的罪刑重大，然而較年長的孩子就可以區辨動機、給予較公平的評價。家長可能會站在自己的角度來看孩子的行爲，有時候在情緒衝動下，忘了去同理孩子的處境（如孩子可能會怕家長擔心或責罵，不敢將成績單交出來，而不是不誠實或刻意欺瞞），被誤解的孩子在經過幾次的經驗後，可能會開始說謊，或是對家長的指責漠然以對，這可能不是家長所希望的結果。

給孩子說話的機會、說他／她的故事，讓他／她表達清楚，也同理他／她的情緒與處境，不需要臆測或刻意解讀孩子的意圖。

(六) 帶有擔心與期待卻不明說

故事一

二十歲的小琪憶起自己八歲時，有一回隨爸爸的船出海捕魚。爸爸在出航前，特別叮囑她不要站在太靠近船邊處，但是她忘記了，結果一個大浪打來，差點把她捲進海中，父親快手拉住她，隨後就給她一個巴掌，小琪嚇呆了，接下來大哭。當她長大時，回憶起這段經歷，忍不住說：「那時候雖然我還小，可是我爸打了我耳光之後，就氣呼呼地走了，他應該有機會跟我解釋他的擔心跟害怕，要不然，我不會誤會他這麼久。」

故事二

電影「喜福會」（Joy Luck Club）裡面有一幕是女主角與母親的對話。母親說女兒最能分辨好與不好的螃蟹，女兒就提到自己一直辜負母親的期待，感到有罪惡感，但是母親說：「我只是希望（hope）。」言下之意是指家長對自己的子女難免會有期待，但是子女還是有自己的人生與使命！

故事三

小時候有一回，我們偷拆別人送給阿公的禮物，當下被父親發現，他非常生氣，還抽了竹掃帚的竹篾子打我們的小腿，這是我印象中被父親處罰的唯一印象。後來父親解釋說：因為阿公是公務員，不能隨便收禮，這個禮物是要原封不動退回去的。

故事一提到父親的焦急與驚慌，卻在情緒的影響下，直接甩女兒耳光，讓女兒覺得很受傷，甚至認為父親不愛她，這是她八歲時的認知與解讀，但卻持續記得到現在，也間接影響了父女關係！這也提醒家長有時候做的動作或行為，是需要解釋給孩子理解的。這個案例也說明了：處罰儘管可以制止當下的危險，但是可能會留下許多後遺症。故事二提到母親對孩子的期待，孩子若不能達成，就會有許多失落與情緒。故事三提到收禮、拆禮物的故事，裡面蘊含著深刻的家訓與家庭傳統。家長對孩子當然會有期待，這些期待其初心都是為了孩子好，但有時候卻不說明：讓孩子去猜測，或者是有期待卻說反話。孩子礙於想要家長的愛與歸屬感，或是為了家庭和諧，即便自己認為能力不逮或志不在此，也不敢公然違逆家長意思，於是只好唯唯諾諾；親子都怕傷到對方，不敢坦然面對，所以只好玩遊戲。家人之間經常因為血緣關係，很擔心辜負家人期待，或是害怕家人擔憂，因此往往不敢說實話，或是只說了部分的事實，或是認為衝突會破壞關係，許多感受或想法都隱而不說，當然最後還是妨礙了彼此關係。

家長的期待要適當，可能高過孩子的能力一些，但是不要將目標訂得太大，很容易讓孩子放棄。像是孩子考個位數，就將目標訂為二位數，而不是直接設定60分，孩子看見目標距離太遠，很容易灰心喪志，失去努力的動能，家長同時要留意孩子在過程中的努力與學習。

(七) 不夠專注或敷衍

有時候家長總是忙，即便孩子很興奮地想要與我們分享他／她生活中所發生的事，我們或許當下在忙，會跟孩子約等一下的時間（但有時候會忘記，特別是當孩子有好消息要分享時，過了這個興頭，可能就不是適當時候了），或者是敷衍一下（不時地瞄著手機上的畫面，孩子發現父母親不夠專注，久了也會懶得與我們分享），又或是聽完孩子分享的事，就開始批判或擔心。我們的文化裡，在分享不愉快的事物時，會投注較多關切，但是有時候卻不能適當分享好消息，尤其在面對孩子的時候，家長就會忘記「與孩子一起歡喜」的心情，澆冷水有之（如：「只有你得一百分嗎？還有其他人嗎？」）、冷處理（如：「喔，好，下次繼續努力。」或是擔心未來（如：「所以要更用功啦，不然以後沒考好，壓力更大。」））。孩子若與我們分享很棒的事，就與其同歡、同慶，並願意聚焦在他／她做得好的部分，甚至問一些問題（如：「哇！你一定很認眞、努力花了一番功夫，你／妳是怎麼辦到的？」）。

孩子需要被看見與認可，家長的專注或反應式傾聽就很重要！當然，與孩子約定，家長一定要信守承諾，不要敷衍了事或是忘記，一旦記起來，要記得說抱歉，看看有無其他方式可彌補？不要不當一回事。

(八) 注意性別不同的溝通方式

我們對於不同性別社會化的方式不同，包括溝通的方式。像是不喜歡男孩子多話，期待其以行動表現，也強調其成就，女孩子就可以多些語言表達的訓練，因此我們往往發現當孩子慢慢成長，他們的表現就愈符合社會的標準。我們經常聽見男士對女士說：「說重點！」偏偏女性說話的方式會傾向於鉅細靡遺、背景脈絡都要交代，男性往往沒有耐心聽完。女性在遭遇問題時，習慣先發洩情緒，然後將發生事件很細節地交代清楚，不一定需要建議，因爲她自己也有能力解決；男性會先試圖解決問題，當然也需要宣洩一下情緒，但是男性在聽女性敘說問題時，往往會太早給建議，讓女性覺得自己沒有被聽見，當然也不太會聽從男性所提的建議，除非她是眞的想要他人的意見。

男性自小就被迫脫離母親，提早訓練其獨立自主的能力（Pollack, 1998）。我們對於不同生理性別的社會化與教育，也造成要求男性少言、堅強、不展露情緒，要女性注重表達，可以表現柔弱與情緒，不同性別軌道的訓練也致使性別刻板化——若沒有表現出既定的行爲，就不像男／女人。女兒雖沒有被要求提早離開母親，也因爲彼此都是女性、受到社會化的陶冶，造成母女關係的複雜化，電影「喜福會」（Joy Luck Club）裡面描述的就是華人的母女關係，即便處於不同文化，有些原來母國文化的倫理與相處方式依然。母女關係複雜，通常有幾個因素：一是母親「複製父權」的結果，往往是在不經意之中，要求女兒表現服從男性或權威；其次是希望女兒可以圓成自己未竟的夢想（如追求自我實現或學習某些技能）；另外是彼此不想把關係搞複雜，或讓對方擔心，因此往往顧慮太多，許多溝通就產生障礙。

倘若男性是以「工具性」（也就是以行動來表現）爲主，女性是以「表達性」（用語言來表現）爲主，那麼父母與兒子可以藉由活動（如下棋、堆積木）或運動方式作爲溝通媒介（如一邊打球、一邊說話），父母與女兒也可以藉由逛街購物的時間或是約在咖啡店裡聊聊。雖然男性被教育成「簡單明瞭」的溝通方式，在聆聽之時，可以先不急著給建議，讓孩子有機會說完自己的故事，不僅讓孩子自行整理事件脈絡、滿足被聽見的需求，還可以讓家長更了解孩子所思所想。可以鼓勵與訓練男性使用口語表達的能力，也鼓勵及教育女性行動的重要性，不需要因爲性別而有差別教育。情緒的功能之一，就是與人互動的社會功能，倘若我們給男性的教育中是減少情緒的表露，甚至情緒教育不足，自然就會影響到其與人互動的效能，甚至親密的家人關係。

家長要教導孩子與人互動的能力與智慧，的確不容易！然而因爲有良好的家庭互動和示範，相信孩子會將這些學習適當地遷移到日常生活中、與他人的互動交流上，只是家長還會面臨一個挑戰，就是：如何讓孩子與他人之間維持適當界限，同時兼顧人際關係與自我？家長自己是成人，做起來都不容易，何況是孩子？但是原則上的注意事項需要提醒，也讓孩子可以自由地與我們交換意見與感受，思索更恰當的互動方式。有一些原則像是「人際關係中不應該有委屈」，雖然有時候退讓一步是可以的，卻不能成爲常態，要不然孩子只學會委曲求全，不知爲自己發聲、爭取權益。也不需要討好所有人，畢竟這是不可能的；嘗試去討好自己喜歡的人是可以的，但若對方的反應不如預期，或許就需要思考放棄的可能性（並不是每一個我喜歡的人都會喜歡我，這只是遺憾，但不是世界末日）。決定讓對方靠近或遠離（界限）是我的權利，他人不應強迫我或建議我該怎麼做。孩子年紀較小時（如國小二年級之前），友誼還不穩固（常常是前一天是好友，第二天就變臉），這些都不打緊，好好安慰孩子就好；慢慢地也要注意孩子在校與交友的情況，因爲孩子會因爲人際關係（含霸凌）而影響其上學的意願及樂趣！

(九) 態度很重要

我們與人互動時，態度最重要，即便知道溝通有難度，但是誠懇、願意了解的態度要展現出來。家長在與孩子溝通時，若展現出「我對你錯」的態度，或者是已經有先入爲主的判定，而不願意聽聽對方的理由，自然會造成溝通上的阻礙，倘若又無心試圖解決問題或做說明，可能後果更嚴重！

儘管有時候在氣頭上，要進行有效溝通有其難度，但是可以先退出現場，或是先說好何時來討論或了解，甚至採用其他方式表達，不一定要用語言的方式。現在我們有手機LINE或書寫方式，可以多些思考空間與時間，寫下來的內容也較少煙硝氣，容易達到有效溝通的目的。即便要指責孩子，態度上也要注意，要「對事不對人」（不要因爲孩子做錯事，而否認或貶低了他／她這個人），而且要「堅定而友善」，不要讓孩子覺得做錯事，家長就不要他／她了，這樣造成的傷害很大！

家長最難的還是放手，因爲終究是自己的孩子，還是希望可以隨時保護，不忍孩子受到任何可能傷害，特別是家長往往在給孩子建議之後，還會「追蹤監督」——看孩子到底有沒有按照自己的建議去做？若沒有，就會有生氣、埋怨的情緒產生。在這裡要提醒家長：既然是「建議」，而不是強制規定，對方就可以有選擇權，不需要隨時跟著檢驗，倘若眞的擔心，就可以問問：「上次我給你／妳的建議，試過了嗎？成效如何？」但是不要因爲對方沒有嘗試或採用而生氣。

故事一

一位擔任軍職的父親，對於自己與獨生子之間的溝通一直感到很困難，似乎從兒子上國中開始，他們父子之間就很少對話。他說他們家是以老婆爲全家聯繫的中心，如果他有什麼話要對兒子說，就經由老婆來傳達，兒子同樣也以先告訴老婆的方式來轉達自己的意見。但是有一回這位父親參與了一個團體之後，他發現自己太「ㄍㄧㄥ」了，這樣的愛面子，導致親子之間少了親密感，他說只要看到兒子，就會有一股怒火，兒子也儘量避免跟他正面相對。團體的領導老師經常提醒成員，要將在團體中所學的，運用到自己的生活中。有一回老師用了電視裡面的「董月花」的「二裂」手勢（食指跟中指分開的手勢，用來代表「惡劣」），開了他一個玩笑，他好奇追問，才了解老師的幽默。之後有一天，這位父親在參加團體時，就分享自己的一個經驗。他說這一天兒子跟老婆又意見不合了，以往他是叫兒子回自己房間去，然後在客廳裡企圖安撫老婆，但是這一次他有不同的作法。他攬著老婆的肩往房間走，在走的同時，他的手就在妻子背後做了「二裂」的手勢，等過了十幾分鐘，他從房間出來時，很訝異地發現兒子還在客廳原地不動，兒子好奇地問他怎麼知道那個手勢，他提及自己參加團體的情況，這也是多年來，他第一次跟兒子有正式的對話。

故事二

有位三年級的小男生因爲打同學，被轉介到我面前。我問他怎麼會來見我？他很誠實說是因爲跟人打架，詢問他打架的理由，他說對方罵他。

「他罵你什麼？」我問。

「說我故意的，故意把同學的東西弄倒。」

「他罵得對不對？」我再問。

「當然不對！我又不是故意的！」小男生開始有情緒。

「所以他罵錯了？」

他點頭。我接著問：「他罵錯了是他不對，你幹嘛生氣？」

小男生愣了一下，我於是告訴他，我小時候別人罵我「三八」的故事，我的反應跟他一樣很生氣，但是我爸爸問我：「妳三八嗎？」

「當然沒有！」我回道。

「那就是他亂罵、罵錯了，妳幹嘛生氣？」爸爸解釋說，我就懂了——不要對號入座。

我跟小男生分享這個故事，他在我離開那個學校的義工工作時，寫給我一張卡片，還特別提到這件事：「謝謝老師讓我知道不要隨便生氣」。

看到故事一的父親，不免讓人想到一般家庭的互動模式——一旦固定下來，就很難改變這個習慣，而當作父親的願意做一些小小的改變，就無形中撼動了原本的溝通模式，也引發其他家人相對的改變，這就是家庭治療裡面的「家庭為一系統」、「牽一髮而動全身」或「小改變造成大改變」的典型案例。故事二的小男生還在發展自己的情緒管理能力，容易受到他人無聊的挑釁而發怒，其實對方就是要他發怒，他正好咬中了對方刻意投出的魚餌！我記得以前讀過蔣經國先生的一個故事。有一次蔣經國先生的老師吳稚暉到家裡拜訪，家人說他今天在校受氣、不吃晚餐，一個人待在房間裡。老師就起身去看他，詢問今天發生了什麼事？經國先生說，今天跟同學打架打輸了，吳稚暉先生道：「那下一次你一定會再輸給他！」經國先生好奇問原因，吳先生說：「他就是要你氣得吃不下飯、沒有體力，當然下一次還會打贏你！」經國先生馬上跑下去吃晚餐，而且還吃得特別多！孩子是聽得懂道理的，只要合乎邏輯與了解孩子的動機，就不難讓他／她理解，也學會人間世事的道理。

與孩子互動不一定要嚴肅、一板一眼，青春期以前的孩子喜歡好玩又有趣的互動，成年之後也是如此，因此若是要提到嚴肅的議題，態度也要「友善而堅定」，不需要板著一張臉，只要正確傳達、切實執行就可以。

八、收放之間都是父母

故事一

我國中時期，身體才慢慢發育。有一天，我在房間換衣服，剛好父親經過，就順手將我的房門關上。後來他才找時間告訴我：換衣服是很隱私的事情，要把房門關上較爲妥當。

故事二

有位女兒唸國中的家長，常常偷拆女兒收到的信件，因爲他想知道女兒到底有哪些朋友？他認爲自己技術佳、小心翼翼地用拆信刀拆開，看完再黏回去，應該天衣無縫，但還是被孩子發現了，女兒直接質問他：「你爲什麼拆我的信？」父親支吾其詞、說不出個理由，後來惱羞成怒道：「我是妳爸爸，爲什麼不能拆信？」父女倆因此冷戰了一個月。

故事三

我在美國時的女房東，有一回告訴我有關她兒子的故事。她說兒子唸大一時，有一次趁著父母親去外地旅遊的機會，將女友帶回家來，而且使用了雙親的主臥室——因爲她發現床有被動過的痕跡，後來與兒子確認之後，就叫兒子到學校附近去租屋居住，給予孩子與自己適當的隱私權。

故事一提到父親清楚隱私權與人際界限，以實際的行爲告訴我；故事二的父親雖然擔心孩子的交遊情況，但也讓女兒失去對他的信任；故事三的房東太太要孩子清楚家庭規則，也知道孩子的確需要隱私權，所以做了這樣的決定。

家長想保護孩子，讓孩子在自己的護翼下健康成長，當然無可厚非，但即使家長再長壽，也只能陪孩子一段。孩子有自己的人生要走，家長最好能夠讓孩子具備生存與生活的能力，而不是一味呵護與保衛，這樣孩子無法養成需要的能力，未來又如何自立營生？因此一般說來，要讓家長收手、控制很容易，但是要放手，讓孩子去冒險、嘗試新奇事物，甚至是放開手，讓他們振翅高飛，就有難度。父母親會擔心孩子不在自己眼底下，總是會有許多的憂心或焦慮，而且總是往壞的方向想，倘若自己無法及時救援或阻止，而讓孩子受了傷，就會自責不已！然而事實是：不管家長如何掌控，孩子還是要走自己的路。

孩子有自己的獨立思考、做決定是好事，家長若擔心，可以站在諮詢與顧問的立場，倘若與孩子自幼時就保持溝通管道的暢通，其實孩子在必要時是願意求助的，當然另一方面，孩子也希望有空間可以證明自己給家長看。有位旅居加拿大的華裔母親，在兒子十八歲生日時，特別帶孩子去藥妝店買保險套，兒子覺得尷尬，但是母親卻說：「現在你已經是成人了，許多事情要自己負責。我不希望有一天你回到家來，告訴我一個好消息跟一個壞消息。」兒子好奇問道：「什麼好消息啊？」母親說：「好消息是恭喜我做阿嬤了！壞消息是女朋友有了！」兒子噗哧一笑，終於了解母親的苦心。這位母親就是知道自己該放手了，孩子需要自己承擔許多責任！

太早放手，會無法保護孩子，但是太晚放手，也會影響孩子獨立學習與冒險的機會。將孩子保護得太好，孩子無能力獨立生活，不管孩子、讓他們愛做什麼就做什麼，萬一出現問題，也沒有盡到身爲家長的責任。父母親將孩子從小拉拔長大，在這個過程中，也培養孩子爲人處世的品行和獨立生活的能力，等到該放手、讓孩子高飛時，也要懸著一顆心、狠下來，讓孩子去發展自己的人生！收手放手不容易，許多的家長都慢慢有了這些智慧！

研究小百科

不同性別的大腦發展也有不同。像在視網膜結構上，男性的視網膜比女性要厚，因此女性在選用色彩時，會較喜愛紅、橙、黃、綠，男性則是較喜歡灰、黑、藍，而男性會較擅長「動作」畫，女性則是「靜態」畫（洪蘭，2009c，pp.206-207）。

第七章

生命教育從家庭開始

我國倡導生命教育已有二十多年，學校的生命教育所欲回應的是人生三大問題：人爲何而活？應如何生活？又如何能活出應活出的生命（孫效智，2009）？這三個問題就是有關人類生命之意義，人應該如何過生活、過想要過的生活，以及生命的意義與目標爲何？因此如何在日常生活中，每天過得認眞而少後悔（活在當下）、創造自身的生命意義、了解生死關係、失落經驗與悲傷，以及靈性經驗或體悟，也都是生命教育的內涵。靈性不是晦澀難懂或打高空的觀念，誠如謝錦桂毓（2010，p.11）所言：「靈性……簡單說，就是與意義打交道的能力。」而針對生命意義，謝錦桂毓（2010，p.34）也提到：「一個對自己的生命意義無知、麻木的人，怎會對自己有熱情？怎會對他人有同情？怎會對社會有責任心呢？」這一句話也道盡了親職教育影響的重要性。如何讓孩子明白活著的重大意義？除了實踐自我夢想（小我）的同時，也對大社會與人類（大我）有貢獻。家長若從社會新聞或自身經驗開始，輔以適當的閱讀材料，也都可以先替孩子打預防針，同時增加其因應挑戰的自我強度，而家長本身的繼續增能，也會讓孩子有不落後的新近資訊與知識、培養更開放寬容的態度和思考。

家庭是一切教育的開始，生命教育當然也不例外！

一、生命教育從日常生活做起

故事一

一位旅居美國的母親，分享下面的故事。有一天，上幼兒園的女兒回來，興高采烈地與她分享今天學校發生的事，女兒說今天自己擔任牧師，母親就很好奇追問細節。原來今天有小朋友在花園裡看見一隻死亡的麻雀，於是幼兒園的老師們就說要爲小鳥舉行葬禮，開始爲小朋友分配工作，有人負責製作墓碑、棺木、埋葬地點、鮮花等，女兒則是負責主持葬禮的牧師，需要爲過世的小鳥準備悼念詞。「這是美國的生命教育！我原以爲幼兒園小朋友還小，應該不需要特別針對這個做教育，但是這樣的機會教育眞是難得，也讓我眼界大開！」

故事二

一位三十七歲、有一對子女的父親，有一次才突然意會到爲什麼自己在管教孩子的時候，右手會不由自主地舉起來，原來他是仿效自己父親的行爲。因爲自己小時候經常受到父親的體罰，拳打腳踢是日常，當時他恨透了父親這樣的管教方式，沒想到自己當父親之後，發現孩子的表現不如自己預期時，竟然也如法炮製了這樣的行爲！幸好他有覺察到自己的行爲，至少沒有直接下手，而是看見了行爲的可能後果，這樣的覺察其實就是改變的第一步。

故事三

一位小二男生因爲雙親離異、母親另組家庭，自己與父親同住，但父親又在外地工作，因此就給祖母帶。但是祖母與叔叔因爲開神壇、忙於宮廟之事，也無法妥善照顧孫子，小男生就經常流連於附近宮廟，還學會了跳八家將。小二男生的氣質很像成人，有一點流氣，也經常欺負同學，但是當學校得知他父親癌末，可能不久於世的消息時，輔導老師就介入，協助其先做好喪親的準備。在得知父親過世的消息後，小男生「正常」了好一陣子，也不鬧事，也不欺負同學了（這是他哀悼的方式），老師們都覺得不對勁！但是過了這段時間，小男生又故態復萌，老師們竟然鬆了一口氣！

故事一的母親願意聆聽孩子敘述學校發生的事，也看見了不同文化對於教育的創新與運用。一隻麻雀的死亡或許不是什麼了不起的事，但是幼兒園的老師卻好好把握了這個機會，不僅削減了孩子對於死亡的無畏恐懼，還把麻雀死亡當成一個很好的建設性教材，讓全體學生都可以參與麻雀的葬禮，紀念一個生命的逝去，並且讓孩子學習如何因應這樣的突發事件。

故事二的父親覺察到自己的行爲，也找到了行爲的可能根源，於是企圖改變，這是很勇敢的行爲。許多的家長在眞正擔任親職工作之前，基本上沒有正式的親職教育的訓練與養成，絕大多數是沿襲自己原生家庭父母親的家庭教育，儘管自己小時候非常反對父母親的管教方式，但是因爲沒有其他榜樣可資效法，於是乎就便宜行事、直接沿用。《曠野的聲音》這本書裡提到一句話——「父母親是給我們學習的」，作爲自己「立即家庭（immediate family）」的父母親，除了可以使用原生家庭的親職作法之外，很重要的是經過反思與反省，將作法作一些改善或去除，累積更有效、且符合孩子個性與發展階段的教養方式。希臘哲學家蘇格拉底曾經說過：「沒有反省的人生不值得活。」（The unexamined life is not worth living.）我們人類的進步也是如此，需要檢視過往，留下精粹並改善不良。故事三的小男孩，平素在家附近宮廟流連，學會了一些成人的習慣，但是當他失去父親的時候，也會有悲傷哀悼的階段，只是幼小的他不知道如何表達，他的「違反日常」的行爲，反而讓老師們擔心！

父母親給予孩子生命就是最棒的禮物與恩賜，然而如何讓孩子這一生過得像自己、有其意義與使命，也是家長可以著力之處。家長往往會讓孩子知道身體健康很重要，或是未來的工作很重要，但是進一步要讓孩子如何過自己想要的人生，卻不一定知道如何進行？讓孩子注意安全、愛惜生命（包括愛護動物或環境），也都是家長們將生命教育一點一滴灌注於生活當中的努力。生命即是每日生活的累積，因此所謂的生命教育含括甚廣，而也需要顧及深度，許多的事例與現象不要僅止於一些膚淺的討論，看可以深入到哪裡？這當然也得視家長的時間與孩子可以理解的能力而定。簡單的「與人相處」可以涉及如何傾聽、同理與溝通，也可以進一步延伸到「做自己」及「與人爲善」兩者的平衡，還可以提及可能有的霸凌（包括自我保護及伸張正義），然後探討人與人之間權力議題可能造成的影響。「活著」就是一個很棒的禮物，也只有在我們呼吸之間，才有能力去探討、了解生命，並展現其姿彩、實現任務。

媒體若有道路暴力發生（現在流行「球棒隊」），可以談到個人路權問題，還有情緒管理與後果，甚至是保護自己的方法；情緒與生命體驗有關，情緒的功能有哪些？情緒對於生命體驗的意義爲何？如果人只有快樂一種情緒，是不是就少了許多樂趣與比較？到底碰到道路暴力，該不該挺身而出、維護正義公理？也需要酌情衡量，並運用最恰當的方式（如報警、拍攝或先離開現場）來處理，不要暴虎馮河、賠上自己與他人安全！這些也都是可以討論的重點。

孩子認爲自己此次段考不理想，與他／她一起看看讓他／她不滿意之處在哪裡？如果孩子一直很優秀，不妨與他／她談談自己的壓力與其影響，其他同學的想法又如何？雖然有自己的期待和目標是不錯的，但是偶而讓自己輕鬆一下也是應該的。要將自己的重點放在「過程」上，而不是只有結果（不要以成敗論英雄），孩子在整個學習過程中所體驗的，包括從生疏到熟練、認識新朋友或知道新觀念、用不同的學習方式（如手作或是創作、歌唱）等等。如果孩子的成績不理想，也志不在學術，可以與孩子談談喜歡做的事及未來規劃，強調每個人都可以對自己跟社會有交代與貢獻。

故事一

一位女性家長在中年過後才生了女兒，因此對這一位么女特別寵愛。當女兒進入國中的新學習階段時，每天要上學前，都會有拒絕的情況，甚至爆哭，她說是因爲自己認識的同學唸了其他學校，她希望可以轉學就好。因此只要孩子有情緒，家長都順了孩子的意，不讓孩子上學，倘若孩子想要睡晚一點，母親也會拉著孩子「闖關」進入校門，不讓糾察隊記名字，有一回還直接與訓育組長對嗆，母親強調：「你們應該鼓勵孩子來上學，而不是記她遲到！」結果孩子才上國一，就有兩百多節缺曠課，請家長來爲孩子請假，但是家長不願意，甚至將通知書直接扔進垃圾桶。

學校輔導老師終於逮到機會，在一次家長試圖闖關時，邀請家長商談。家長先是針對目前教育制度百般批判外，同時自豪道：「我的女兒會上大學，因爲她的英數都有補習。」家長認爲來學校所學的跟補習班差不多。既然如此，輔導老師提出「在家教育」

（home schooling，家長在家自己教孩子）的想法，家長拒絕，說太麻煩，於是輔導老師提及孩子在學校可以學習的，遠多於知識上的學習，還有更多，許多孩子也因爲可以與朋友一起學習及玩耍，而到學校來。家長不願意繼續對談，認爲自己所做的，是對孩子最好的。

故事二

一位母親前來求助，因爲她發現獨子進入私立學校就讀之後，由於周遭都是家境富裕的孩子，兒子在課業上無法勝出的情況下，就以汰換手機來取得同學的認同，因爲新手機會增加許多功能，他可藉此炫耀。但是這位母親認爲不應該養成孩子這樣的價值觀與虛榮心，因此後來就不讓孩子太常更換手機；但是有一天竟然發現兒子用她的身分證上網買手機，加上丈夫與自己的教養觀念不同（丈夫認爲孩子想做什麼就讓他去做），因此極爲苦惱。這位母親提到孩子常常爲了得到自己想要的，不是不吃飯、不上補習班，要不然就不去睡覺，用這樣的方式來要脅雙親，他們最後都不得不就範。

故事三

許多女性家長來抱怨，都認爲自己重要的話說過許多遍，但是孩子或丈夫都不聽，讓自己很累！母親是女性，常常被視爲「照顧者」或「收拾善後者」，凡是家人需要的物品，都直接向母親要，好像母親是一個百寶箱。當然這也有社會對於女性及母親的期待，只是若有眞正重要的吩咐或提醒，不要隨時「重播」，而是用「行動」來說話，因爲說多了反而不受重視！

二、家長的身教是首要影響與示範

故事一的家長認爲學校教育只是知識的學習，而忽略了生命中重要的學習都在學校場域發生，即便輔導老師勸說，仍堅持己見。故事二提到孩子以手機的更新汰換來獲取注意力與同儕喜愛，事實上都是走偏了，然而愛子之心勝於一切，家長不願意嘗試新的作法，也只好任由孩子繼續勒索。故事三提到許多家長對於孩子「不聽話」很介意，卻無法拿出有效的方法，往往孩子呈現的就是「媽媽聾」（mother deaf），將家長的囑咐當馬耳東風，除非家長釐清何者重要，願意尋思及操作不同的解決方式，要不然全家人可能就繼續在不喜歡的習慣裡生活。

家長在面對生命中的挑戰與困頓時的因應方式和態度，往往影響最深，也是教給孩子最重要的生命功課。儘管人生不如意事十常八九，但是人生就是解決問題的過程，家長在面對與原生家庭、人際關係、工作生涯，或自然、人爲災害時，展現的能力與韌力，往往就是孩子效法的楷模和榜樣！家長有時候不一定會對孩子解釋自己之所以如此作爲或行動的原因，此時就須要衡量孩子的發展階段與特色，用孩子可以理解的方式做適當的說明，同時也讓孩子有機會表達自己的意見。

當然，家長對於周遭世界保持好奇，也願意引領孩子去探索未知，讓孩子增加經驗與體驗、適度嘗試成功和失敗，養成孩子不同能力及願意試驗的勇氣。有人說父親是「帶孩子去看世界」的人，母親與父親的功能互補居多，父親是踩油門，而母親就是剎車，父親是激發孩子情緒、母親則是安撫，然而母親也不需要侷限於傳統性別的約束與職守，畢竟親職教育是仰賴家長雙方彼此的合作及互補，因此在功能的運作與發揮上，也著重在適當和適時。目下許多親職現況，依然以性別來做分工（如男主外、女主內，或是父嚴母慈，女性依然承擔絕大部分的親職教養責任），傳遞給下一代的，也不是合乎實際跟現況的性別楷模，造成多數孩子與父親關係較疏遠，與母親關係緊密。家長們對於下一代的教養目標，最好能夠事先商議、取得一致，固然家長還是得要慢慢從做中學，但是彼此的配合也是子女們的學習典範。

三、善用身邊的許多實例

生命教育不僅是讓我們學習要好好過生活，也要知道生命有限、應該對應的態度。我們生活周遭，無時無刻都有一些生命在誕生與殞落，像是四季的變化、商店的開閉、一天的開始與結束等等，我們要以怎樣的態度或眼光來看這些事件？除了欣賞、承認，還有呢？有沒有衍生出其他更深刻的想法或感受？我記得祖父在我考上女中時，把我叫到面前，然後從胸前口袋中拿出一隻女用手錶、作爲我的獎勵，當時他說：「人走、錶就走，人不走、錶就停了。」這是我第一個接觸的生死教育。當下我的想法是：生命就是要及時、活在當下！美學大師朱光潛先生也說過：「慢慢走啊！欣賞！」就是提醒我們，不要只悶頭做事或滑手機，而是願意花時間留意一下周遭世界，這是我們所生活的世界啊！讓孩子可以去體驗生活、欣賞生活、珍惜生活與人事物，並從中學習一些生活或生命的道理，讓自己更了解人性、與人爲善，並珍惜活著的時間，創造自己想要的生命意義與使命！

儘管每一天的生活似乎很固定，但是總會有一些不同或省思。家長可以善用與孩子一起的時間，不管是與孩子在同一空間相處、活動或是談話，也都是最佳的教育時機。了解孩子的社交族群、喜愛的網路活動或遊戲、當天學校或生活中發生的事件，可以被動、也可以主動，但是若是家長主動，千萬不要淪爲說教，或是老調重彈，這樣孩子就會覺得只要跟你／妳說話，就是無趣、不想聽下去或是裝聾作啞，間接地也影響了彼此的溝通與關係。家長可以注意幾項原則：1.先聽他／她說、不要打斷孩子說話，也要注意自己姿勢或臉部表情傳遞的訊息；2.要站在孩子的立場，去思考與同理他／她的感受；3.也說出自己的意見與背後之思考脈絡，目的是讓孩子可以了解，而不是說服或威逼；4.保持彈性與幽默，也欣賞孩子不同的觀點與價值。孩子有時候在生活中遭遇困挫，會責怪他人或自己，家長在了解孩子所經歷事件的前後脈絡之後，協助他們看見責怪他人的優劣點（如心情會輕鬆一些、自己沒有責任、他人也要有機會改正）與可以思考的點（如怪罪他人可以減輕自己的責任嗎？問題獲得解決了嗎？），看見自己的優劣點（如願意承擔責任、也給自己下次做得更好的機會）與可以思考的點（如責怪之後要做什麼？反省可以協助自己未來更有解決方式嗎？）。

四、適時提供自己的經歷，但不強求

家長們也喜歡講到自己的故事，這當然是不錯的經驗分享，不過也要顧及時代與環境不同，許多價值觀也有了改變，孩子不一定感同身受或是舉一反三，有些甚至不買帳，因此家長們不妨先了解孩子的感受與想法，然後適時提供可參考的意見，有時家長並不一定能提供有效方法或建議，就站在同理的立場，善盡陪伴之責即可。

每個人都有自己獨特的故事。家長陪伴孩子的同時，也與孩子共創未來的回憶。每一天看到孩子成長就是最棒的！孩子最珍惜的不一定是最重要或値得紀念的日子（如生日），而是與家長相處的點點滴滴。與孩子討論、了解孩子的想法同時，也去理解孩子的情緒，不要只是爲了傳達自己的想法而佯裝在聽，孩子很容易察覺到，因此下一次家長眞正要與孩子交心，可能就不容易！雖然家長成長的年代與孩子有一段差距，但是有時候在適當時機、分享自己的成長經驗很重要，除了從故事中可以讓孩子看見家長的模樣與堅持，也可以傳承一些重要價値觀。我記得每每讓學生去訪問家長的成長史，他們都認爲獲益最多，也更了解家長的苦心！孩子當然也喜歡聽家長說自己的故事，孩子從出生到成長，總有許多故事讓家長印象深刻，父母親願意將自己印象中的孩子故事做分享，孩子可以看見家長對他們的愛，也增進了親子關係。

聽到孩子說：「沒有人喜歡我！」家長心裡也一定不好受！請孩子說出發生的事件，列出他／她認爲有哪些人不喜歡他／她？（而不是一語概括了所有人），是不是因爲被喜歡的人拒絕或不喜歡他／她？讓他／她覺得沮喪、失望或難過？有時候也可以很誇張地回應：「唉呦！我這麼棒的孩子有人不喜歡，眞是可惜了！他們有眼無珠！」或是「我好喜歡你／妳！怎麼別人沒看到你／妳的可愛？」或「那個人的眼睛好嗎？有沒有近視或障礙？怎麼看不到你／妳的好？」每個孩子的個性不同，要採用的反應方式也不同，曾有一位家長聽到孩子說同樣的話，就分享自己以前也有過同樣的經驗，接著她用手臂環抱孩子，跟孩子坐在一起一陣子；後來孩子竟然問她：「那妳是怎麼做的？」「如果是我也喜歡的人，我會跟她解釋，但是如果是我不喜歡的人，她不一定會聽我的解釋，我也不在乎！」孩子願意聽聽母親的過往經驗，也增加了一些因應的方式。許多孩子其實也擔心自己的人際受損，但都是「非黑即白」的思考（如「若有一個人不喜歡我，其他人也會如此」或是「以一個人的喜歡與否爲唯一標準」）較多，家長需要進一步釐清與解釋。家長不要總是以「我這是爲你／妳好」爲理由，率先爲孩子做決定，倘若都是以這樣的方式進行，孩子就學不會做決定的能力；但是家長一方面又會怨懟孩子無法自決自立，這樣的家庭關係必然會有許多矛盾與衝突，讓每個生活在其中的人都無法快樂。

不管是從日常生活、新聞媒體、特殊或突發事件著手，都可以與孩子討論、了解孩子的想法，而不是以自己的意見開始，因爲孩子懾於父母威嚴，可能無法暢快表達自己的想法，倒不如先聽聽孩子怎麼說。帶孩子去參與義工活動，也是很好的開始。讓孩子開始貢獻自己的能力、服務人群，同時也讓他們可以眞實體驗生活與在其中生活的人們，對於人情世故及人性的悲憫，都會有很多的學習。許多孩子與家長一起去淨灘或是養成隨手做環保的習慣，就可以更理解環保的理念、培養環保意識，以及自己身爲人類可以造成改變的力量。也因爲可以與不同的人（包括年長者、身心障礙者、不同社經階級者等）接觸，拓展自己的人際智慧與人脈，同時養成寬容接納的心胸。

故事一

認知心理學家洪蘭（2009b）曾經在《順理成章》一書中提過兩個故事，讓我印象深刻。其一是孩子出去玩，爲什麼要穿戴整齊？難道是要孩子不可以弄髒衣服、不能好好玩嗎？其二是好學生表現好不受到嘉獎，但是偏差行爲的學生只要不出現負面行爲就會獲得獎勵，到底是鼓勵了什麼樣的行爲？這兩個發現值得我們深思。

故事二

有位朋友參加一位舊識父親的葬禮，因爲情況很特殊，就分享了心得。他說到達喪禮現場，全然沒有悲傷氣氛，因爲播放的音樂很陽光、歡樂，現場布置也是多姿多采、光鮮亮麗，原來舊識的父親生前很幽默、開朗，也吩咐子女在他百日之後的喪禮上，如法炮製。子女遵循父囑，舉辦了一個別開生面的歡樂送別派對！

故事三

小四的小育，從一年級開始就已經搬家五次，每每到新學校，都是以打人出名，校方也沒有刻意去了解與處理這個問題，全歸因爲學生自己的問題。後來轉到某校，輔導主任請校長將小育放在一位教學五年、對孩子容忍度較大的導師班上，導師詢問主任該如何對待小育？主任說：「愛他，就夠了！」學期過了兩個多月，小育打人的情況已經減少到幾乎沒有，也常常到輔導室來跟主任聊聊、抱抱，但是近期末，他告訴主任，他又要搬家了。

五、失落經驗

成長或是生命過程，總是不斷地失去與獲得。有新朋友的同時，可能要與舊友分手；獲得成熟的同時，失去了童真；上新的年級，也要與過去年級或師友告別等等。日常生活中不免有失落或失去的經驗，小至遺失物品，到搬家、轉學、寵物走失，大至寵物或親人死亡，家長自身的面對態度與行為，都會影響孩子對於失落經驗的處理。許多家長也許因為自身工作或個別因素，需要舉家搬遷，孩子也因此必須要轉學或更換就讀學校，這些變動對孩子來說，都是很大的衝擊，因為失去舊有熟悉環境與人事物，此外還要適應新的環境與人事。曾經有研究生因為頻頻搬家而不敢交朋友，因為知道友誼不能長久，後來甚至因為孤單而情緒冷漠、有抑鬱傾向。

家長因為年長之故，較容易接觸到失落經驗，尤其是親人的離世，有時候因為自己還在傷慟之中，無暇顧及孩子的感受，然而這正是一個絕佳的機會，讓孩子了解失落是人生常事，但是我們可以如何去面對，是家長可以給孩子最重要的禮物。平常若是有街坊鄰居辦理喪事，也不要避諱，不要刻意繞道，也不要經過時口唸咒語。若是孩子與這位過世之人有過接觸，也不妨徵求孩子的意見，要不要去祭拜或表示一下心意？尊重孩子的想法與作法，若孩子詢及死亡是怎麼一回事？也可以詢問孩子想要知道的是什麼？誠實並以其可以理解的語言說明。

家長也不要小覷孩子的小小失落經驗，或許在成人眼裡認為這微不足道，對年幼孩子來說，卻是重大失去！孩子對於失落有不同的表現方式，有些也不一定會表現出來，因此不一定要強迫孩子哭出來。曾經有一位母親，因為自己父親過世，卻在喪禮上沒有看到孩子哭泣，還大罵孩子「沒有良心」、「外公之前對你多好」之類的話，讓孩子認為自己被誤解，也無法與母親溝通！

六、美與欣賞

故事一

小明問媽媽，他是從哪裡來的？媽媽先是尷尬了一下，接著就敘述如何與爸爸相遇、然後相愛，最後生下小明。小明聽完之後，納悶道：「可是隔壁的小華說，他從新竹來！」

故事二

我有一年帶小外甥女到淡水海邊散步，正好看見夕陽西下，於是就與外甥女暫停一下，看夕陽緩緩滑落，然後我說：「這麼美的夕陽！免費！」隔幾週，我們又來到淡水海邊，也正值傍晚時分，外甥女指著漸落的夕陽直接道：「好漂亮的夕陽！免費！」周遭的遊客聽到的，都笑了！

故事一是成人與孩子的思考不同，故事二是提及美麗信手拈來。從不同的觀點看事物，可以看見希望與可能性。從小讓孩子培養美與欣賞的能力，可以充實生命內涵，也讓生活更美麗！生命總是有一些美麗與失落，但是大自然與人，甚至是人爲的許多創作（包括藝術、舞蹈、體育、戲劇、文學、歌曲或樂曲等），都可以是美的表達與呈現。能欣賞美的人事物（包括人與人的互動），會感受到人的無限潛能、人性的善良與美麗，甚至可以轉換心情，讓自己看見生命亮點！

家長的親職教育不僅是養成孩子的生活能力，欣賞美就是豐富生活的重要能力。雖然每個人對於美的定義或有不同，然而還是有共同的認可。我記得有一次在藝廊欣賞陶藝作品，當時藝廊裡有一位先生問我：「這件作品很棒吧？要不要帶回去？」我的想法是：欣賞不一定要擁有，可以讓更多人看見美好，豈不更棒？

第八章

如何讓孩子快樂學習

故事一

許多年前，我在一家書店碰到一位小學男生，他當時正在翻閱一本歷史書籍。因爲當時那家書店有童書部門，於是我告訴他，童書部門在另外一邊，但是他沒有聽進去，還是逗留在一般書籍區。於是我很好奇，開始與他對談，先從他手中所看的書開始，後來才知道這位小男生所閱讀過的書籍，已經遠遠超出同齡的孩子許多，他也喜歡看其他類型的書。問他之所以到書店的理由，他說因爲無聊，自己在家又沒有特別的事做，所以就來書店逛。老闆後來也加入說，這個孩子是書店的常客，尤其是週末假日時，他相信喜歡逛書店的孩子不會學壞。

故事二

我小時候家境貧窮，唯一可以閱讀的讀物是父親從辦公室拿回來的舊報紙，當時是用來包便當盒的，正好用餐時就可以讀報。我上國小三年級時，班導孫汝文老師，將他剪貼的國語日報交給我，要我每天帶回去閱讀，老爸有一天看到，就覺得不好意思麻煩老師，所以就說自己要給我訂報紙。但是一個月十二元的報費，對父親來說，還是不小的負擔；訂完兩個月後，就沒有持續訂閱，而我就養成了讀舊報紙或剪貼簿的習慣。往往老師會送我參考書，當時的參考書內，都有許多閱讀小故事，我都會仔細閱讀；後來老師鼓勵我參加國語日報的「每月徵文」比賽，若得到佳作，至少都會有三本贈書。我就是這樣養成了投稿的習慣。

故事三

一位家長有很高的學歷，但是卻在教導自己孩子課業時，碰到極大的困擾。她說是不是自己的孩子太笨了，怎麼都教不會？我告訴她一位學生的故事。這位男老師擔任中年級導師，有一回教學生分數的問題整整一堂課，但是學生似懂非懂，讓他挫敗感很大！正好下課前，校長找他，他就吩咐班長管理秩序；再回到教室時，發現同學幾乎都懂了他之前要教的觀念，因爲班長用自己的話解釋，同學就都懂了！家長終於了解：或許自己的家長位置，對孩子有不同的期許，所以孩子在雙重壓力下，焦慮勝過了理解，於是她先讓孩子說明對題目的了解，接著配合孩子可以理解的語言做說明，孩子就懂了！

故事一的小男生，常常因爲年紀而被定義要找的書籍或閱覽的區域（我也犯了這個錯誤），但是也有超齡的孩子，自己會選書來看；小男生自己一個人前來看書，彷彿是老顧客，書店主人也不會攔他，他可以在小小一方書店裡，找到自己的安身之處。我在生活中，也偶而會碰到孤單的孩子，但是他們學會與書爲伍，所以並不孤單；我自己在生活中，也常常躲到書的世界裡去安頓自己，不僅可以圖得短暫的清靜，還可以交到許多朋友（書）。故事二是我自身的故事，當時老師們除了作文比賽之外，也要我參加書法與繪畫比賽，但是書法要有好毛筆與墨硯，繪畫要用昂貴的水彩，後來評估只有寫作投稿最不花錢，才得以持續至今。現在的實體書肆已經漸漸萎縮，但還是有許多愛書人，喜歡在紙頁中找到寧謐與驚奇，常看書的孩子，可以拓展自己視野、增進知識、增強語文能力，也可以將在書中所學運用到日常生活中與人交流，或養成說話的藝術及用詞遣字的能力。書可以做我們學識淵博、見聞廣而獨到的朋友，可以協助我們排遣時間與孤單，還可以因爲書而交到同好的朋友。故事三的家長正代表了許多家長教導孩子的困惑，孩子也怕辜負家長的期待，但是家長若狃於急效、忘記換位思考孩子的想法或擔憂，可能就會事倍功半，這也說明了學校教育的重要性——至少教師們經過系統的專業訓練，較清楚孩子的發展現況，可以調整教學方式，配合不同的學生做有效學習！

學習是孩子生命歷程中很重要的事項，如何讓孩子快樂學習，甚至養成終身的習慣，其實與家庭教育很有關係。父母親若可讓孩子養成閱讀與運動的習慣，孩子的人生其實就成就了一半，因爲閱讀可以讓孩子知道如何打發時間、學習到許多現實生活以外的知能，藉由書籍打開看世界的窗口、了解不同的生命經驗與學習，也可以讓孩子的創意得到開發、與同好者交朋友、培養良好品德，甚至增進口語及文字表達的能力；運動一樣可以讓孩子養成健康嗜好、維持身心健康、善用時間、訓練體能與技能、減少憂鬱症狀（可能提升腦內啡）、培養挫折忍受度與運動家精神，還對於大腦的開發（所謂的執行能力——在前額葉皮質，主導人類的認知控制、抗拒衝動、聚焦、連結並解決問題）（Goodwin, 2017/2017, p.226）有重大影響！

處於科技網路發達的現代孩子，面臨的學習課題更具挑戰性。首先，孩子們不太相信下苦功、練基本功，況且現在網路資訊爆炸，只要上網或鍵入（key in）就可以獲得許多資訊，不像以往要取得資訊，還需要去詢問他人，或上書店與圖書館慢慢查找；也因爲到處都有資訊，也容易取得，就更需要區辨資訊眞實性與可靠性的能力；其二，我們的文憑主義還是主流，即便是全球化的現在，人才在世界移動，識才且願意提供資源的公司或主管才留得住人才，孩子競爭的對象不是本國的人才而已，能力之外的能動力或兼才，也是成功要素！

我們通常所謂的學習常侷限於「認知」層面，然而學習的範疇甚廣，讓孩子上學，不是因爲課業上或認知上的學習，最重要的是與同儕之間的互動與人際學習，一來可以練習、應用與擴充從原生家庭帶來的學習（如人際、價值觀）；二來有歸屬感，且從與人互動交流中獲得樂趣和學習動力，以及與他人之間如何相處及合作。學習還會讓我們養成思考的習慣，所謂「學而不思則罔」指的就是這個，學習會讓我們進一步質疑已知道的，並探索其他未知的可能性，也會將相關資料做對照或比對。

一、讓孩子不孤單，有幾個有意義的人際關係

孩子來學校上學，最重要的是與同儕互動及玩樂，而一般人或孩子最大的學習也是從人際關係中習得的，在教學現場當然不例外！在學校，

不是學生在課堂上學習而已，也不是教師單向傳授知識，孩子是從師生互動與同儕交流中學習最多！大家共同討論、聽取他人不同意見或觀點、與他人合作也學會獨立作業、閱讀與觀摩他人的行為或作法、有成功與失敗體驗、學習接納不同個體，以及在生活中實驗與運用等等。我們曾經見過因為家長限制，而不能上線玩遊戲的孩子，到學校與同學沒有共同話題而成為孤鳥；也有孩子用贈送禮物及收買的方式，試圖結交朋友，卻無法討好所有人，反而遭受同儕的關係霸凌。雖然「與人為善」是不錯的目標，但是要孩子「討好所有人」卻是不正確的，學著去討好喜歡的人，但是對方願不願意伸出友善的手，則是對方的決定，這一點也提早讓孩子了解。周鼎文（2018，pp.200-201）提到教孩子如何交朋友的幾個步驟：首先，訓練孩子觀察、等待與判斷，看看這些人在做什麼？說什麼？然後決定要不要加入；第二，尋找友善、微笑的人，試著互動，因為有善意的人通常較有寬容度、比較不會拒絕他人；第三，讓孩子先想好如何接近某個想要接近的人，像是請求參與活動，或做自我介紹；第四，讓孩子學會自我覺察、去了解同儕如何看待他／她？與孩子談談感受與想法；第五，運用「角色扮演」方式，與孩子預演第一到第四的技巧，並給予孩子正向回饋。

二、生活能力先於一切

故事一

我在美國進修時，曾經在諮商實習機構碰到一位雙主修的聰慧大三男生，他是因為女友是已婚身分而來求助。我當時協助他探索情緒都不得其果，於是改採其他方式。正好我自臺灣帶來薩克斯風手Kenny Gee演奏的「雨夜花」，於是我給他一卷錄音帶，讓他帶回去聽，然後把感受帶來。結果他次週來告訴我，他只聽到「指法」，因為他會吹薩克斯風。最後，我只好改弦更張，請他形容與女友目前的處境像什麼（譬喻法）？才可以了解他的心境。

故事二

日本小學校長會在朝會時，示範拖把如何拖地的方式，日本人的教育重視實務與身教，可見一斑。日本從生活教育開始，讓孩子學習打理生活的必要技能，孩子自然學會生活能力與紀律、有基本的獨立條件。

認識的一位家長要兒子跟著學煮菜，因爲孩子總要能夠有自主生活的能力，要不然若在外地求學或任職，只能當「老外」（三餐老是在外），在營養攝取與健康上，還是令人憂慮！

故事三

大妹要升高中時，父親聽了導師的話，要她選擇職業學校就讀，但是她天生反骨，認爲上頭的兄姊都唸了普通高中、考大學，她也想要如此，父親無法阻攔，只好由她。小妹從小就較順服長輩意見，因此父親要她去唸職業學校，她也就去了。然而高三時，她希望自己可以承襲兄姊之志，去大學開開眼界，於是徵得我的同意，獲得我的支持，參加補習半年，考上了自己想唸的科系。

故事一提到孩子的學習不應該是成爲「匠工」，而是能夠從中獲得知能之外，還有豐富生活及其內涵的功能，要不然像故事一的當事人忘了去欣賞音樂，而只聽見「指法」，少了太多的趣味與美的樂趣，生活自然也少了許多姿彩。故事二是指生活教育的重要性，孩子不是生活在溫室內，總有一天要獨立過生活；許多家長只著重於孩子在書本上的認知知識，卻忘了知識仍然需要與實務相連結的運用，才是眞知識、活知識，要不然培育孩子只會唸書，卻無生活能力，充其量只是「兩腳書櫥」而已，無法在現實生活與社會上立足！故事三提到家長對孩子未來學習與生涯的影響力，若是沒有注意到孩子想要什麼，完全以師長之意爲主，可能就耽誤了孩子。

許多年前，我擔任大一導師，班上一位男同學跟我說，他「有進無出」，身體常不舒服。我先讓他去看家醫科，然後問他三餐吃飯有蔬菜嗎？他說學校餐廳的東西，他往往不知如何挑選；我接著問：「水果可以在附近商家買，可知道？」他說在家吃水果，都是切好適當的尺寸，上面還附有牙籤，他對於水果很不熟悉，當時我眞的有點驚嚇到，於是建議他無課時，到學校附近逛逛，看看有哪些商店提供很好的生活機能與服務，不要老是在便利商店購物而已！

學生進入大學過集體生活，許多以往的生活習慣都會開始出現，倘若無法與他人和平共處，往往是學校適應不良的開始！有家長希望孩子初入大學，就在外賃屋居住，有時候反而少了團體生活的歷練，不知如何妥協或與人互動，對未來的生活也可能因此添加挑戰或阻礙！生活習慣往往就是家庭教育的展現，也可看出自律的修養與品格。

孩子學會做家事，至少可以訓練自己管理生活的能力，況且家事是「大家的事」，不因角色或性別而有差別分工，做家事可訓練生活自理能力，也可增進家人之間的關係。做家事可以管理自己的生活，知道如何打掃清潔、維護整齊，也養成勤勉、願意活動、付出勞力的甜美。有時候改變一下家具的擺放，也可以轉換心情、有成就感，同時欣賞自己的創意！

三、了解孩子與其興趣，並做適當探索

家長通常會知道孩子喜歡吃什麼，或是喜愛的物品爲何，也可能知道孩子的長處／優勢與個性，但是卻不一定了解孩子喜愛的科目、活動、老師或是生涯方向。了解孩子的興趣與能力，也是讓彼此關係可以更親密的重要關鍵，興趣與能力都可以培養，其攸關之處就在於如何給予支持及協助。孩子對於事物有好奇、有興趣，才會有學習的動機，也才會主動去汲取相關知能或練習能力，也才會持之不輟、成爲終身學習的習慣！當然在學習的過程中，不免或有困難或氣沮的時候，若要孩子持續學習，就要給予適當成功機會，孩子看見學習或練習有成果，自然更有自信繼續下去！

許多家長喜歡讓孩子去學才藝（如音樂、繪畫）或是運動技能（如柔

道或球類運動）。學習才藝可以讓孩子長自信，因爲許多才藝都是慢慢累積經驗與智慧，然後熟成生巧；在學習過程中，不免會遭遇到挑戰或進度不如預期，但也可以培養孩子忍受挫折、學習改進與謙虛的能力及態度；倘若有機會展演或表現，也讓他們體驗與檢驗學習成果。有些孩子可能對許多事物沒有太大的好奇心，因此不願意去探索，也有些孩子對許多事物都懷抱好奇，但沒有特別的喜好，這兩類型的孩子對於家長或師長可能都是挑戰，前者會讓師長覺得孩子不想要養成某些能力、貢獻社會，後者可能各項興趣都差不多，反而無法從中揀選可以努力的方向。

到底學習才藝或運動技能，是要讓家長主導或是孩子選擇？其實還是要看親子關係與孩子的意願，畢竟去參與活動或學習的是孩子，若孩子願意去嘗試，不妨就支持，倘若學習一段時間，孩子似乎沒有興致了，也較少投注心力在這門才藝的學習上，再與孩子商議後續的可能決定。有些家長會擔心若自己不讓孩子學習，可能日後會後悔（像是孩子會怪罪家長不讓他／她學），或許剛開始學習時，可能還不清楚該學什麼，或學了又如何？就可以由家長來決定；然而等到學習進入進階期或更深入時，可以與孩子一起商議，也讓孩子學習承擔起做決定的責任。學習才藝可以由家長決定或與孩子商議，當然若孩子參與，自己有決定權，接下來，他們願意努力及負責的成分會更多！學習才藝通常不只是一種技巧而已，而是還有更多（比如與同志趣的同儕互動、陶冶性情、增加生活樂趣或對事物的美感或感動）。

許多的學習或補習，需要財力的挹注，這也是家長的擔心之一，擔心所費不貲或是成果不如預期，站在家長的立場，通常都會竭盡心力或財力協助孩子。雖然我們會以「結果論」（如學得的技藝多少、成績如何、比賽成果等）來作爲評估指標之一，但是也不要忽略了過程中，孩子的努力與獲得（如與同儕一起玩耍的快樂、可以讓自己更有自信、得到老師或教練的認可等），再則，不是接送孩子去學習就好，往返途中可以多些親子互動，或是與孩子討論學習中碰到的挑戰或是收獲。

此外，很重要的是，儘管家長們或許有自己未竟的夢想，但是孩子不是父母親的延伸，因此家長不應該執著於自己沒有完成的夢想，或是逼迫孩子去完成自己的未竟事務，而是協助孩子去發展他們自己的生命與理想，「如果能夠支持孩子去達成他的人生使命，那眞的就是父母最大的成就了。」（周鼎文，2018，p.264）

孩子有不同的才能，家長的最佳功能就是發現並看見孩子的才能，且提供適當協助，讓其發光，發揮所長！我在國小中年級與高年級時，參加過不少書法、美術與作文比賽，書法需要一枝好毛筆與墨條、美術要使用水彩，都要另外花錢，但是當時家境太窮了，父母親無法讓我同時兼顧三者，最後我選擇了最不花錢的寫作，繼續努力。做家事難不倒我，但是手工藝，尤其是鉤織，我卻是十分笨拙，我很早就清楚自己不會的是什麼，也不會勉強自己，幸好我國高中都有好同學，看不下去我的成品，就會接手替我完成，我眞的很感謝他們！

故事一

有位我導師班的班代，因爲剛上大一，他自願擔任班長一職，我也很欣慰，畢竟大一同學們彼此都不熟悉，又有許多事情要做，因此我非常感謝他願意身先士卒。但是開學不久，同學常常無法找到他，我也不例外，因爲有時候有很多必要事務要交代，找不到班代會很不方便。我找過他幾次，他先是低頭鞠躬道歉、臉上充滿歉意，但是交代的事情還是沒有完成！連續幾次之後，我只好有事就連絡副班代。後來我碰到他、問他原因，他説自北部來，很不習慣屏東的酷熱，加上當時宿舍不是每間都有冷氣設備，所以他覺得適應不良，但是教官也告訴我，他每週一的軍訓課幾乎都缺席，週五的課，班上同學也找不到他！我約他細談，他沒有赴約，反而是跟母親去見了另一位老師，提到我對他要求太多。我後來建議他考回臺北學校，免去水土不服！

故事二

二十年前在臺鐵車上，前面間隔一段距離坐有一對母子，小孩子大概五歲左右，正是對世界充滿好奇的年紀。可能也是第一次搭車，他的問題也特別多。一路上，他先問：「爲什麼電線杆往後走？」「爲什麼田裡要有水？」身旁的母親都和顏悅色地回答，而且還有點高興孩子的聰慧。但是問了幾個問題之後，母親開始不耐煩，回答得就有點敷衍，孩子還察覺不到母親的情緒，繼續問下去，結果母親一偏頭，倚靠在窗上，用嚴厲的口吻叫孩子閉嘴、睡覺！

四、紀律是一切之先

故事一提到大一新生負笈外地卻嚴重適應不良，然而讓人不禁想問的是：他花了多少心力來適應新生活？感覺好像仍舊依戀故日的生活形態，不願意做改變。故事二提到如何扼殺孩子的好奇心，家長或許基於自己對於問題不能提供正確答案，而要孩子閉嘴，沒有想到後面可能的影響！

讓孩子學會一些約束或規範，但是同時也要注意彈性與創意是很重要的。喜歡閱讀到養成閱讀習慣，就是一種紀律的展現；在他人面前可以克制情緒、避免不當發洩，私底下也不會過度爆發情緒、傷己或傷人。許多的紀律是從日常生活的小事或小節開始，像是起床後摺被、刷牙洗臉、準備上學，放學後漱洗、寫作業或複習功課、做家事、家人一起用餐、準備翌日的書包、然後就寢；將每日要完成的功課或事項在前一日表列出來，完成後劃去，同時也挪出一些時間或空間，做自己喜歡的事或是獨處休閒；倘若有大考或報告要寫，複習課業／撰寫內容的優先次序也可安排。這些生活習慣與紀律剛開始可能都是家長要求或示範，慢慢看見成效之後，就可以放手讓孩子自己來。

孩子從自律的生活中學習約束與管理，也較不易在碰到突發情境時慌亂或手足無措。讓孩子參與有規則的遊戲（如球類活動、下棋等），他們自然學會先後次序與遊戲規則，這些潛在的學習就可以應用在遊戲之外的情境上。

五、培養孩子的思辨能力

既然處於資訊唾手可得的爆炸時代，如何知道何者爲眞、何者爲僞？如何做正確判斷？因此培養孩子的思辨能力就成爲首要。在以往父母威權的時代，孩子「有耳無嘴」，只有順從、不能有自己的意見，也因此父母親就有「完全無誤」的壓力，要不然就可能指導錯誤。但是既然教育的原文是「引出」（educate），就是指教育者（含家長）是站在「引導」的位置上，而不是「灌輸者」的角色上，畢竟知識會日新月異，也絕非家長本身所受的教育程度可以因應。因此如何與孩子建立討論習慣、協助其了解查詢資料的方式，甚至以辯論、質疑等不同方式訓練其思考及表達想法，都是現代孩子必備的能力。孩子有時候害怕違逆父母親的意見、害怕失去愛，所以不敢公然說出不一樣的想法，這也是壓抑孩子，甚至製造未來阻礙關係的未爆彈。倘若孩子在家裡不能夠表達或擁有自己的看法，那麼我們怎麼可能期待他們未來有堅實的自我強度、抗拒同儕的不良影響？

培養孩子的思辨及判斷能力是極爲重要的，不管是在學習、交友或是做決定層面，都需要有資訊蒐集、判定眞僞及採取適當行動的能力。現在網路科技時代，許多孩子可以從多元管道學習與汲取資訊，因此快速吸收資訊以及表達自我的能力，就是現代孩子必備的能力（洪蘭，2014b），只是資訊來源眾多，倘若沒有篩選與判斷能力，可能就無法進一步證實其眞僞，運用起來自然不能達成預期效果。學校或家長當然可以提供孩子正確資訊管道，或者與孩子討論資訊的可信度與驗證方式，而不是人云亦云，慢慢地養成孩子蒐羅與印證資訊的能力。許多家長／教師在教學／導時，也必須要配合網路科技，提供相關資訊，但也要注意不要依樣畫葫蘆或照本宣科，而是能夠多些變化與創意，讓孩子／學生可經由不同方式與管道，以達學習效果。

孩子對於事件或是人物的看法，有時候會太過簡單與一致，因此要教會他們設身處地爲人著想或是同理心的能力之外，還要有辨識眞僞是非的智慧，以及處理問題的能力。在與人互動時，我們容易有一些認知陷阱，像是讀心術（自己認爲他們如何、或他們會認爲我如何）、都是我的錯、都是他們該負責任或是災難化思考（將事情想到最糟糕），這些都會妨礙我們與他人的眞誠及確實溝通，因此不妨也教孩子如何舉證（證實自己的想法錯誤）、重新框架（從不同的角度看事情），以及預先做計畫（尤其是在面對災難性思考時）（Reivich & Shatté, 2002）。

培養孩子思辨能力的首要條件，就是家長在思想上要較爲開明與寬容，不要一直以自己認爲的標準或對錯爲依歸，願意傾聽孩子的想法或意見，提供孩子不同向度思考的機會或範例。雖然家長可以呈現正反不同意見，但是有時候即便是網路或媒體的消息，也不一定就是正確的，因此教導孩子如何求證、蒐集證據或資料，就是很關鍵的能力。

培養孩子的思考與思辨能力，與孩子一起探索「爲什麼」是很好的開始。以前外甥小時候，我與他走在路上，都會依據我所看到的發問或詢問他的意見。像是看到商店前面懸掛的布幔下，綁了一個裝滿水的寶特瓶，我會問他：「商家爲什麼這麼做？」或者是：「爲什麼月亮跟著我們走？」有些問題，我有答案，有些問題則沒有，就會請他一起去找答案。當他開始問我英文單字時，我就教他如何使用字典，查閱想要知道的單字。千萬不要無意中就扼殺了孩子對世界的好奇心！

我們的思考經常會受到許多限制，因此有研究者提醒我們要儘量避免思考的陷阱，像是證據不足就跳入結論、隧道視覺（只考慮到一個或少數面向，沒有較爲全面的思考，往往容易卡住）、誇大或小覷（把事情放得很大或太小看問題）、個人化（認爲對方是針對我們或總是將問題歸咎自己）、外化（與個人化相反、甩鍋給別人）、以偏概全或過度類化（從一件事情延伸到所有，像是吃飯不吃乾淨，以後娶痲臉婆）、讀心術（認爲自己了解或看透他人之想法）、情緒推理（在情緒影響下，做出結論）等（Reivich & Shatté, 2002, pp.96-115）。

六、彈性與創意是一種生命態度

故事一

外甥女四歲左右，有一天早餐吃著飯糰，當時阿嬤正在爲金魚換水，就順手將魚缸放在餐桌上，也提前警告外甥女不能餵魚。外甥女曾問：「可不可以給魚吃飯糰？」阿嬤嚴厲説不行，當阿嬤回過頭來要給金魚換水時，發現魚已經翻白肚，漂浮在水面上，阿嬤急急將其沖入馬桶。我是去拜訪時才發現，當時還告訴外甥女那隻金魚的故事。那是外甥（她哥哥）從夜市撈回來的，年紀六歲，比她還年長。我後來將此故事寫在一本送給她的書裡，她十歲時閱讀，還哭了一場。

外甥女六歲時，有一回我回到臺北他們汐止家。傍晚雨過天晴之後，我帶她到後山去散步。雨後的馬路上有一些蝸牛，於是我就邀請她與我一起將蝸牛撿到路邊草叢之中，也向她説明這樣蝸牛就不會因此而被人踩到或被車輛輾過。走回來的路上，外甥女問：「阿姨，妳會死嗎？」我説：「我會。阿嬤會死、妳也會死，所以我們都要努力過生活。」六歲的孩子對於許多事物是懷有好奇與疑問的，我不需要掩藏或美化，而是直接告訴她。

故事二

這是在書上讀到的一個故事。小女孩去冰箱拿牛奶，不小心將牛奶瓶摔破，正在驚嚇、不知所以時，母親走過來，與她一起欣賞「好漂亮的牛奶海」，然後和她一起收拾善後。家長在看一件事情或一位人物時，至少可以提供孩子一個不一樣的觀點，孩子就不容易陷在一個固定的框架下、沒有變通想法，畢竟家長虛長幾十年，人生歷練較爲豐富；同時也不要總是用批判或要求的觀點來看孩子的行爲，孩子年紀尚小，有許多需要學習，或許在搖擺學步之中，需要提點或示範，家長就是最好的老師！

故事三

一位家長經常抱怨孩子忘東忘西，老要她跑到學校來送東西，她說希望孩子可以養成自己負責的習慣。於是我請家長下一回若孩子打電話讓她送東西，就不要依其所願，讓孩子吃點苦頭。結果家長第二週來時很苦惱，說兒子不理她幾天，讓她覺得很爲難！我告訴她「事情變好之前會變糟」，請她暫且忍耐這些不舒服的感受，還是堅持不替孩子送東西，但是協助孩子在前一天做好翌日上學的準備；結果第三週之後，她發現孩子的記性變好，老師也說孩子也很少落掉功課。

故事四

小時候，我們家是用炭火燒飯。有一回輪到小學四年級的大妹負責煮飯，但是火才燒旺不久，我們就聞到焦味；大妹當下很驚慌，因爲這是全家人的晚餐，同時又聽到阿公木屐走過來的聲音，更是嚇得不知所措！但是阿公卻湊過來，聞了一下說：「阿玉，你用黑糖煮飯哪？」大妹原本的擔心與害怕，一下子化爲烏有！我也見識到阿公的幽默！

故事一提到運用機會教育孩子，也不避諱死亡的態度，可以減少孩子對死亡的害怕，同時也見識到孩子的智慧。故事二的母親先按捺住自己的情緒，與孩子一起欣賞牛奶海之後，再一起收拾善後，孩子就不會因此而擔心犯錯、不做嘗試，也開發了孩子從不同角度看事情的方式。故事三是培養孩子負責的案例。若眞正要養成孩子的負責能力，就必須要放手將責任「交給」孩子，而不是一味替孩子承擔之後，又抱怨。故事四是從不同的角度看事情，阿公也展現了彈性與幽默！

給予孩子選擇是應該的，他們自己也可以學習做決定。如果與孩子的生存有關的話，「吃或不吃」就不是選擇，但是當孩子不願意與家人一起共同用餐時，可以先說明爲何要堅持這樣的原則（如一家人可以一天中有一餐共用是傳統，也希望藉此機會了解彼此的生活、增進感情，甚至可以進一步讓孩子發表自己的想法，而不是強制）。家長藉由這樣的方式，也示範了溝通、尊重及應有的態度。有時家長會認爲自己所做的決定就是爲孩子好，但是卻沒有事先徵詢孩子的意見或與其討論，即便孩子當下是迫於父母權威，或不想失去家長的愛而順從，但是並不表示孩子此後會將此奉爲圭臬或繼續執行。學習做選擇最簡單的方式，就是讓孩子列出一張做或不做選擇的優劣點，讓他／她用腦力激盪的方式、儘量列出所有項目，然後做比較；許多的想法在腦袋裡常常不實際，倒不如清楚列出，讓自己或重要他人都可以看見，就會讓事情的脈絡或輪廓更清晰，接著做決定或選擇，就不難了！

故事五

有位四年級男孩與父親逛完商場回到家，就急急想要組裝新玩具，但是發現包裝上的組裝程序是英文，就拿去問父親。做父親的一看是英文，就很生氣罵兒子，然後就說要去退貨！在一旁的母親看到這一幕，請孩子將玩具連盒子一起拿過來，把組裝說明看了一下，發現還有圖示，就告訴兒子：「你只要按照圖上所說的去組裝就可以了。」孩子很快完成，開始玩起新玩具。

故事六

一位朋友分享親子關係，隨著孩子成長的不同而有變化。她說：孩子小時候放學回家，一定會沿路喊媽媽，進屋之後要找到媽媽才放心！漸漸地，孩子進入青春期，只會在進門時喊一下說「我回來了」，然後就消失；成年後，孩子進門不嘖聲，得要家長去房間找。

故事五凸顯了自卑父親的行爲，可能因爲自己英文不佳或是剛回家疲累的緣故，就沒有耐心好好處理問題；幸好一旁的母親有追求眞理的精神，協助孩子解決了問題。雖然許多家長會認為自己是孩子心目中的重要人物，尤其不能表現出脆弱或不能，但是孩子卻也因此喪失了看見家長人性的一面；承認自己不行、並無損於家長的顏面或威權，家長也不是「萬能通」，即便遭遇問題，可以請教他人，或跟孩子一起去找資源或解決之道，孩子學習更多！故事六很鮮活地描述了孩子成長需要的關心不同，小時候母親是充電站，長大了需要自我的空間更多，家長也要學會放手。

許多家長基於保護孩子的心，常常會有許多「禁令」（如不准、不可以、不要），或許用「收回愛」或處罰來威脅，其目的當然是遏阻孩子可能或即將出現的危險行為，但是太多禁令也可能讓孩子自此踟躕不前、不敢冒險。父母親在教導孩子對錯的時候，通常是採用「非黑即白」的原則，問題是我們所生存的世界沒有這樣黑白分明、一拍兩瞪眼的清晰，總是有許多的灰色地帶，需要做判斷，因此當孩子漸漸成熟，或許就要與他們討論這些灰色地帶，如何從中做判斷或決定對錯，當然也可能因為個人情感的因素，而影響了判斷，此時可以怎麼做？通常不需要以家長的立場來判定對錯，而是願意與孩子討論，家長在提出自己的意見之前，務必要先聽聽孩子的想法如何？倘若違反了家長認為的重要原則（如嗑藥或違法行為），那麼就要提出為何很重要的原因。

家長也要有「玩心」，不要換了位置就換了腦袋——自己也曾經是孩子，而不是擔任家長之後就無法同理孩子的心。心理學家佛洛伊德也將人生任務分為愛、工作與玩樂；玩樂很重要，年幼時藉由玩樂、了解社會及與人相處的規則，年長後，也從玩樂中學習、建立友誼與自信；年紀漸長之際，用玩樂來放鬆心情與壓力，讓創意受到滋養，且保留童心的天真！孩子也喜歡父母親有時候幽默、開放、放鬆一些，而不是擺著臭臉、老是要求或命令。當然對於孩子安全有關的事物，必須要嚴肅以對、不能掉以輕心，然而在其他事務上，不妨多展示一些幽默、寬容與諒解。當孩子看見父母親的多面向，自然也會多一點彈性，增加一些因應之道。

許多家長在孩子小時候，偶而會擔任玩伴的角色（如與孩子玩騎馬打仗或球類運動），但是慢慢地，這個玩伴角色就消失了，取而代之的是許多的規訓與責求的「討人厭」角色，當然也因此拉開了彼此的距離。雖然孩子漸漸成長，會較需要有自我的空間與時間，然而孩子想持續與家人靠近的需求是一直存在的，只是相處的方式會有不同（比如以前一起逛街，現在可能只要在同一空間各做各的就可以）；尤其是孩子進入青春期之後，爲了展現自我獨立的能力，同時避免同儕笑話「媽寶」，在外面會與家長維持距離或抗拒家長的照顧或叮嚀，這些只要家長可以理解就好，不要強逼孩子就範，這樣彼此的顏面都喪失，平添關係的障礙。當孩子需要的自我空間增加時，也提醒家長要慢慢放手，退回到監督與諮詢的位置，切記：不要在未明瞭全貌或事情脈絡之前，就妄給建議或下定論，至少花時間聽孩子說，即便後來不同意孩子的想法，至少也做到了尊重與接納。

七、挫折忍受力與復原力

孩子從小學習生命事務，就會開始經歷成功與失敗，成功固然可喜，但是失敗可以讓我們學習更多！家長們也不要忘記自己曾經年少無知，也需要不斷地嘗試錯誤，才慢慢長出能力與智慧，因此不要以最高標準（如一次就成功）來期許或要求孩子達成。孩子若能夠忍受失敗的不愉快，就可以慢慢累積經驗與實力，讓自己的信心建立起來，當然失敗或成功沒有百分百，因此不以成敗論英雄是較符合實際生活的。像是2021年的東京奧運，大家有機會觀看不同種類的運動賽事，雖然本國的國手表現不一定如預期，可是所有選手們的運動精神展現、背後的辛苦淬鍊，都讓觀眾們衷心佩服與讚嘆！

喜歡成功是人性，但是失敗是現實生活的常態。要讓孩子有韌力與抵抗挫折或壓力的復原力，就需要讓孩子有適當成功與失敗的經驗，也不要只是在看到孩子成功的結果時，才予以注意或讚美，同時要留意孩子在整個過程中的努力與優勢（包括不放棄）。復原力（resilience）或「韌力」定義爲：抗拒具破壞性的逆境，並從中恢復的能力（Walsh, 2016, cited in Ali, Figley, Tedeschi, Galarneau, & Amara, 2021, p.3），也可看出重點在於「不放棄」及「恢復原先的能力」。孩子在初嘗試新事物時，不免會擔心、害怕與焦慮，家長的陪伴與支持鼓勵就很重要，也讓孩子知道家長不會因爲他／她的失敗，而貶抑他／她的價值，以及減少對他／她的愛。

家長在面對孩子沒有做對或表現不如預期時的態度，會決定孩子接下來的努力與動機。切記：成功沒有一個絕對標準，而只是程度多少而已！當家長看見孩子在過程中的努力與付出，一定會有感動，也受到啟發，相對的孩子也是如此！每個人的天賦或有不同，但是願意付出努力的動力，卻是決定一切的最重要關鍵！當孩子發現、也肯定在過程中的努力，他／她會願意接受更艱難的挑戰，對於一時的挫敗不那麼在意，自然恢復能力也快！

八、時間管理的智慧

孩子年幼時，許多事情都是由家長安排，孩子慢慢長大，家長可以慢慢放手，教導孩子時間運用與管理的功課，畢竟孩子是自己的主人，而時間管理的能力是隨著年齡而愈形重要。在學校開始有月考排名之後，我的父親就告訴我要如何準備考試科目（如後考的先準備、一天要花多少時間複習）與考試因應的方式（考試時會的先寫、交卷前要先檢查三遍等），他還一步步教我，讓我熟悉整個流程，也在實際考試中先練習幾次，慢慢地，我就學會調配自己的時間與步調，這種學習與備考方式，我一直沿用到現在。後來老師們說要「大考大玩、小考小玩、不考不玩」，也是相當不錯的讀書策略。時間管理可以成爲一種習慣，就如同我現在告訴學生：倘若要交報告，先將交報告時間往前拉一週左右（所謂的緩衝期），並預先做準備，以免臨時有一些事情插入，延遲了準備或繳交時間。此外，零散時間的有效運用也很重要。現在孩子人手一機，無時無刻都要看看或滑滑手機，但是等待時間或是中間空堂時間，也都可以做充分而有效率的使用。我當然不是說人不應該休息，休息也是爲了走更長遠的路。像是在學校午餐之後，我就不贊成趴著睡覺，因爲胃部會很不舒服，而且睡眠品質不好，不妨靜坐觀心幾分鐘，效果可能更佳，接著就可以善用午休時間。我高中時期是用這些零散時間來認識單字、背誦文化基本教材（大學、論語、中庸），後來則是隨身攜帶小筆記本，用來記錄觀察與寫作素材。

時間管理的習慣，首先是家長要求，然後慢慢放手讓孩子參與規劃，最後就將主導權交回給孩子。倘若家長對於孩子的規劃有疑義，不妨詢問孩子理由，不要自己斷章取義。時間管理以事情的優先次序（如重要性）、緊迫性（期限先後），以及事先預留緩衝期（預防突發事務）等原則來教導，有時候要注意手邊資源多少（如已有足夠資源者先做）來考量，另外可以安排適切時間做有效處理（像是將所要閱讀或熟悉的資料可以切割分段，或是時間較完整時做複習與統整，不要等到需要完成事項太多、時間急迫，而敷衍了事或是太過焦慮反而成果不佳）。

在時間管理上，也要讓孩子學習獨處，甚至是可以發呆或空白的時光，因為一直做事不休息，也不是善用時間的方式。大腦因為無時無刻都在工作，也需要沒有新資訊進入的時候（如睡眠時間），好好做統整。空白時間可以讓我們身心都獲得休息，也可以沉澱或思考，讓創意出現或是身心準備好重新出發。

九、鼓勵與養成孩子的學習動機

故事一

我小時候跟一般孩子一樣，對生命充滿好奇，所以很喜歡問問題，而父親也鼓勵我發問，他儘量回答。我曾經問他：「雞是母的、鴨是公的，鵝是公的還是母的？」不管我問的問題是多麼荒謬無稽，父親都會先問我的想法，然後再告訴我，他的想法或答案，因此他不一定有所謂的「正確答案」。因為父親當時經常出差到中部去，我還告訴他：「直線是最短的距離，你為什麼不坐潛水艇（從花蓮）到臺中？」我那時認為臺灣既然是島嶼（也就是漂浮在海面上），因此應該可以從底下穿越。

小學階段的我，一直認為發問是可以的，父親也要我不會的就要問，也感謝當時的老師們容許我的問題。但是我一進國中，就發現整個氛圍不是如此，特別是國一下換了新的數學老師，她喜歡在每一堂課前在黑板上出題考試，有一回我們上到「工時問題」，老師用她特殊的板書在黑板上寫了「工人二人工作…」，我當然知道老師寫的是什麼，但是她寫得太潦草了、我又有捉狹的心理，於是就問老師：「老師，是工人二人、二人工人、二人二人還是工人工人？」老師轉身就一句：「妳是豬啊？工人二人都看不懂！」從那一天開始，我就選擇作豬了，只要是與數學或該老師有關的，我一概不理會，也就是放棄了數學。等到我進高中時，數學老師極力想要「挽回」我的數學天分，但是爲時已晚！我記得父親在我國中時也發現我的數學成績落後很多，曾經詢問過我，我也忘了自己怎麼回答的。其實我一直覺得自己愧對父親，因爲他與祖父自豪的數學基因，在我身上沒有持續下去，後來我也只能選擇社會組就讀。幸好我的手足們仍保有這些資質，無忝所生。

故事二

聽到這麼一個故事。有位移民到美國的臺灣女性，提到自己在母國的學習經驗，她說小學三年級要背九九乘法，但是老師都沒有說明爲什麼、只要求學生死背，結果當她碰到「九」的部分常常無法背清楚，老師就拿著藤條在一旁候著，她的焦慮造成後來只要老師考一個乘式，她都一律回答「五十四」，老師因此將她視爲「智能不足」！

故事一的老師打擊了孩子學習的熱情與動機，當然我不能只怪這位數學老師，後來我認爲是自己「選擇」作豬的，只是對不起父親給我的數學天分！因此在我未來的教學路上，總是願意鼓勵學生發問，希望可以彌補自己之前的遺憾！故事二也是一位被老師犧牲掉的孩子，孩子需要知道「爲何」，但是教師卻不願意提供，導致孩子對數學懼怕非常！孩子不管是什麼樣的學習，最重要的是養成其好奇心，也願意去探索、了解的動機，這種內在的動力，才不容易因爲外在環境或是酬賞消失，就不再持續。

孩子原本都有天生的好奇心，對於新鮮事物投注心力，但是當孩子開始接觸許多生活訓練或學習，卻逐漸失去其對世界的好奇，這就表示我們教育他們的方式有問題。我們的教育從教改到九年一貫、到目前的新課綱，到底眞的讓孩子學習到了什麼？儘管目前的科技語言與技術已經是必備的能力，然而伴隨而來的資訊判讀與善用也不可或缺！每一個世代的環境不同，所需能力亦異，倘若家長還是以自己的觀點來要求或期待孩子，不免就會有許多扞格與衝突！家長遭遇新科技，首先都想到其弊病與其反堵之道，倒不如先了解孩子面對的科技爲何？家長可以提供的協助與資源又有哪些？然後再去思考可能發生的危機與防範方法，這樣就較不會擔憂過度，或者成爲孩子學習的阻礙。

我們的文憑主義以及對孩子的過度期待，不僅造成孩子無形的壓力、妨礙其學習，更甚者可能會降低與打壓孩子的學習意願與動機。家長要求孩子成績進步或是維持在某個水準之上，本是理所當然，只是若孩子無法達成，可能就未探討原因，直接指責孩子不夠努力，孩子在不被理解或誤會的情況下，加上又亟需家長的認可與讚許，在焦慮與失望之餘，就可能失去繼續努力的動力，其好奇與探索的動機就受到斲喪。

與孩子一起享受閱讀時光是最棒的，孩子小時還可以抱在懷中，唸書給他們聽，或是一起看繪本，這就是親子共讀；孩子進入學齡期，可以帶他們去圖書館或是書店看書，也讓他們懂得自行借閱書籍；孩子在家做功課或讀書時，家長也從事相關閱讀的工作，可以起示範效果。孩子小時候，家長可以較主動爲孩子選擇閱讀書籍，慢慢地可以將主導權還給孩子。與孩子共讀也可以成爲一個很棒的傳統，可以繼續延伸到學齡期與青春期，親子彼此分享一些想法與意見，甚至做更深入的討論。閱讀習慣可以讓孩子拓展視野與觀點，也可引發其繼續做系統性的閱讀，養成興趣或嗜好、排遣時間、與人互動有話題、交到同好的朋友，而且可以讓孩子在寫作與語言表達上都有助益，甚至可以更有創意，同時減少未來失智之可能性！此外，要孩子唸書或閱讀，不是只「叫」他們去做就好，家長本身也要營造閱讀、安全的環境，甚至與孩子商議有效的讀書策略或作筆記的方式。在建議孩子讀書策略時，不要狃於急效、急著驗收成果，而是要給孩子一段時間去練習，甚至做一些適當修改，然後才可以檢視其效果；有時要依據孩子的發展階段與個性，協助他們打造適合其個性、有效的讀書及學習方式。

學習剛開始，孩子可能礙於家長的權威或獎賞而勉力學習（這是外在的增強）；漸漸地，孩子從學習中得到收穫或樂趣，就將「外在增強」轉爲「內在自我增強」，這樣的學習才會持久！同時也說明了家長的確有帶領、引導的「領頭羊」角色。帶領孩子去參加營隊（如體驗營或溯溪）或是課程，參觀美術館或展覽，參與實作（如手工肥皂、陶藝、手工藝）的旅遊，或到不同區域、文化的國度遊覽，都可以讓孩子拓展眼界、培養分工合作、養成美感與欣賞等等能力。剛開始家長帶著孩子做，慢慢地等孩子的準備度夠了，就可以放手，讓孩子自己去參與及行動，不需要經常督促或提醒。

學習也需要留白，而不是集中、密集學習效果就好，而是需要給孩子思考、統整的時間，就如同我們需要與人互動，也需要獨處一樣。填鴨式教學爲何效果不彰，理由有二：其一是沒有給學習者思考空間，再則就是制式強迫灌輸、無學習者的積極主動性，所學表面，而不深入！

十、如何讓學習成為孩子的內在動力

故事一

一位家長提到國小三年級的兒子，堅持與一位班上同學都排擠的轉學生作朋友，雖然這樣子讓孩子無形中也成爲被排擠的對象，但是孩子不後悔，導師也嘉許兒子的行爲。終於有一天，作母親的忍不住問兒子理由，兒子很簡單答道：「如果我不跟他作朋友，他就沒有朋友了！」媽媽聽了很感動，摸著孩子的頭，感謝他的善心誠意，讓這個世界更美好！

故事二

我國小六年級的時候，意外發現鄰座的男同學不吃早餐，雖然他告訴我在家吃過了，但是有時候他連午餐的便當也沒有帶。我就會在早餐時，故意買一個大餅，咬一口，然後說吃不下，請男同學幫我吃完。後來，我將此事告訴爸爸，爸爸就要我帶另一個便當去學校，讓男同學可以不餓肚子。我不記得此事維持多久，但現在只要知道有人餓肚子，我都會覺得難受。

故事一提到孩子基本上都有悲憫之心，但是能夠付諸行動與否，則與孩子的想法或家庭教育有關。故事二提及我小時候，因爲大家都窮，但彼此更容易看見對方的需要，並給予他人自己多餘的物品。父親的想法與協助，讓我更清楚分享是很棒的事，也奉行不悖！

學習就如同將海綿泡水一樣，是將海綿直接放入水中吸水較快？還是將海綿捏成一糰、放入水中央，吸水較快？前者是被動，後者是主動。我們的教育還是沿襲著舊日的習慣，不鼓勵學生發問。學生在閱讀之後，或是聽取他人的想法之後，就會有一些疑問或心得，若讓其可以提問或與同儕討論，這樣的學習是主動而深入的。以前我在初任教時，還曾經到一所私立學校教英文，那些富家子弟幾乎都在校外補習，因此他們的進度是遠遠超前的；我會開放讓同學提問，有些同學的確願意試試，當然也有少數學生會挑戰老師，甚至問一些文法中的例外問題，進一步還會說：「妳就是不會對不對？」我當然有自己的考量，因爲基本上要先上通則，才上例外，這才能夠顧及多數學生的需求，學生這樣的批評，讓我有點難過，但不會覺得羞愧，因爲我認爲學習路上只有先學與後學而已！只是學生這樣的態度讓我不舒服，但是因爲他們是學生，他們不懂，我沒有必要與其爭辯。孩子對世界很好奇，因此不管是家長或教師，要了解孩子的疑問，不要故意敷衍或不回答，這樣的確容易扼殺孩子學習的動機；家長也不需要全能，或一定給出答案，而是願意與孩子討論，或協助孩子去找資源或答案。

家長很重視孩子的學習，也是家長可以留給孩子重要、一生受用的資產，但是在目前科技日新月異的時代，不管是學習形式或管道，呈現百花齊放的狀態，孩子們經由手機或網路就可以輕易取得資訊，也因爲資訊容易取得，可能相對地就需要了解如何區辨眞僞或正確的資訊；再者，「資訊」並不等於「知識」，資訊可能是道聽塗說，知識卻需要經過科學的驗證方式與程序，身爲家長該如何協助孩子培養這方面的能力也是當務之急。網路與電子遊戲投孩子之所好——生動又有趣——與學校所學的方式大大不同，自然能夠吸引孩子繼續使用；正式的學校教育目前也希望可以融入科技的便捷與趣味，讓學生的學習更深入，而家長在科技網路上的知能也不能瞠乎其後！

每個孩子有不同汲取知識及學習的特殊形態，有些人喜歡觀察、視覺式的學習，有人會以聽覺優先，有人喜歡動手做，有人需要一段時間的沉思、慢慢蒐集資訊。家長要了解孩子的學習習慣或是較有效的學習形態，可以提供與訓練不同的學習材料及方式，讓孩子可以熟悉多元的學習路徑和方法，就比較不會自限於某些特定（如閱讀、聆聽）的方式，另外也要訓練孩子願意提問、質詢、與人討論的勇氣及習慣，有時要暫時擱置與沉澱，不需要在當下或衝動下做回應。一般家長太注重結果，而忽略了學習過程，也太計較孩子與他人的比較，無形之中增加孩子更多壓力、造成學習效果不彰，因此「運動員精神」（盡力但不計較輸贏）（洪蘭，2014，p.377）的提倡就很重要！

有研究指出：樂觀的孩子在成績與工作表現上，甚至是遭遇生活中的挑戰時，都還能夠表現良好或堅持下去，而在情緒、身心健康與人際關係上也都維持較佳狀況。樂觀與否，有人認爲是個性上的遺傳，但是樂觀可以從兩種方式看出來：一是對於未來的期待（是否有希望感）；二是對於過去事件的解釋（內在或外在——是自己的因素，還是環境因素，平穩或不平穩——是任何時候都如此，還是只是暫時，全球性或各殊性——是在人生不同領域都如此，還是只是部分）（Baumgardner & Crothers, 2009/2011）。孩子在愉快的氛圍下學習，也會更有效率、更喜悅，更願意學習，這是一種正向的循環！要教會孩子樂觀正向，身教很重要，家長本身的樂觀、彈性、創意與幽默，自然可以引領孩子的人生觀與解讀事件的角度；此外，也要讓孩子有不同層面的思考或觀點可以參照或學習，這樣就不容易陷入單一思考的窠臼，同時也拓展孩子的視野。因此，即便在討論一件事，可以先聽聽孩子的觀點，然後提供自己不同的解讀或思考，不要以某人之意見爲尊，而是彼此尊重，這樣孩子也會慢慢學習尊重自己與他人，以及他人表達自己意見的權利。

現代的家長會竭盡全力提供學習資源給孩子，讓孩子在學習上不落人後，因此從孩子小學開始就讓孩子補習，課業、才藝、語文或是運動項目不一而足，許多孩子在小學時期，不會認爲補習是一種負擔或不愉快的事，但是當他們漸漸成長、開始有自己的想法，有時候基於同儕壓力或怕失去朋友，可能會堅持去某家補習班上課，但是也有孩子希望可以有更多屬於自己可以安排的時間，從事自己喜愛的活動，因此會抗拒補習。家長不要一味堅持自己的決定，最好可以跟孩子討論一下，將補習與不補習的優劣點做溝通，這樣當孩子做決定後，也比較願意負責任。

十一、態度決定一切

故事一

有一回，我在一家便利商店購物，結帳完，櫃臺人員給了我一張刮刮樂，當時我問：「現在刮嗎？」她回道：「隨便！」當時我心裡就有點不舒服，怎麼是這樣說話的？服務態度有問題！後來到一家大賣場購物，也發生類似情況。我在結帳時看結帳螢幕，發現有一個貨品是「買一送一」，但螢幕上沒有呈現出來，於是就詢問結帳員，結果她二話不說、側身在電腦螢幕上指出扣除部分，還用手指點了幾下，當下我也感受到不舒服，如果她可以說明一下、進一步再指給我看，似乎是較爲禮貌的作法。

第一位櫃員可以說「都可以！」雖然表達同樣的意思，但是給人的感受就不同！第二位結帳員似乎不適合擔任服務工作，要不然就是她那天情緒不佳，但是在工作崗位上，情緒是不宜這樣展現的。

故事二

曾經常去附近一家超商，當時注意到有一位二十出頭、留及肩長髮的服務員，他常常當選爲每月最佳服務員。因爲他在每回顧客進門或出店時，都會留意是進門還是出店門，而說出「歡迎光臨」或「謝謝光臨」，因爲一般店員通常只是聽到鈴聲就喊「歡迎光臨」，而沒有注意到顧客實際的情況。另外有一次，我購買的報紙是前一日的，我向他反映，他還帶著歉意說：「對不起，請下次拿來換。」還有一回時近傍晚，店裡繁忙，他手中正忙著結帳，卻還瞄到店門口有一位國小女生在張望，於是問道：「小朋友，妳在找什麼嗎？」小朋友說出了自己的需求，他就請她往前直走到倒數第二個走道，同時他手邊還在爲其他顧客結帳。直到女孩走到該處，他就請女孩往右方架子上看，就會有她要的物品。我後來想要推薦他到一位朋友的公司，因爲我發現這樣的服務人才不可多得！但是到該店找時，店長說他已離職。雖然有點遺憾，但是我相信以他這樣的服務態度，一定可以發揮其才、獲得善用，對公司或社會都有極大貢獻！

故事一與故事二呈現的都是服務人員的態度。這些服務人員在服務他人之前，一般也受到他人服務過，只是自己換了位置，可不一定就會體諒不同人的心情！作爲家長，有機會以他山之石攻己之錯，有時以自己的實際經驗與機會教育，都可以讓孩子更清楚與人對待的應守之道！學習的態度很重要，不管是在哪一個位置上。我們在大學端，常常會觀察到學生學習態度的展現，有時候也會成爲我們接下來看學生的標準。有些學生儘管天賦不佳，但是很肯努力，身爲教師的我們，都很願意協助與提供資源；反之，有些學生學習態度敷衍、不積極，未來若需要我們寫推薦信或是招收助理，都會將這些因素考量在內。

孩子要與他人相處，社交能力裡面還包括表達、溝通、了解如何與不同的人互動。表達與溝通能力可以經由閱讀、表達練習、與人討論或辯論方式，慢慢養成，其中的閱讀是最便捷之道。閱讀不僅可以讓我們拓展視野與經驗、培育思考能力，還可以將閱讀所得化爲與人互動時的資料（話題）背景與知識、讓創意更能發揮！閱讀當然也可以讓我們有獨處機會來沉澱與思索、打發時間、厚植相關知識，讓我們的生命更深刻。閱讀也可以讓我們找到與自己志趣相投的同好或族群，滿足「我群」與「隸屬」的需求，提升生命質感與深度，讓生命路上不孤單。閱讀其實獲益良多，認知心理學家洪蘭（2014, p.377）就曾經提過，有閱讀習慣的孩子從閱讀中可以提升專注力、了解是非對錯，懂得紀律、禮貌及與人相處之道。

當然，讀萬卷書還是要行萬里路。在書本上習得的知識，還是得在實際生活中操作、應用，才會成爲眞本事！態度展現的是個人對於事物或目的的熱誠、願意花費多少心力去成就，不是長時間可以假裝得來！十多年前，有一位大一學生在我上課第一天就挑戰我，因爲他聽學長姐說：我很機車、上課作業超多！因此接下來，他都沒有上過我的課，也可能因爲我上的課以選修居多的緣故，同學都有自己的選擇權。然而從我上大三的一門課開始，就看到他出現，當時我還詢問過他，爲何來上我這個「重機型」的課？他有點不好意思道：「有同學說，想要學東西、就要上妳的課！」他連續上了我三堂課，後來在畢業前，還特別寫卡片向我道謝與道歉，他說以前自己無知，只聽別人說，後來聽到不同的說法，才想要讓自己試一試，他很感謝自己來試了！

十二、中輟可能性與成因

故事一

警局又接獲通報，前去處理的警員也很無奈，因爲這個家庭每個月總是會發生幾次家暴通報事件，就是正值國三年紀的兒子毆打母親，母親當下會報警，但是等到員警抵達時，又收回告訴，搞得當地負責警局，三番兩次都要白跑一趟，事情卻又未獲改善！原來這家的男主人長期在中國工作，家中只留妻、子二人，作母親的屢屢勸告兒子要去上學、兒子不聽，後來兒子索性動手打人，結果母親愛子心切，報了警，卻不忍持續下去，久而久之，兒子的行爲就更形乖張！

故事二

唸高一的阿昌，莫名其妙就開始不上學。起初是身體不適，家長就幫他請假，但是慢慢地，阿昌只要在有作業繳交或考試時間，就假藉身體病痛來豁免，父母親對於阿昌的這種情況，意見不一，父親認爲是母親太寵孩子，母親認爲父親逼迫孩子太甚，結果就引發夫妻大吵！

故事三

我在小時候聽過一個有關大黃蜂的故事。大黃蜂的體積、配上小小的翅膀，依照物理學的原理，大黃蜂是根本飛不起來的！但是大黃蜂認爲因爲自己是蜂類，理應會飛，而且飛得更努力，所以牠的飛行速度就成爲蜂類中最傑出的！等到我長大，才有人告訴我這個故事可能不是眞的。但是這個故事激勵我「努力是有代價的」！

故事一與故事二都是可能讓孩子中輟的前因，一是親職之一無法履行功能，造成孩子在家啃老、無所事事、又有家暴；其二是家長對於管教有不同看法與作法，造成孩子有鑽漏洞的習慣。目前國中小拒／懼學或中輟者增多，拒／懼學通常與家庭的推力（將孩子推出家庭以外，如家庭或親子衝突、家長的期待與子女能力落差過大、或家庭氛圍讓孩子缺乏安全感或是冷漠）或學校的推力（如孤單、受同儕排擠、學習動機低落、無成就感）有關，倘若再加上外界環境的吸引力（如宮廟或網路活動、校外同儕或社團），就可能讓中輟的可能性增高！許多學生或家長都很清楚被通報中輟的條件（如三天曠課才會被通報），因此鑽這個漏洞，但是這個「三天曬網、一天捕魚」的對策，只是逃避了法律的制裁，卻忽略了最重要的議題——學習！學生在學習過程中，除了要讓他們有新鮮感、有趣，這樣可以維持其動機之外，更重要的是讓他們有成就感，但是不要只以結果來論斷，也要注意他們在過程中的努力與收穫，故事三正說明了這個道理。

雖然教育部對於提報中輟有規範（如連續三日不到校或未請假，但是學生與家長都會有因應之道（如週一、週二不到校，週三來校一下，接下來就可以連續兩天不到校、過週末），以儘量減少麻煩。但是孩子沒有來學校學習，依然是事實，況且經常不來學校，不僅對課業學習生疏，與同儕間關係也難建立或維持，最後還是演變成輟學的結果！

中輟危險性要由學校、家庭，甚至社區共同合作解決，不是讓孩子上學就好，而是如何讓孩子可以有動機來學校？甚至進一步做有效學習！我國的教育體制，較少空間給非制式或主流的學校，雖然有森林小學或宗教學校的選項，但是一般若對於制式學校或學習無感的孩子，怎麼辦？是否可以提供他們更多的選項？雖然現在高中或大學有多元入學管道，但是許多有關技藝方面的培訓，還是得經由正規學校訓練系統，沒有其他替代之方，讓許多孩子成爲被放棄的邊緣人！

故事一

有位國一生家長很著急地來諮詢，她說孩子智商很高，是資優生，他們夫妻很擔心自己教不會小孩，所以提供了許多補習課程，讓孩子去上，沒想到孩子剛升上國一，就有不同意見，認爲目前自己補習科目太多、想要減少一些，家長擔心孩子因此學習落後。我與孩子談話，發現他的確很有自己的想法；他說：現在他喜歡打籃球，但是放學後都要立刻去補習班報到，讓他喪失了跟同學打球的機會。我後來與他商議，看能否在家長與孩子之間取得平衡？他答應不讓課業落後，同時減少一門科目的補習，後來家長也願意配合。

故事二

有位家長提到自己學三年多小提琴的女兒，現在決定不學了，她尊重，也鬆了一口氣，因爲以前決定要上小提琴的是女兒，但是做母親的她，都要在上課前催促女兒起床（因爲是週末時段），然後急著載女兒出門，接著又要放下手邊正在做的事，去接女兒回家，因爲當初是女兒自己選的，她與先生就全力配合，但總是搞得人仰馬翻！現在女兒決定暫時放棄學琴，她不會覺得可惜，因爲已唸高一的女兒需要自己承擔責任。

故事三

我們小時候媒體不發達，但是有電視可看。我從幼兒園開始，因爲是在家附近上課，常常就在中午時段跑回家看布袋戲或歌仔戲。當時的布袋戲好玩，與歌仔戲一樣都是講忠孝節義的故事，讓人印象深刻！我後來喜歡讀史，可能與此有關。

十三、多元智力、多元學習管道

故事一提到家長生出資優生，卻嚴重感受到自己的不足與憂慮，因此向外尋求資源協助，但是現在孩子想要做一些自己喜歡的事，家長又擔心是否會影響其學習與天賦？故事二是一位開明的家長，讓孩子選擇學習才藝，也充分配合，後來孩子決定中止學習，他們也予以尊重，至少親子都不會遺憾。故事三是提到教育的實施有許多管道，即便是戲劇或掌中戲，其所傳達的意義，也都可以影響深遠！

過去許多研究會針對孩子的智力或學業成就來預測未來的發展，但是智力與才能只是其中的部分因素，並不能保證一定成功，反而讓孩子有堅強的毅力（即便是失敗，也還會爬起來繼續努力）以及對於人事物的熱誠，可以讓他們終其一生都受惠無窮（Duckworth, Peterson, Matthews, & Kelly, 2007）。美國教育學家Howard Gardner（1993）強調人的「多元智能」（multiple intelligence），包括了語言、邏輯—數學、空間、音樂、身體律動、人際、個人內在（反省或內省）、自然（Gardner後來補充）等，也有學者提倡社交智能（social intelligence, SQ，指與人互動的社交能力）、情緒智能（emotional intelligence, EQ，指忍受挫折與衝動、管理情緒的能力，與人際能力有關聯）等，我國人一向強調數理（與分析）、語文的智能，而有關智力的測驗還加上了「空間」，也可見許多其他能力依然無法以量表或測驗方式測得，像是其他文化（如非洲原住民族的狩獵空間能力）的諸多能力，仍未被西方文化發現、肯定或測量。

的確，每個孩子的能力或有長短不同，而孩子的個性可以改變的不多，但是爲人處世的態度與方式卻是可以訓練及養成的，如何讓孩子可以堅持自己的目標、不懈地維持下去，即使過程中有許多風雨及挑戰，都可以學習克服、又不失自信與熱情，這才是給予孩子最大的禮物。給予孩子機會去冒險、體驗，在他／她沮喪或踟躕不前時不放棄、持續陪伴並鼓勵、相信孩子，並且不以結果爲唯一論斷標準，孩子自然願意養成能力與自我強度。

十四、提供適當資源給孩子

家長努力於生計、賺錢，無非是希望孩子在物質生活上不虞匱乏、可以專心學習與成長，但是若家長用時間換取了財務的收益、卻沒有花心力在孩子身上或與其相處，可能就劃錯重點。當然，現實層面在於「沒錢就可能沒有資源」，然而這不一定正確，有些資源都在社會（如社區鄰里的課業輔導或食物補助）、學校（課後輔導或教師同儕的協助）或網路（如教學資源、資訊連結）上，不需要花費太多金錢就可以獲得。家長或許在孩子國小到國中階段，可以協助其課業與生活上的學習，其他就需要學校或補習班來協助，但是不同項目與學習類型的補習，還是需要有一筆金錢的挹注，若是想要孩子學得更多或培養其更深的能力（如才藝、語文等），所需投資的金錢和時間就會加倍。家長們可以自己承擔教學（如數學、語文）或訓練（如籃球），甚至一起合聘一位教師或教練，也是可以使用的轉圜之道，家長們的「互通有無」是最經濟的方式。

孩子最需要的還是家長的關心與愛，陪伴與傾聽是最基本的，即便隨著孩子年齡漸長、家長的年紀增加，或許彼此聚在一起的時間也急速減少，但是可以把握每一個相聚、相處，就是很重要的。家長在孩子年紀尚幼時，努力創造一些可以留存的記憶，對孩子來說，是成長的印記與不可磨滅的教育。提供孩子資源的同時，也要時時檢視其有效度及孩子學習的情況，與孩子維持坦誠的對話很重要。

十五、讓孩子學會自我保護與安撫

每一世代都有不同的挑戰與使命（洪蘭，2012，p.91），因此家長不需要讓孩子「全盤準備好」，因爲這是不可能的任務，只要讓孩子習得一些重要知能就可以了。有位三年級小朋友回答爲什麼要來學校，說得簡單明瞭：「因爲下課。」進一步詢問，原來下課可以跟朋友玩。家長不能夠隨時隨地保護孩子，就需要讓孩子學會自我保護的能力。人際關係可以保護孩子避免被霸凌或霸凌他人，也會讓他們身心較爲健康，人際關係佳就不容易落單，也會有人支持與協助，但是僅僅如此仍不足以讓孩子學會自我保護，還需要孩子本身的能力與自信。當然學校也提供了課業、人際以外的許多學習機會，讓孩子可以融入社會，像是合作、負責、溝通、同理、挫折忍受度、問題解決、判斷力、倫理道德等，可以補充親職教育之不足。家長往往是站在保護孩子的立場優先，因此常教導孩子什麼是危險的？什麼事不可做？甚至要注意陌生人等，孩子也因此會害怕外面的世界，甚至不敢輕易嘗試，這也提醒家長要如何在助人與自我防衛之間取得平衡。

孩子對自己的自信心是「自我強度」（self-strength）最重要的元素，自信心不是用成功堆疊而成，除了與主要照顧人的良好依附關係（讓孩子在面對挫敗時，也會有自我安慰的能力），讓孩子有足夠的安全感、願意去探索與冒險之外，還有適當的成功及失敗經驗，讓他們學會面對和因應問題。有自信的孩子會在遇到需要爲自己發聲的情況下不退縮、表現出肯定／果斷（assertiveness）、有信心的行爲，他們會克服自己的焦慮或害怕，讓對方不敢越雷池一步（也就是勇氣）。

家長的親職教育有一部分是培養孩子融入社會的能力、因應家庭以外的世界，而外面的世界不是鋪滿紅地毯的，況且父母親再怎麼健康長壽，也都只能陪孩子一段路，因此給予適當的失敗與成功機會是非常重要的，家長不需要凡事爲孩子代勞（除非你／妳要教養一個無能的小孩），孩子的生命中會遭遇到無數的「第一次」，而這些都是學習的好機會；雖然不一定每一次的學習結果都是想要或預期的成功程度，但是至少都可以學到一些東西。家長在孩子學習過程中很重要的是多予鼓勵，不要只是「責成」或看見成績而已，這樣也會讓孩子只會以「結果」爲唯一評估自己的標準，太注重功利得失，很容易受到挫敗。

孩子在日常生活中必然會遭遇一些挑戰或挫敗，家長或許可以做一些提點或預演，但是仍不敷應用於現實生活中，因此若能培養適當的彈性與幽默感是必要的。安全依附下成長的孩子，在遭受挫折時會有自我安撫的能力（可能會自我安慰說「不怕」、「不用擔心」、「一切會好起來」

等），而家長也要在平日生活中展現出這些態度，孩子才會有所依循與仿效。

一個人的想法會影響其情緒及行爲，而人們也經常會鑽牛角尖或往壞的方面想，因此有時候需要有其他人提供不同思考或看事情的角度，而自己也需要檢視一些既定想法背後的可能謬誤，以免引自己入歧途。像是憂鬱症患者通常會有思考上的「憂鬱認知三角」（cognition triad），指的是對自己、周遭世界與未來不懷抱希望（Kellogg & Young, 2008, p. 47）。讓孩子從不同立場思考（重新框架）與感受（同理心），也要學習驗證與批駁自己可能有的「非理性思考」（如下表），重建有建設性的「自我對話」（self-statement）（如用「我只是不小心犯了錯，知道錯處之後修正就好。」取代「完了！我犯了錯！怎麼會這麼不小心？以後我無顏面對別人了！」）自我對話不是爲自己找藉口或理由，而是不將心力耗費在無用的自責或卸責上，願意誠實面對問題。

網路科技世代的孩子已經是電腦與手機的原住民，他們必須要與這些科技接觸且善用，要不然無法生活或學習。家長或師長通常是站在擔心與防堵的立場，現在許多教師也被迫不得不對科技教學上手，尤其是長達兩年多的疫情時期，固然讓許多事務都可以即期完成或是傳輸，連帶地也增加了許多科技疲憊與負面影響（如網路或資訊過載、身心與人際問題等），因此如何協助孩子有效使用與善用科技，就成爲首要之務！孩子藉由網路科技學習知識技能、與人互動、問題解決能力與增進自我認同等，家長得要配合學校、注意孩子的學習進度與範疇，同時留意可能的傷害或負面影響（如網路霸凌、網路交友、色情網站或遊戲、成癮問題等）。

錯誤認知形式	無建設性的想法	對抗的策略
讀心術	他們一定認為我是一個無能的人。	舉證：這不是事實！我在其他方面都做得不錯，也獲得許多人的認可。
都是我的錯	我不應該犯下這個錯誤！	重新框架：犯錯難免，我在這次學到了教訓。

錯誤認知形式	無建設性的想法	對抗的策略
他們應該負責任	他們只會指責別人！	重新框架：我自己也該要檢討，不能將責任都歸咎他人。
災難化	完蛋了！接下來，我該怎麼辦？	計畫：先冷靜下來，再回頭看看可以怎麼補救？
無助感	我是無用的魯蛇，什麼也做不了！	計畫：這只是我比較沒有能力的部分，希望可以多學學，未來可以更進步。我可以先去請教那些有經驗的人。

十六、生涯抉擇以孩子為尊

故事一

一位資深護理人員，好幾年以來希望請調到臺北市，跟擔任醫師的先生一起，最近又剛生孩子，更希望夫妻倆人可以一起照顧孩子，要不然現在她住在娘家，工作之後，又要照顧孩子，整天累乏乏地、心上也很疲累，而丈夫一週才回來一次，感覺彼此關係都生疏了！她埋怨要調到都會區很難，深怕孩子都進幼兒園了還調不成。我請她思考一下；能否先就近調調看？也用了打棒球的比方——不妨先調往北市近郊或鄰近縣市，這樣或許夫妻一方可以通勤，感覺不會距離太遠，接著再想法子慢慢請調到臺北市。她恍然一覺：「我怎麼都沒有想到？」不久後，她就請調到新北，接著就到了北市任職。

故事二

一位家長希望兒子繼其衣缽，可以成爲傳道人，於是讓兒子到相關系所去學習，但是兒子原本是理工科，卻因著父親的期待，進入社會科領域，不僅對學習科目毫無興趣，後來甚至自我放棄、連課也不去上，甚至迷上網路遊戲、作息顛倒。同學基於同儕情誼，總是會在老師點名時打電話叫他過來，但是他後來卻回以三字經，同學後來也不敢打電話叫他了。系上老師也一直給機會，希望他有朝一日可以頓悟、了解爲自己的人生做些什麼，但是救了三年毫無進展，最後只好放手，當然中間也曾經打電話、希望家長讓孩子去學自己想學的，也請家長來學校一趟做些商議，可是家長都置若罔聞，等到孩子被退學了，家長卻寄信給系裡所有教師，指責老師們不夠良善，沒有積極輔導孩子。

故事三

一位大一新生乖巧用功，很喜歡學習，成績也名列前茅，只是才上一學期的課，就要辦理休學，老師們都有點驚訝！學生提到哥哥去年也上公立大學，但是父親執意要讓孩子上公職，於是就只讓哥哥唸一學期，嘗試一下大學生活，然後就要求他去考警校，她的命運也是如此。家長讓她體驗了一學期的大學生活，也要求她去補習、考警校，對學生來說，自己的興趣比不上孝順父母親，因此辦理了休學。老師們認爲這位學生可以找到自己喜歡的，而且學習效果不錯，的確難得，還特地驅車去拜訪學生家長，希望他們可以改變心意，讓孩子唸自己喜歡的科系，但是央求無果，家長還是堅持。女同學休學後補了幾年習，才考上警校，她曾經寫信給系裡老師，提到她是多麼喜歡這個科系與師長同學，很擔心自己以後都無法觸碰自己喜愛的東西。老師勗勉她，即便在不同工作崗位上，都還可以持續學習自己喜愛的東西，往後擔任公職或許更能發揮所長！

故事一提到的是我們思考時的「隧道視覺」——往往只看見想要的目標，卻沒有去考慮周邊的許多路徑或可能性；故事二的父親決定孩子的未來，不理會孩子眞正要的是什麼，最後孩子選擇耍廢，也放棄自己，但家長卻將責任歸咎於學校師長；故事三講的也是家長以自己的喜好來決定孩子的未來，或許不少家長也會同意這樣的作法，但是孩子有自己的人生與想要完成的使命，不要讓孩子後來怨懟父母剝奪了自己的人生！我們這些年來，也遭遇過不少家長希望孩子從事教職，但是因爲少子化，教師一職已經不像以往那般令人稱羡及熱門，甚至有近十萬的流浪教師，目前都還沒有找到永久棲身之地，每年還要參加代課考試及甄試而南北奔波，所耗費的心力與金錢更不可比擬！前年聽到一位代課二十年的教師（年已過四十歲）剛考上正職，久抑的心理壓力頓時釋放、嚎啕大哭！家長要站在協助孩子擇其所愛的立場，而不是要孩子按照自己的意願去走，畢竟這是孩子的人生，出自他／她的意願，就會負責，也過得較爲充實、無悔！

家長或許是第一次有孩子，較不清楚如何考量孩子的生涯選擇，可能會以市場趨勢或師長的意見爲尊，相對地忽略了主角——孩子——的眞正興趣與能力。生涯（包括職業與生活方式）需要考慮到孩子的興趣（才能持久）、個性（符合他／她的做事方式，喜歡與人、或事、或數字打交道）、能力（才會有所發揮、適意）、生活方式（閒散或有規律、穩定或諸多變化）、價値觀（什麼是最重要的）等諸多因素，當然還有父母親的意見或期待，因此讓孩子「認識自我」與「了解工作世界」、建立適當的人脈與資源，以及能力與工作世界的連結，都極爲重要！許多人的生涯是安身立命最重要的磐石，不可輕忽！有些孩子即便遵從了家長的意願和期望，若本身對於其工作或相關的生活方式不喜歡，一則可能會持續下去，但是不快樂；二則或許就會在未來做生涯轉換、重新開始。

總而言之，孩子的生涯選擇受到諸多因素的影響，像是原生家庭的重要他人（如繼承父業或家庭企業、家人期待）、自己想要過怎樣的生活（如安適穩定或刺激變動），還要考慮經濟（如肩負家計重擔或無須顧慮）、政治與社會因素（如網路科技、夕陽或傳統工業的式微、全球化影響造成人們因爲工作必備的移動力等）、價値觀（如成就、權力、金錢、健康、家庭、休閒活動、貢獻社會）與興趣（如喜歡數字、人或資料）、自己的能力與熱情，以及能力與工作之間的速配性。

家長要如何協助孩子選擇適合自己興趣與能力發展的科系或方向？做孩子的通常會以家長的期待作優先考量，因爲怕讓父母親失望或失去家長的愛。不少家長仍以名校或夯科系爲目標，可能就此忽略了孩子眞正的想法或感受，但是工作是做一輩子的，儘管在找到自己眞正喜歡的工作、從中衍生重要意義與使命之前，每個人都會經過一段試驗期，在過程中也會有跌跌撞撞，但是這些經驗都會成爲未來生涯現場的養分。我經常以打棒球來比喻生涯發展，不要一下就希望擊出全壘打（找到最理想的工作），而是先要用球棒碰到球，接著再想辦法打出安打、上壘，最後跑回本壘得分！要孩子一畢業就找到想要的工作，是不太可能的，總是得一步一步來，也許要花上三到五年時間，或許先從一個自己還不討厭的工作開始，也許收入還差理想一大截，但總是個開始；接著慢慢騎驢找馬，也在實際的工作上繼續進修、學習知能、養成積極與處世做人態度、建立人脈及相關管道，也會更清楚未來的方向！

孩子願意去打工或做義工，也是探索生涯很重要的途徑。打工要看是「需要」還是「想要」。「需要」基本上是經濟因素，「想要」則是想要學習學校以外的其他知能，像是如何管理與運作、人際關係、培養更多挫折忍受度、識人與建立更廣人脈，進一步還可以更了解自己與擁有或可開發的能力、學習未來專業能力等。孩子願意伸出觸角去接觸或者體驗新鮮事物，也都是不錯的探索，或許可以從中發現興趣之所在，進一步養成能力，成爲一生之志業也未定！

每個人都是一顆重要的螺絲釘，在社會各個行業展現與貢獻自己的能力，職業無貴賤，每一個行業都需要人才，整個社會國家才可以順利運轉！因此不要輕忽自己的能力和可做之事，家長也要以此勗勉子弟！

故事一

我剛擔任國中教職時，擔任一個女生班導師。那時候班上有許多原住民同學，其中有一位同學成績與體育項目都極佳，我認爲她有能力可以去考師專，於是就在家庭訪問時與家長提到這個選項，但是學生父親是鐵路局工人、母親在市場賣菜，他們對於子女沒有太高的期待，只希望孩子可以養活自己就好。我說孩子可以過得比我們更好，教育就是最方便的路徑，但是我耗盡唇舌，也無法說服他們。這是我教學生涯一個印象深刻的事件，讓我覺得自己很無力！

故事二

我們小時候承受家訓，要刻苦讀書。父親與祖父都是公務人員，在當時收入微薄，往往還要借貸度日，但是父祖都要求我們儘量讀書，祖父甚至變賣家產，讓叔叔們到國外留學。可能因爲生活單純，或是上一代傳給我們還不錯的資質，因此當時唸書並非難事，然而小弟卻是一個異數。後來他也唸完大學，與其他同學相形之下，也才發現原來唸書可以這麼容易！這更提醒他要善用自己的智慧與能力！

故事三

我在美國唸博士班時，有一次與幾位美國朋友聚會，他們都已經拿到博士學位，在不同領域工作。約翰是芝加哥大學的政治學博士，在大學任教；丹妮爾是約翰的妻子，也是我的摯友，是史丹佛的語言博士，也在大學教課；梅根則是哈佛歷史學博士，在大學任教多年。當時我們受約翰夫婦邀約，到他們家過感恩節，爲了觀看電視在當天連續播放「英國廣播公司（BBC）」的經典影片「傲慢與偏見」。中間休息時，我們就會聊天或因爲劇情引發的思考。有一次，梅根提到自己的好友拿了法學博士「竟然」回家當家庭主婦，丹妮爾也述及一位博士班同學情況亦同，讓她們不勝唏噓！但是我總覺得不對勁，於是道：「每一個行業都需要優秀人才，萬一所有優秀人才都去做研究了，這個社會就無法運轉了吧？」丹妮爾大笑道：「珍，以後妳要說快一點，眞的點醒了我們的迷思！」

第九章

現代親職面臨的挑戰與因應之道

故事一

2018年的大選，許多年輕一代與長輩在對於政治人物的看法上有許多的歧異，不少朋友提到子女因爲與家長選擇的人選不同而「退出」家人的LINE群組，讓全國人不只是因爲政治意識而撕裂，更犧牲了重要的親情！許多年前新聞媒體也披露過，一對住在相鄰的兄弟，因爲擁護的政治人物不同而不相往來的故事，現在的情況不亞於當時。一位大四男同學因此說道：「每個人有自己的選擇，都需要尊重，幹嘛犧牲掉最重要的親情？」

故事二

2004年，我在加拿大溫哥華機場候機時，聽到附近有一群年輕人是以我熟悉的中文交談，於是我趨近詢問，果然這四位年輕男性都來自臺灣，暑假要回臺灣，他們都是在國內考完大學入學考試後決定出國進修，主要都是家長的意見：希望孩子可以接受國外教育、優化自己的全球化競爭壓力。四位學生中，在國內錄取學校是臺大與清大，他們提到在國外學習一學期之後的心得是：儘管最初因爲語言的使用與生活習慣，需要經過陣痛期，但是也發現主動積極學習才可以讓自己贏得機先，而同學多元的學習途徑與型態，讓他們大開眼界！

故事一提到過度政治現象，也讓孩子與家長或許因爲擁護的黨派不同而有歧見，而這位大四同學說得好：爲何要爲了別人的事而犧牲掉最重要的親情？儘管國父孫中山先生說過：「政治是眾人之事」，大家都可以參與，但也都是以爲眾人謀求福祉與幸福生活爲目標，不應成爲黨派爭奪權力、盡享好處之用。故事二提到愈來愈多家長見識到全球化的趨勢，寧可讓孩子踏出舒適圈去體驗生活與拓展視野，孩子們也分享他們的收穫，同時更能體會自身在家長護衛下，生活的難得與幸福！

許多家長都期待下一代比我們這一代更好或更成功，但是所謂的「好」或「成功」是如何定義呢？畢竟每一個人能力與個性不同，要成就的應當也不一樣！洪蘭（2014b，p.242）曾經引用網路上的一段話，正可以說明所謂的成功：「有能力，就做點大事；沒能力，就做點小事；有權力，就做點好事；沒權力，就做點實事；有餘錢，就做點善事；沒有錢，就做點家事；動得了，就做點事；動不了，就回憶些開心的事」。家長也可以對孩子有這樣的期許，或許就會相安無事又滿意滿足！

當然時代與環境不同，家長對於自己親職的責任也有不同期許或挑戰，那麼，現代親職到底面臨著哪些挑戰呢？

一、少子化的衝擊

少子化與人口老化是並行的，這就造成人力的銜接與經濟問題，當然也有衍伸的教育與照護問題出現，夾在中間的「三明治」（上有老、下有小）父母，若無政府政策的挹注與協助，的確很容易心力交瘁。近年來有不少因爲照顧老年父母而舉家自殺或老人相殘的新聞，正可以反映出現代人面臨的議題。

人口老化是許多國家需要提早規劃人力與生產的缺口，除了讓退休或中年二度就業，提供經驗與退休生活規劃，藉以補足中間世代的人力青黃不接外，年長者可以提供更好品質的服務與經驗值，也重新挹注運用自己的能力，讓老年生活更有活力與使命感（Smith, 2017/2018, p.218）。

新新人類的工作態度與價值觀已經有大翻轉（所謂的「工作與生活平衡」）——加班賺錢不是選項之一，而是如何讓自己一夕致富，三十五歲前退休享受生活。教育政策改變，也讓家長爲了讓孩子領先不落人後，積極配合，甚至全力挹注資源，讓孩子與家長都疲於奔命，深怕萬一追趕不及，影響重大！教育改革雖然沒有一時或緩，但是層出不窮的政策，似乎也讓教師、家長與孩子疲於因應，以往爲了減輕的孩子背負書包的負擔，後來又有一綱多本的舉措，現在則是基本素養課綱，教育似乎朝向膚淺、便利化，而經濟條件的優窳卻也讓社會階層更有M型化之趨勢，窮者愈窮、富者愈富，資源分配更不均，讓教育反而成爲階級惡化的推手。雖然社會福利政策不應該高於家長的責任（基本上，社會政策是作爲補救之用、而非替代，要不然許多國民會更仰賴社會政策之補助，疏於生產貢獻），但是政策之擬定與施行需要更智慧、切中人民之需求。

二、全球競爭壓力

故事一

大一學生進來時，我若上到他們的課，通常會告訴學生：「如果我在你／妳大三時有機會再遇見你／妳，我一定會將我所觀察你／妳進步的地方坦誠相告；倘若我有一些建議，也希望你／妳可以聽進去。」我之所以這樣說，主要是將學生從剛進大學到兩年學習之後做比較；如果學生還算認眞，兩年之間，他們會進步許多，包括學習、自信與態度，倘若不認眞，這些都會停在原地，甚至每下愈況！

故事二

有位研究生在入學時，很自傲自己的外語能力，也頻頻展現，甚至批判他人的不足，原來他將「思辨能力」誤以爲是「批判他人不是」的能力，全然沒有在自我反思與改進上作努力。一年後，他不僅得罪班上許多同學及老師，在許多事務上，別人也不願意協助！

故事一提到孩子的進步與自我的積極努力有關，我的觀察是：態度上若主動積極，後來的學習成果就指日可待。故事二提到現代孩子的自信與自我表現，卻往往忽略了更重要的人際智慧與合作。現代的孩子不是只跟自己的同儕或本國人競爭，而是需要放眼世界，與全球人比較，看能否勝出。全球競爭的現實，自然也造成人口的流動，倘若家長還是限制孩子留在本國或本地，當然也影響孩子的未來與發展。只是該如何培養孩子的競爭力卻又不失人性？孩子有能力之外，還需要有使命感、關懷與襄助他人的「大我」襟懷！

當外界的要求勝過個人對於自身的信心或能力時，會造就另一種現象，而「啃老」就是其中之一。「啃老族」（或稱NEET或「尼特族」）與稍後篇幅要提的「繭居族」不同處是──啃老族通常經過出社會或求職過程，最後退回家庭，與家庭之間產生「共依存」（co-dependency，互相依賴）現象，華人宗族觀念重（林孟瑋，2013）、捨不得孩子出外受苦，往往會主動（疼惜孩子）或被動（孩子自己的意願）讓孩子待在家中。

長期仰賴家庭、不願意走出家門求職或工作的尼特族是以「放棄」爲核心思考，在面對原生家庭的持續支持、逃避或害怕自我認同、以及成長歷程的挫敗所累積而成，父母親或許會有虧欠或補償感，而予以金錢援助（同時用來維繫親子關係），但缺乏心靈層面的親密，還有次系統間的界限不清楚（許妮婷，2015）；尼特族群從青春期的自我概念模糊，到青年期的生涯未定向，過高或過低的自我效能感，加上性格中的固執與容易受挫，以及在家庭與人際關係的不滿意（鄭楚菲，2015），或者是工作價值觀爲依賴、被動、諉過、重視報酬與回饋、不願意挑戰，加上能力不足、有眼高手低的心態，最後會選擇不去就業（張致維，2009）。家長如何讓孩子在受挫中依然肯定自己能力，減少比較心態、著重自我學習與經驗，甚至以身作則、展現寬容與挫折忍受力，是防堵子女成爲繭居或啃老的有效方式。當然，面對啃老或繭居現象，除了要處理個人與家庭的議題之外，教育、社會和政府政策上也需要作彈性調整及改變（賴婷妤，2010；楊小慧，2010），方能奏效。

網路科技的另一項影響是孩子的識字率降低許多。許多孩子會打字，但是打錯，或者是讓電腦爲其「撿」字，自己沒有做檢視的功夫，而新聞媒體也因爲「文創」之故，往往忘卻其教育社會大眾的功能，而將不對的字用上，以博人眼球！孩子接觸媒體的時間愈多，認字與使用文字的能力銳減，這也是教育者憂心之處。識字有問題，當然更遑論寫字！有些研究生寫LINE給我，就是錯字連篇，批改學生作業或報告，更不用說！學生也認爲不傷大雅、不去修正，除非我祭出「錯一字扣一分」的處罰，他們才願意做第二次確認。除此之外，標點符號的使用更令人氣沮！往往是一長串字都沒有標點，或者是連續使用句號，還得要特別說明標點符號用法與意義，要不然讀一篇報告下來，都要讓人喘不過氣來！雖說二十一世紀是「華人世紀」，我們連自己最引以爲傲的中文都學成這樣！國高中國文課本也將文言文刪去許多（更遑論英文的單字量），最後連中英文的學習，可能都還是得回歸到家長手中！這樣如何提升我們孩子的國際觀與全球競爭力？家長的焦慮不無道理！

提到語言的學習，其實只要能夠閱讀、能夠溝通，就是能力！但是只求成績上的亮眼或多益成績，是捨本逐末。曾有大學生抗議校方要求學生的畢業門檻（如英文多益中級以及電腦能力）是違法的，那麼我們就要思考教育的目標爲何？大學教育要做什麼？

三、心理疾患與情緒障礙增加

心理疾病與人類生活步調、壓力及問題解決能力、挫折忍受度等有關。全世界自殺率增加已經是不爭的事實，而心理疾患也可能因爲診斷工具或醫療進步，更容易發現而急遽增加。

近年來，國內發現許多不同層級學校情緒障礙者增多，其中尤以憂鬱、躁鬱、恐慌症與焦慮症居大多數。情緒疾患或者是情緒障礙者，其主要評鑑標準爲（全國特殊教育資訊網，2021）：行爲或情緒顯著異於一般同儕和社會文化的常態者，同時要經由精神醫師診斷來認定；除了學校之外，至少在其他一個情境中，顯著表現出適應困難者；在學業、社會人際生活等方面的適應有顯著難處，且經評估後確定一般教育所提供的輔導無法展現顯著效果者。情緒行爲障礙的症狀，包括（全國特殊教育資訊網，2021）：精神性疾患（如思覺失調症）、情感性疾患（如憂鬱症、躁鬱症）、畏懼性疾患（社交畏懼症）、焦慮性疾患（如選擇性緘默症、強迫症、創傷後壓力症）、注意力缺陷過動症，或有其他持續性之情緒或行爲問題者（如妥瑞氏症、對立反抗行爲、違規行爲）等。嚴重情緒障礙的特質，包括：與人互動能力欠佳，經常發脾氣或攻擊他人，因此無法與他人建立較穩定、互惠的關係；在日常生活方面，自理能力顯著不足，無法處理自己的生活，也不知道如何清楚表達或做要求；在身體機能方面，反應知覺薄弱，對外界的刺激（如光線、聲音等）的反應也較爲遲鈍，通常會出現過當的反應；在言語表達方面，表達能力欠佳，經常會說一些與當下情境無關的事物，語調也較爲尖銳或特別低沉；在行爲適應方面，控制力較弱，對外在事物漠不關心，喜怒無常，且常常不合時宜或情境，也會做一些自傷、攻擊、破壞的行爲。

故事一

一位男大生因爲經常衣物不潔，也不沐浴，造成身體發出異味，同學都避之唯恐不及！導師轉介其到學生諮商中心，經過醫師與諮商師的判斷，應該是罹患思覺失調症，於是帶其到心理診所就醫。在許多學校教師、諮商師與同學的協助下，他出現的徵狀開始有緩解，也可以正常上課，雖然在作業繳交上還需要師長協助，但是一切步入正軌。然而只要學生回家裡一趟、再回學校，整個情況就變了，呈現復發狀況，老師與諮商師於是去探詢原因，發現學生母親不承認自己兒子生病，而且很憤怒地將藥物丟棄，並譴責孩子與師長多事！這樣三番兩次折騰之後，導師與校方也企圖與該生母親聯絡，但是母親拒絕任何協助，學校師生只好轉而努力維繫學生在校期間的生活與安全，讓其固定吃藥、醫師監控其用藥、諮商師按時與其晤談、師生協助其按時服藥與課業。但是當學生要畢業進入職場前，校方特別爲學生召開個案會議，希望家長可以讓孩子繼續就醫，但家長不出席，最後校方也無力繼續協助。

故事二

女大生父親打電話到學校，說自己給孩子的信用卡，每個月都刷爆，自己不是富有家庭，請學校協助看看是怎麼一回事？校方調查之後，發現是女大生自己狂刷卡，但非詐騙集團所為；後來學校諮商師發現女學生疑似有躁鬱症，於是經由校醫診斷確認，並回溯其高中學校，的確發現學生之前有一段時間抑鬱，現在進入大學就有躁症出現。因為女學生上課會藉由不間斷的發言、擾亂教師上課與同學學習，在校園中又會向每位男同學表白，再加上她晚上也不睡覺，室友與同棟樓層的人不堪其擾，校方只好請家長將孩子帶去就醫，但不久家長就將學生帶回校園，說夫妻兩人都工作、無法照顧孩子，校方也覺得錯愕！但是因為情況愈來愈嚴重，最後女學生只好休學回家。

故事三

已經唸碩士班的張同學，患有思覺失調症。他已經二十八歲，也在另一所學校拿到碩士學位，但是就業之後，頻頻出現問題。母親就讓他繼續唸書，因為孩子很聰明。只是進入學校之後，有課業壓力，孩子就更容易復發。學校派一位諮商師固定與學生晤談，也監控其用藥，偶而也請母親出席、了解近況，但是學生本身卻常常因為藥物的副作用、自行停止用藥，加上開始認為旁人不友善，所以諮商師請母親來談，看看接下來要怎麼做？年邁的母親自己要工作維生，還要儘量抽時間照顧孩子，談到自己若百年之後，孩子該如何？就涕淚滿面。

故事一是母親不願意承認自己孩子生病（病識感）而延誤及阻撓孩子的就診與醫療，儘管孩子在學校受到很好的照顧，但是孩子總要畢業、進入社會，就不是家長可以一手遮天，可以周全協助的。故事二是患有躁鬱症的學生，在家長也不知如何照護女兒的情況下，被留在學校所發生的故事。家長往往會因此而不想承擔責任，或是不知如何求助適當管道，這樣任由孩子的病情加劇，也不是我們願意樂見。故事三的研究生雖然有老母一路相伴與照顧，讓他可以過正常生活，但是家長也擔心：萬一自己過世後，孩子的命運未卜！

孩子生活在人類社會中，當然會經歷或體驗不順己意之人事物，也會有喜怒哀樂的不同情緒。家長要知道如何觀察與辨識孩子「異乎正常」的情緒，給予關心與注意，倘若情況非己力可處理，就要找尋其他資源來協助。如果家中出現情緒障礙或心理疾患者，千萬不要諱疾忌醫，而延誤了治療的關鍵時間。況且家中有病人，不僅在醫療費用或決定上是一個重大負擔，家人可能也會賠上心力耗竭、情緒問題或自殺等慘痛後果。國人向來將個人的事務與家族連結，甚至認爲家中有心理疾患者是受到詛咒，或對家族世代的懲罰，這些非理性的想法，往往遏阻了家人尋求正常醫療與協助的管道或資源，釀成家庭及社會的悲劇。既然是心理疾患，就要有病識感，多尋找正常與適當途徑做治療，不要因爲社會（他人的眼光）或自己（自我的毀損）的汙名化，做出不智的決定或處置。

許多心理疾患與成長階段、社會期待和整體環境有關。雖然目前對於心理疾病還是有基因遺傳與後天環境之爭，但是基本上還是認爲兩者間的交互作用很重要（Glant, Faraone, & Tsuang, 2019/2020），像是青少年面臨邁向成人的發展階段，身體與心理成熟度的差距、家長與社會及對自身的期待等壓力源，就容易在無法有效因應諸多壓力下犯病。孩子若出現偏差行爲，不要用異樣的眼光來看他／她，也不要將其「行爲」與「人」掛勾在一起（如小偷、犯錯的人），會讓孩子覺得無法擺脫那個負面標籤，清楚了解其動機、聆聽他／她的故事、尋求適當資源（如同儕、教師、專輔導師或諮商師），協助其將行爲導向對社會有益的方向，相信孩子會因爲家長的愛與信任，願意做出改變，當然家長的陪伴與不放棄是很重要的！

孩子若罹患心理疾病，家人與病患的「病識感」（知道自己生病了）很重要，因爲有病識感才會去尋求醫療或協助，倘若沒有病識感或是否認病識感，就可能延誤就醫、造成更嚴重後果！罹患心理疾病或許需要很長的復原時間，甚至經常會有復發之可能性，這當然也會讓家人覺得身心耗竭，但是家人等支持網絡，千萬不要放棄，因為萬一放棄，生病的孩子也無法支持下去！家裡有人是心理疾患，不可能單靠家庭的支持，也需要往外尋求適當資源（無論是政府、醫療單位或私人之社會救助），都可以讓病人與其家屬獲得適當資訊、緩解病徵或治療；許多醫療或私人社福單位，也會提供給病患家屬一些自助團體的資源，家屬們彼此可以互通訊息、傾聽故事、做情緒宣洩或給予支持，這些都是非常重要的支持網絡，可以協助病人與家屬繼續好好生活下去！

四、網路科技與手機

故事一

小學三年級的阿輝，經常因為嗓門大或是力道使用不當而誤傷同學。老師將其轉介過來與我談談，他對於某個電動遊戲很有興趣，話題老是圍著遊戲轉，我幾乎找不到其他話題與他聊。於是，就讓自己定下心來，好好聽他說。因為遊戲中有許多號人物，每個英雄擅長的武器不同，因此我也在一旁記筆記，希望可以釐清不同人物的長處。後來才知道，原來阿輝的姨婆（養育他的人）不准他玩線上遊戲，因此他到學校來，就無法與其他同學有共同話題做交流，自然就被孤立，他也只好去找較低年級的小朋友玩，但是自己個兒高大，會不小心就用錯力道，反而誤傷同學。

故事二

近年來經常遇到有同學因為作息顛倒，以至於最後面臨被退學的命運。其中一位大三男生，因為所唸與其志趣不合，但是家長又不允許轉系或轉校，他就開始徹夜玩遊戲，導致日夜顛倒、連課都不去上，同寢室同學也無法忍受，最後被勒令退學。另一位男同學因為經濟因素，在網咖打工，但是自己也迷上線上遊戲，直到大二就自行休學。

(一) 網路科技改變人類生活

故事一提到孩子若不追隨流行，可能就無法與同儕有共同話題，容易被忽略或孤立；故事二的故事只是冰山一角，已經有太多大學生因為所學非其所願，轉向網路世界尋求安慰，最後無法跟上課程進度而輟學。許多孩子在現實生活中遭遇困境，卻無相對的因應措施或方式，轉而逃到網路世界中，久而久之，反而讓自己因應現實生活的能力逐漸喪失。網路與科技發達，在十年前幾乎很難想像可以用一支手機辦理或完成許多事項，但是也翻轉了一般人的生活方式。手機成為日常生活之必需，產生了以往未曾聽聞的工作，同時也讓許多傳統產業消失或外移；教學需要與媒體或新興文創競爭，學生學習態度丕變；資訊流通量大而迅速，大數據與傳統研究並行等。文明社會讓我們的生活便利、空出了許多的時間與空間，但是如何善用這些多餘的空間和時間，就需要智慧的管理及安排。

(二) 防堵非因應之道

家長通常對於子女使用網路科技是採用「防範未然」的策略，因此限制與約束就相對增多，但是因為現在手機的普遍以及網際網路的發達，也挑戰了家長與教師對於網路科技既定的印象。根據研究者Boyd（2014/2015, pp.22-23）長期的觀察和研究發現：因為現在的孩子無法像七〇或八〇世代的童年那樣，放了學可以找朋友玩耍或寫功課，因為與同學或朋友實體互動的機會減少，而家長又基於保護子女的立場，不希望子女放學回家以後（除了補習班之外）到外面遊蕩，所以孩子只能藉由網際網路的方式，來建立他／她的社群關係，而社群媒體上的互動，通常是實際社交的補充和增強，社群網路媒體可以讓他們能夠有參與感而且藉此擴充人脈。

以往家長會擔心孩子網路遊戲過久，影響其生活、身心與學業狀態，但是適當的網路遊戲，不僅促進同儕關係與談論話題，還可以增進孩子專注、空間與推理能力（洪蘭，2014b，p.249）。現在網路與手機無遠弗屆，幾乎無人可以逃脫其影響力，因此最重要的問題不是防堵，而是讓孩子學會如何善用手機與網路功能，不受科技的框限與綑綁！在2000年中期，使用網路的人往往被視爲「宅」或「廢」，甚至是社會邊緣人（Boyd, 2014/2015, p.26），但是現在人手一機的時代，整個文化因而改變，沒有手機、不懂上網的，反而變成「怪咖」。社群媒體的特性，包括持久、能見度高、散播力與搜尋力強（Boyd, 2014/2015, pp.30-31），其另一面應該就是爲人所詬病之處（如會留下紀錄、個人爲求能見度而使盡所有方式、一旦傳播出去可能就危及個人或他人，也可能成爲肉搜對象、釀成網路霸凌）。雖然社群媒體無法替代實體的社交生活，但是若在現實生活中受到挫折或人際孤立，社群媒體就可能成爲個人褪入退縮之處，上癮及罹患心理疾病的機率就可能升高！因此家長們如何協助孩子善用網際網路的特性、拓展孩子與人互動和學習的機會，提防與因應可能面臨的網路霸凌，甚至儘早養成自我約束及管理的能力，可能就是親職教育的重點項目。

儘管新新一代已經是所謂的「網路原住民」，但是他們對於搜尋引擎不一定熟悉或擅長，對於所目睹的資訊也不一定有正確的判斷力，這就是親職教育可以著力的地方。當然家長們擔心數位科技中的孩子可能注意力下降（比如同時在電腦上開好幾個窗口，或同時使用電腦，手中又做功課）、道德墮落、網路上癮、生理健康下滑、識字率降低等，這些擔心與焦慮並不是空穴來風，然而只關注到負面影響、故意忽略網路科技的優勢，不僅容易無效，也不是我們建議的作法。

(三) 網路可能隱藏的危機

故事一

一位一流學校畢業的男大生，原本可以順利考取公職，但是因爲任職於公家機構的父親一直批判、要求，在兒子第一次考公職失利之後，更是百般苛責，結果造成兒子每一年皆失利，後來甚至因爲擔心他人眼光、加上自己的自信低落，根本不敢踏出家門一步！家長不敢尋求專業協助，認爲是家醜不可外揚，兒子的一生也漸漸成爲繭居在家中的「無能兒」，原本他對於父母親的眼光與指責還會覺得羞愧難當，後來因爲習慣，索性就如其所願地耍廢。

故事二

一位家長是醫師，她說自己採用最原始的方式教導孩子，家裡沒有電視，也沒有網路，孩子也不參加補習，她讓孩子自小就養成閱讀的習慣，週末假日也讓全家人可以有適當休閒。剛開始時，孩子當然會有怨言，但是發現父母親也是這樣過生活，而且多了許多同儕沒有的家人共處時間，家人關係更親密，也較少受到同儕流行的影響。

故事三

我們小的時候物質缺乏，但是父親總是會讓我們有一些新的體驗，像是每隔一段時間就全家出門逛街。雖然父親只是推著鐵馬，上面承載著四個孩子（前座一人、後座兩人、腳踏車踏板另一邊一人），其他兩個孩子用走的，但是沿途父親就會提醒我們看看遠方的高樓，或是特別的看板，或是新的店家；雖然每次能夠吃的點心或食物都差不多，但是這種新鮮感是很棒的！直到後來，我自己會去逛街或到藝廊看畫，都會覺得心神一振！曾經有人問我：

「爲什麼不買回去欣賞？」我說：「（藝術品）留在這裡，讓更多人看見，不是更好？」

故事一提及的是無法完成家長期待的孩子，在嚴峻環境下，更不可能發揮自己的能力，最後在屢經失敗之後，放棄自我人生的故事。父母親對子女有期待是自然，但前提是先要了解孩子的天分與個性，順其興趣與性格做適當培養與鼓勵，不要一味以自己的高標準來要求孩子，孩子在乎父母親的感受，也擔心自己辜負家長期待（最後會轉爲對自己的失望），在這些重重壓壓力之下表現出來的，就不如預期，或壓力持續，可能就會造成惡性循環，結果更糟！故事一的兒子最後成爲足不出戶的繭居族。故事二的家長雖然有點極端，但是會跟孩子說明她爲何如此做的原因，因爲家長擔心孩子只追求目前的流行，忘記最基本的人性，這也彷彿是先替孩子打一劑強心針——讓孩子未來遭遇到外界環境的誘惑時，也不會失去自我。故事三提到許多的美麗不需要帶回家，而欣賞、嘗鮮的能力是可以在生活中慢慢培養的。

所謂的「繭居」指的是與社會疏離（或適應社會、害怕與人交觸的問題），除了與家人、學校及職場上人員的互動外之，不願與他人接觸；幾乎整天窩在家裡，即便出門的範圍也限縮（如只去附近超商），這樣的情況持續很長一段時間（通常是三至六個月以上）（田村毅，2014/2015，pp.46-47）。日本在2010年的統計，全國有近七十萬人的「繭居族」。有精神科醫師在探索繭居族與學習動機消退（因爲繭居族通常是從拒學開始）、其他心理疾患（如思覺失調、強迫症、憂鬱症、青春期妄想、迴避型人格或邊緣型人格違常）的相似處，然而卻還是發現有些不同；像是繭居族大部分會沉溺在網路與手機上，作爲打發時間或退縮到虛擬世界的方式，藉此麻痺痛苦情緒，但是他們內心卻深懷罪惡感（田村毅，2014/2015，p.49）；與手機或網路上癮者（懼怕與人接觸）不同的是，繭居族是渴望與人接觸的（齋藤環，1998/2016），只是因爲失敗或害怕而縮回。

日本精神科醫師田村毅（2014/2015, pp.106-107）認為日本繭居族眾多的導因是：持續存在的親子相處模式（親子互相扶持，與華人的孝道同）、學歷至上主義（唸書以外的事不重要、升學與名校壓力）以及群（集）體優先的人際關係（較不重視個體），這與我國的傳統及現狀相似，也提醒我國的許多家庭可能也「製造」了許多繭居族，並預先採取防範之道，因為繭居若不做積極介入或治療，「啃老」就是接下來的結果。我國是集體主義的國家，重視人際和諧，還有家族觀念，國人對子女的期待也不惶多讓，有時候還有家族傳承的壓力（譬如：醫生世家或是繼承家業），我們也重視文憑與學歷（以往是晉升社會階層的主要管道，現在則是因為少子化、還身負家族顏面或聲譽），倘若孩子本身自我強度不足，或許就容易退縮、不敢冒險，理所當然成為繭居一族！

不管是繭居族或啃老族，都讓身為家長者注意到培養孩子獨立自主能力的重要性，也不要太寵孩子或處處護衛孩子，因此無法讓孩子接受適度的挑戰與挫折，錯失了養成能力與態度的關鍵機會！

除了社交的需求之外，社群媒體創造了以青少年為中心的公共空間（Boyd, 2014/2015, p.42），他們在網路上登錄自己的行蹤、刷「存在感」，與「自我認同」有極大關係。現代的孩子較多自我表現的勇氣，網路也提供了一個空間。青少年追求自我表現，通常會從外表或裝扮開始，或從事危險的行為，這與其爭取自主及掌握自我表現有關（Boyd, 2014/2015, p.38）。青春期的孩子「長自己」的方式也是如此——藉由站在父母親的對立面，才能夠被看見，因此他們的反對其實不是眞正要反對，畢竟青少年需要仰賴家長的部分仍多。網路媒體當然還有其他可能陷阱，包括色情、網戀、網交、約炮、犯罪等，也是家長擔心的部分，然而只是禁令或制止，收效不大，讓孩子清楚網路可能存在的陷阱或誘惑，以及後果及預防之道，同時不定期與孩子開放討論其所接觸的社群網站，或許可以減少因不知而犯的錯誤。

網路的虛擬世界固然滿足了人類許多的需求（如想像與創意、溝通與社交、約炮與網交等），但同時也製造了許多問題亟待解決（如霸凌、性侵與性騷、新興犯罪模式、上癮行為、繭居族及心理疾患增多），當然人類是高等生物，對於面臨的問題，還是會努力尋求解決之道（如簡單生活、發展閱讀與休閒方式），然而科技網路之勢似乎龐大不可擋，要如何有效因應，的確也是政策擬定者、研究者與社會各領域專業人員的當務之急。藉由網路進行性侵害，也是日漸受到重視的議題，美國的統計發現絕大多數受害者年齡在十三至十七歲之間（Wolak, Finkelhor, Mitchell, & Ybarra, 2010）。

(四) 家長可以協助的部分

家長對於智慧型手機問世以及功能的日新月異，有許多的困惑與擔心，尤其對於手機「原住民」的新新一代，更是束手無策！以往網際網路剛出現時，家長還可以用一些管理方式（如密碼、加上家長監控系統、將電腦放置在公共空間等）遏止網路的濫用，但是現在人手一機的現實下，許多專家與家長也都一籌莫展、無計可施，有些學校為了讓學生更可有效學習，也禁止手機在上課時間使用，甚至要學生在上學時交出手機、暫時為其保管，但是「上有政策、下有對策」，學生攜帶兩支手機（一機繳交用、另一機自行使用），簡直無法可管！在大學端，學生在課堂上使用筆記型電腦與手機也是日常，而且理直氣壯（如搜集資料或作筆記）！有一回我發現某位研究生在使用的筆記型電腦上瀏覽購物臺，我給予機會並提醒警告兩次之後未果，最後只好當場舉發、請她關機或走出教室，而這位學生在期末教學評鑑上給予我很差的評價！事後反省，我其實也可以睜一隻眼閉一隻眼、高抬貴手，讓這位研究生過關，何況學習多寡是學生自己要負的責任，但是這樣也對不起其他認真學習的同學！經由這樣的正反面思考，列出處理方式的優劣處，也有助於思辨能力及決定可採取的行動。

1. 了解並熟悉科技

站在家長的立場，往往是保護與預防，因此比較不會去思考網路所帶來的優勢或益處，而是思量另外一個方向可能的壞處或上癮問題。像是推陳出新的網路或手機遊戲，雖然創新有趣可吸引孩子的注意，練習專注力、打發無聊時間或是成爲孩子社交互動的話題，當然網路或手機遊戲也有許多陷阱，目前有一種廣爲教育界注意的網路遊戲「藍鯨挑戰」（Blue whale challenge），其遊戲是以五十種挑戰來吸引遊戲玩家（絕大多數是兒童與青少年），此遊戲的最後挑戰是讓玩家挑戰自殺，不少青少年因此喪命！

家長要留意與了解孩子所玩的遊戲，開放的討論與適時的監控，往往比禁止或處罰更具教育意義。此外，有諸多研究已經證實手機的使用率過高，會影響到孩子大腦、身心的發展，也讓親子關係受到負面衝擊。對個人而言，像是藍光影響睡眠節律，讓大腦無法利用睡眠時間、將白天所學或經驗做適當統整，影響睡眠品質、記憶力及學習效果；長時間使用手機，導致視力退化或不可逆的眼部（尤其是黃斑部）病變，甚至是脊椎因爲姿勢不良而出現問題；手機上不良的食物廣告，或使用手機者貪圖便利，可能就攝取了過多熱量或是不營養的食物；或因爲都是坐姿或固定姿勢、缺乏伸展與活動，造成發展遲滯（大腦的發展與身體活動息息相關）或健康問題（Goodwin, 2016）。Goodwin（2016）也提醒現代父母：不要因爲使用手機而忽略了與孩子眞實（面對面）互動的機會，因爲孩子需要與人有眼神接觸、感覺被愛、與人有連結，才會發展成健康快樂的性格！同樣地也要提醒一般民眾，即便手機的功能有許多，也不要忘記與人有正常的對話及交流，甚至讓生活回歸正常運作（如吃飯時專心享受，而非「配」手機吃飯）、減少手機的使用，甚至更進一步可以過較爲原始、簡單的生活，讓身心獲得安頓。

青少年在網路情境之中，必須要學會解讀並創造自己的位置，因爲青少年可能同時加入不同的社群媒體，而在不同的社群中也必須展現不同的行為或者是語言，才能夠融入、成為其中的一分子，然而會不會因為變換身分或者在切割虛擬與眞實之間，無法判讀？這可能就是家長可以與孩子共同努力的地方。青少年容易隱藏自己的身分，目的就在不讓自己在成年人或父母（限制與監督）之前過度曝光，而且只提供足夠的訊息（所謂的「社交隱寫術」）讓朋友能夠找到他（Boyd, 2014/2015, p.80 & p.109），這也是基於他們想要維護自身的隱私權、以及營造更多的社交空間的一種因應技倆。研究者提到：娛樂與社交是青少年喜愛網路的主要原因，況且這比溜出門去要安全、簡單多了！隱私對於個人的發展很重要，在網路上有意願與目的的分享，可讓青少年控制自己的社交環境；而藉由自己公開的方式來維護自身的隱私，才不易受人操控，青少年藉由分享來創造隱私，是想在社會壓抑的情境中行使其能力之表現（Boyd, 2014/2015, pp.121-122）。

既然社交是健康的需求，網路也成為青少年掙脫家長監控、滿足與人互動與隸屬需求的重要管道，況且網路也提供了豐富的學習環境；青少年在上網的同時，可以發展與培養對整個社會情境的了解與感受（Boyd, 2014/2015, pp.147-148）。在與青少年密切接觸的研究過程中，Boyd（2014/2015, p.153 & p.156）甚至坦言——「上癮」的說法是剝奪青少年空間的文化藉口，家長與社會似乎將青少年視為無法抗拒網路誘惑的弱勢族群。因此為了避免將網路世代的孩子視為弱勢、處處保護，可能就剝奪了他們學習的重要管道。

2. 協助孩子辨識與判斷

網路資訊爆炸，幾乎無所不包，學生的學習變成「下載」（download）與「卸載」（offload），缺乏大腦「工作記憶」（working memory）所需要的刻意努力，以至於雖然接收了過多的資訊，卻沒有下工夫學習，同時因為缺乏判斷與思辨能力，這些資訊極難成為可用的知識，也導致所學不夠扎實，等到要眞正用時才發現不足！家長可以協助孩子善用搜尋引擎、尋找可靠的佐證資料，也讓孩子學會如何判斷資訊的正確與可信度，或許可以減少一些負面效應。

孩子上網或加入不同媒體，家長擔心的可能是隱私權或被詐騙與誘拐的問題，孩子如何在社交與隱私權方面取得平衡，的確不容易，但也是可以養成的能力之一，至於如何判斷眞僞，也就需要更進一步的協助與指導。面對更迭變化的網路科技，家長若只是站在保護孩子的立場，卻沒有教會孩子在面對與使用網路科技時，如何防範外來可能傷害或維護自身權益或安全，這也是親職方面的失職，因此家長們不能只站在防守、保護的一端，而是能夠與孩子一起、共同來了解網路世界的虛實，然後與孩子一起討論其中衍生的許多議題或危機，該如何去面對與解決？讓孩子擁有更多適應與辨識的重要能力，才是眞正的資產！

對於手機使用的習慣與自律，或許是親職教育可以著手及著力的部分，在規範孩子使用手機的優劣點與要求的同時，也要輔以討論與講理，也記得給孩子申訴和改正的機會，不要因爲孩子的行爲而收回愛孩子的心，孩子很在意家長對他／她的愛與態度，因此在對於手機的使用上，要經由親子共同討論來約定，也要有關賞罰的明確規定。賞罰方式應由親子共同商議、彼此同意後執行，家長也不要將孩子使用手機的規範歸爲孩子應遵守而已，自己也要以身作則，才得以服人！孩子在家中本就應有發言權與選擇權，倘若不讓孩子自由表達自己意見，往後與他人相處時，自然也不容易爲自己發聲；表達自己的想法並無錯誤，而且也是人權，家長可以教導孩子如何適時、適地說出自己的想法或意見。

五、藥物濫用與偏差行為

藥物（包括菸、酒）濫用與其他多種上癮行爲（如上網、賭博、性上癮），也稱爲文明之後遺症，時間空出太多，若加上生活失意或無意義感，可能就容易陷溺在上癮行爲中、不可自拔！現在一些國家（如美國）將大麻合法化，甚至將其視爲餘興藥物，少了法律與道德的約束，可以想見未來藥物氾濫的情況會更嚴重，而目前的趨勢是處方藥物（未在醫師處方下使用的處方藥物）的濫用（Moritsugu, Vera, Wong, & Duffy,

2014/2019, p.368），加上新興藥物的崛起，未來人類要面對的藥物濫用與上癮問題可能更形艱巨！

孩子的友伴與同儕團體很重要，因爲人際關係是心理健康的關鍵因素，同時與學習有極大關聯。孩子從進入學齡期開始，就會花許多時間和同儕相處，許多人生中的重要學習也從與人互動中獲得，因此倘若孩子在每一個學習階段都有一些共學的好友（至少不被排斥或孤立），基本上孩子會快樂。然而當進入青春期，孩子若在家庭中沒有獲得歸屬與溫暖，自然會從友伴中找尋，倘若在學校沒有志同道合的朋友，可能就會向外尋求，以滿足歸屬與認同的需求。師長對於校內的同儕較容易掌握，但若是校外認識的人或友伴，就較難以了解；臺灣南部學生，會因爲家住宮廟附近，或是常與校外人士接觸，增加了其中輟、產生偏差行爲或加入幫派之可能性。這也說明了環境與風俗文化可能發揮的影響力。當然我們也不能就此汙名化宮廟或是學生在校外的人際網路（如補習班或社團），然而卻也因爲有篩選難度，加上學生在發展階段的同儕壓力或從眾行爲，孩子有較大可能性會誤判形勢，陷自己於困難或違法情境之中。

故事一

草屯療養院（草療）曾經執行過一個戒毒「中途之家」的計畫，特別在草療的建築內，另外勻出一個空間，裡面收容的是經過戒毒正規處置過程之後、尚未回歸社會生活的勒戒者，整個運作是以美國匿名戒酒協會（AA）的方式，以「前輩」帶領「後進」（類似贊助、教師與與支持者的角色）方式進行，學員彼此在「中途之家」內生活、互相照顧，並固定有諮商的自助團體。除了原本草療編制內的心理師之外，「中途之家」還加上職能治療師，協助成員儘早適應、重新踏入社會的準備。我記得當時成員有近三十位，有點像國外「團體之家」（group home）的方式過著團體生活，也辦理一些便當製作業務，有些微的自營收入。可惜這個三年計畫完成之後，沒有拓展到其他機構或地區，或許是因爲耗資巨大、無以爲繼，眞是可惜！香港勒戒工作是在一個隔離的小島進行，期間不僅讓菸毒勒戒者過著團體生活，有一般生活與健康菸毒等教育、個別諮商與團體諮商的介入處理，也針對成員重入社會，做了許多的準備與心理建設工作。

故事二

有一年我曾到附近勒戒所擔任志工，協助個別諮商事宜，因爲裡面任職的心理師很想做這一塊，但是礙於勒戒人數過多、可以談話時間受到極大限制，加上三階段（生理、心理與社會）的勒戒，基本上較不以治療爲核心，因此再犯率近八成。我記得第一次到勒戒所去做演說時，看到臺下是三十至五十多歲的族群，想到他們在一般發展階段是成家立業的關鍵與穩定期，但是卻被限制在勒戒所中，當時就有百般複雜感受，等到直接接觸勒戒人之後，才發現他們大半未婚，少數已成家，甚至育有子女，言談之中有許多的悔恨，包括對長輩的孝道以及不能善盡親職的遺憾。

故事一提到一個我國沿用國外勒戒模式的中途之家，協助菸毒患者重返社會、成功生活的案例，因爲許多勒戒患者即便經歷勒戒機構或私人機構的制式勒戒階段（生理勒戒、心理勒戒與社會適應）之後，重回自己之前的生活環境，很容易再度淪爲菸毒使用者，因爲其家庭（如溝通問題或衝突）、社交圈（原有的毒品朋友）與個人生活困境（如失業或生計問題）依然未獲得解決，造成再犯率屢創新高（大概八成以上），因此最好是在勒戒階段，同時提供其他有關家庭關係與溝通、社交技巧（如肯定訓練或拒絕）及職業或生涯諮詢，以及走出勒戒所之後的追蹤協助，都可以幫助勒戒者成功重新投入社會、貢獻才能，而香港的經驗也可供參考。故事二提到自人類文明以來，會遭遇到的問題解決管道，以往用藥物是爲了擺脫情緒上的痛苦或壓力，現在當然也是，還加上對於生命的無意義感！

嗑藥或沉迷網路世界只是一時的逃避，不能面對與眞正解決問題，反而容易因此而失足成千古恨，不僅犧牲了自己的生活或生命價值，同時也浪費無以數計的社會成本（像是牢獄、生產力、家庭與親情等），眞是得不償失！其中家庭、教育、資源、支持系統及適當的矯正機制，都扮演著很重要的角色。

藥物濫用與危險的知識，家長也需要涉獵及了解，而不只是單純禁止或恐嚇孩子而已，因爲這樣的限令沒有說明、解釋，孩子不容易理解、也不清楚目前毒品現況及該如何防範；家長對於孩子的學校與交遊情況也要去認識和了解，必要時尋求資源與協助；此外，孩子需要有對抗極大同儕壓力的自我強度，倘若同儕有人以藥物（包括酒精）爲紓解壓力或解決問題的方式，孩子可能就容易在不明究理與後果的情況下盲目嘗試，何況現在許多藥販子會以一般人容易輕忽的方式（如以茶包、飲料或糖果形式），讓人上鉤或上癮，需要注意與警示的線索，也都要提早與孩子討論和告知。如何說「不」與拒絕，以及較高的抗壓力是有關聯的，孩子怕不被喜歡或沒有朋友，或是害怕被拒絕就是拒絕自己這個人，有時候被逼迫要從眾、跟別人一樣，而做了錯誤決定。

談到藥物上癮，其實目前最迫在眉睫的是手機與網路上癮（在本章前段提過），已經成爲未來必須面對的文明病，身爲家長要了解和防範！與藥物上癮等議題相關的，還有「負責」的功課。現在的孩子，有父母親的周全保護，在面臨到自己的責任時，卻常常甩鍋。到底該如何做，才可以讓孩子養成負責的態度？責任其實是「給出」的，也就是平日就要讓孩子慢慢承擔起責任、願意爲自己的行爲與選擇負起責任。鄰國日本有個「我家寶貝大冒險」的節目，是讓年幼的孩子出任務，可能是購買物品、送東西，家長會先取得孩子的跑腿意願，然後事先說明任務內容和提醒，就讓孩子出發。這樣的冒險就是很好的責任培養。

六、生命無意義感

故事一

我們小時候，臺灣人普遍都很窮，家裡孩子又多，家庭主婦就會創發新意，讓家庭多些收入、好補貼家用，當然有時候孩子就是最佳的人力來源。我們當時就被母親要求出門去兜售自製的「枝仔冰」（臺語）或棒棒冰，還有一些菜園裡栽種的時蔬，我們要沿街叫賣。有一回母親製作了糖葫蘆，分配給每一個孩子一人一盤（大概有十支）的份量去學校販賣。我六年級的班級正好在小弟的幼稚園旁邊，放學時間，小弟默默地捧著裝著糖葫蘆的鋁盤靠近我，我看到他黝黑的臉上有兩條白線（那是他哭過的痕跡）。他說他的賣不完、不敢回家，因爲他盤中的糖葫蘆幾乎原封不動，我於是靈機一動、呼喊班上同學預購（次日再給錢），一下子解決了問題，小弟破涕爲笑！

故事二

小弟後來也有商業頭腦，尤其是農曆春節時，他會去「割」（批發）糖果來賣，希望可以多賺一些錢。但是第一次就出師不利，「割」來的糖果只售出一些，其餘的看樣子要自己消化了，於是他就找我們幫忙，我們當然只好想辦法替他兜售，最後是自己「認買」。後來他也學會如何招朋引伴、協助他自己完成任務。

故事三

在大學通常會有團體或分組報告的作業，需要幾位同學一起完成，但是許多學生在眞正上臺做口頭報告時，往往是照著PPT上的字唸，對於自己報告內容也不求甚解。我要求每一組同學報告完後，必須要全員出列、接受現場同學提問兩個問題才能下臺，這樣的問答方式，讓報告同學至少可以從中去整理與消化一下自己準備的報告；此外，我對於同學的團體報告會有口頭與書寫兩個分數，因爲有些人可以較爲邏輯地以口語方式呈現內容，有些同學則是善於文字的組織與整理，最重要的是：我可以從中清楚知道學生是做分工而已，還是眞正有合作的成果？因爲只是分工的話，書面資料通常有不同的格式或是寫作型態，但是若經過組員討論與整理，所呈現的書面資料，可讀性就增加許多！

藥物濫用與上癮行爲也彰顯了生命無意義感的結果。家庭是培育國家人才的第一個社會化與教育之場域，也是生命態度與價值的養成所，或許家長並不清楚哪些是屬於生命教育的範疇？簡單說來，舉凡所有家長想要教導的一切，都是生命教育的內容，包括面對生活與做人處事的態度、遭遇困境時的因應方式及思考，而不限於對於生死的看法或態度。我們的社會較忌諱談死，因此家長本身對於生死議題的態度很重要，還需要有與時俱進的資訊和知識。談論死亡並不會造成對死亡的恐懼，即便對死亡恐懼，也可以將其延伸爲生命可貴與有其意義的積極面；相反地，家長忌諱或逃避談論死亡，反而更增加了孩子的莫名恐懼及焦慮。

或許因爲現代孩子的壓力較之前的世代要更大，包括競爭對象全球化，少子化讓家長的期待更多，社會的變化與科技進步，讓許多行業與工作產生巨大變化等等，同時也讓許多心理疾病多樣化，心理疾患增加。孩子爲什麼會對生命產生無聊感或無方向感？一般家長較少與孩子談論生命意義與使命的議題，但是卻可以在日常生活中更深入一些，而不是只談事情的表面。即便只是一則社會新聞（如鄭捷的「無差別殺戮」），也可以讓家庭成員各抒己見（如站在鄭捷、其父母、社會大眾、或一般家長的不同立場，可能會有哪些想法？），就可以討論得較爲全面，也進一步去思考傷害他人或自己，其後果與影響爲何？人類做這些行爲的背後，有哪些動機？如果中間介入一些適當的處置方式（如了解鄭捷的心態、持續追蹤治療結果等），結果會不會有所不同？或者換位思考一下，可能會有不同的情況？家長多花一點時間給孩子，孩子在被聽見的同時，有被接納與尊重的感受，也較願意表達自己的想法，有難處會願意找人商議，而不是不願意花時間，只是很簡當地下結論（如「壞小孩出自壞家庭」、「做出傷害他人的事，罪無可逭」），這些只是個人評價，其實會留下更多的疑惑！家長要知道，孩子也會成長、成熟，會開始站在不同角度思考家長所言所行，倘若孩子對家長失去信賴，自然也會影響親職效果或家人關係。

故事四

一名國二女生因為缺乏朋友，而且許多的言語都與同儕不同，老師擔心她在學校的生活，因此轉介她來輔導室。輔導老師發現女學生使用的語言很成熟，只是很悲觀，常常以父親的言行為尊，像是：「我爸說不要相信人。」「沒有人會真正關心你。」之類的話語，甚至與輔導老師對話時，也常常有類似的否認與負面的語句。

故事五

近年來科技與網路發達，研究者卻發現自殺率升高，富有國家自殺率高於窮困國家，青少年自殺率也攀升，另外罹患酗酒或毒癮者人數也遽增，主要原因是生活缺乏意義感，2014年鄭捷在臺北捷運上的「無差別殺戮」就是其一，造成四人死亡、二十四人受傷。人類儘管已經延長了壽命，理應可以善用這些多出的時間，但是倘若生活沒有使命感，延長的壽命就欠缺意義，甚至導致上癮與自殺人口增加，是多麼諷刺的事！

多年前臺北某名校曾經發生高二女學生自戕事件，當時有位家長的女兒正好就讀該校，事件發生當晚，女兒就打電話回家告知母親此事，母親的反應是：「妳千萬不能想不開，要不然我跟妳爸都無法忍受！」女兒只是想要與家人聯繫，畢竟學校發生了這麼一件大事，她或許也有許多的困惑與問題，只是需要找人說一說、舒緩一下繁複的心情而已，但是母親的這個反應卻讓女兒講了一下子就掛斷電話。母親後來問我該怎麼回應？我說：「妳只要聽就好，如果在過程中想到女兒可能有哪些擔心或情緒，就說出來讓她知道。」

故事四提到家長的影響力與價值觀，子女可能就在平日的生活中觀察模仿，或是被灌輸要求的情況下，成爲習慣，甚至不知要去挑戰，可能就影響了孩子的一生。孩子在不明是非的的情況下，總是以家長爲尊，將家長所教導的視爲圭臬而奉行，許多孩子在遭遇到其他孩子不同的價值觀或想法時，可能會做比較與反思，甚至有進一步的修正動作，但是也有孩子不畏情勢、堅持執守原先家長給予的觀念，導致生活不順或與人扞格，這又該怪誰？故事五提到家庭遭遇危機情況時，基本上最傷心難過的，自然是家長，因爲沒有家長想要培養社會敗類，但是社會卻不是如此，常常將子女的過錯歸因爲家庭或親職教育的不當！此外，青少年正值人生轉折期，面對自我的期許以及家庭、社會不同於兒童的期許，加上生命歷練尚不足，許多問題解決方式與策略還不夠用來因應挑戰，或許就會將死亡當作逃避或解決問題的方式，此時家人的敏銳覺察和了解、其他資源（如好友、醫療與諮商）的挹注就很重要，家長經常會以自身的擔心爲主，卻忘了去了解孩子眞正的擔心或煩擾爲何。

生命意義感需要由自己來創造，想想自己這一輩子想要成就什麼或達成什麼目標？Smith（2017/2018）提出生命意義的四大支柱，它們是歸屬、使命、敘事與超然：1.關懷是「歸屬感」的核心，我們要對他人敞開心胸、以愛與善意來對待他人（人際關係），不僅振奮了他人，也提升了自己；有愛才會覺得自己有價值、不孤單，也會有勇氣去面對生命中的挑戰、實現自我。2.「使命感」來自於對自我的了解與省察，自己能夠做什麼、想做什麼來彰揚自己的生命意義，這種使命感可以讓人持續前行而不輟，而工作是實踐使命感的一種方式。3.「敘事」就是說故事，我們藉由說故事來定義自我，也連結他人，而透過故事的分享，也為自己與他人創造意義。4.「超然」指出人是宇宙、歷史中很微小的一員，而許多體驗可以讓我們領會到更高妙的世界，畏天、敬天、謝天就表示知道自己是浩瀚宇宙中的滄海一粟，因此我們學會謙虛；「超然」還包含我們不是為了「小我」一己之利益，而是看到超乎「小我」的他人與目標（「大我」，如環保減碳、未來世代的生存、永世的價值觀），願意為這些更敻遠的目標而努力。以這些研究結果來看，家長們可以讓孩子在愛與鼓勵中成長，也讓孩子善待周邊的他人、建立自己的人脈（因為人際關係是心理健康最重要的指標）；「使命感」的部分，則是讓孩子了解每一個人的存在都有其積極與重要目的，會自我反省及做適當改進；「敘事」則是與孩子共同創造記憶、珍惜與孩子相處的每一段時間，聆聽孩子的故事和想法；「超然」是讓孩子知道「人外有人、天外有天」，孩子學會謙虛，儘管自己渺小，但是仍對人類社會與宇宙有重要貢獻！

一般家長會適時適地教導孩子與人相處的道理跟禮貌，像是問候長輩、儘量與人為善，甚至使用閱讀材料或影片，將自己認為重要的價值或事務教給孩子，然而教是一回事，孩子能不能學到又是另外一回事。我們的親職教育中較缺乏生命教育的部分，有時候碰到較為敏感的議題（如同性戀、性別期待、自殺或政治議題），基本上會避而不談，最常發生的就是單向的傳輸——警告孩子不可以如何如何，或是以自己的意見為主，較不常與孩子討論一些重要或日常生活引發的議題。雖然許多家長會說，因為自己不知道該如何與孩子討論，但是至少願意傾聽孩子的不同意見，對孩子來說，都是極為重要的學習。孩子或許不太敢與家長聊一些特定的話題，像是交友、讀書心得、社會現象等，主要是因為家長的態度與回應方式。剛開始和孩子討論時的態度很重要，家長不要太嚴肅或八股、動輒就講一番大道理，要保持好奇、不知的態度，讓孩子來告訴我們，也要在過程中保持興緻盎然或有興趣了解，這樣孩子才會不怕、願意開啟及延續話題。孩子與我們的看法不同是正常的，我們和配偶間也常有意見不同不是嗎？就因為每個人是不同個體、對於事物會有不同觀點，這才能夠讓我們拓寬視野與見地、知道與認識更多，世界才美麗多彩。

家長碰到問題時的面對態度及處理方式，遭遇失落經驗的震驚、害怕或難過也不需要隱藏或僞裝，家長自己對於生活與生命的態度，都會展現在孩子眼裡。學習感激、道歉與原諒，了解欣賞與觀察，甚至珍惜每天的經驗與互動的人，同時學會自我反省與改善，這些都是很重要的生命教育，不一定要談論生死或疾病。倘若正好住家附近或是有新聞事件，與生死或生活方式與態度有關，不妨就讓它們成爲親子可以討論的主題、交換意見及看法。讓孩子學習沉澱或冥想、與自己相處，也很重要；孩子太在乎他人的眼光或看法，有時候反而被別人牽著鼻子走，沒有自己的想法或意見，多半時候是孩子不敢表達出來。讓孩子知道每一個人活在這個世上，都有自己想要成就與貢獻的部分，不管擔任的是什麼工作，也都是發揮自己的能力、爲社會與世界奉獻，同時也創造了自己獨特的生命意義！

許多家長或許知道孩子對於食物或遊戲的喜惡，但是卻不一定知道孩子喜歡的科目或事物爲何？雖然學校的一些測驗（如興趣或性向測驗），多多少少會反映出孩子的能力與喜惡，但還是需要經由平日的觀察和進一步了解，可以更確定，也才能給予孩子適當的資源挹注或協助。找出孩子有興趣的事物，甚至進一步培養與加深其能力，孩子在做自己喜歡的事物同時，也培養了能力，甚至成爲未來生涯目標，對其具有重要意義；此外，也讓孩子有珍惜、感謝、審美與欣賞的能力，他們就可以從生活中看見可以去做、創造或貢獻之處，生命意義自然就出現，並履行實踐！

七、尊重、惜物與感恩

故事一

有時候我上傳統市場買菜，偶而會因爲正好錢用完了、欠一些零頭，我當然也想過退貨不買，但是又覺得對不起商家，畢竟他們也需要賣出貨品，所以就不忍退貨。雖然跟許多攤位老闆都是幾十年的交情了，他們不會在乎這點小錢，但是我一定盡可能在當天將錢還回。有一次一位老闆忍不住問了：「欠五塊錢是小事，沒有什麼大不了，不還都沒關係！」我回應道：「或許對你來說，五塊錢不多，但是我卻要記一個晚上或是很多天，乾脆當天還，不是省事很多？」我記得父親擔任公職，因爲家中食指浩繁，往往要借米過日子。等到父親退休，有一天他要求我跟他一起去一家熟悉的米店。父親說，以前都是拜這位老闆之賜，願意賒欠米錢給他，現在退休了，正好把前帳結一結。兩位年屆中年的男人，坐下來開始聊以前。我也因此謹記他人對我的好，不能視爲理所當然！

故事二

我小學五年級的時候，有一回參加全縣的繪畫比賽，是去當地一家飯店作實景寫生。當時我正在畫一棵樹，帶隊的古國明老師在我身邊蹲下來，指著我的樹說：「樹不一定是綠色的。在沒有陽光照到的地方，可以是深藍色或黑色的，有些樹會開花，也可以有不同的顏色！」這是一個很棒的生命教育，讓我看見：原來一棵樹可以有不同色彩。等到我進入大一，那時還寫了一段話：「每個人就像一棵樹，有不同的生命型態。」後來我到美國去進修，才發現有個人跟我有同樣的說法，而且一字不漏，那就是心理學家阿德勒，當時眞的有隔空遇上知音的感動！

故事一提到重要價值觀的傳承，以及感謝他人對我們的善意；故事二提到不受限於制式的思考，可以看見許多可能性與美麗！俗話說：「人必自侮，而後人侮之。」同樣的，「人必自重，而後人重之。」尊重是需要從自己如何看待自己開始。許多學生與人起衝突，往往說：「是他不尊重我！」我反過來會問他：「那麼你尊重你自己嗎？」他的回答是：「當然！」接下來我問：「那麼既然你尊重自己，怎麼會將別人的言行舉止視爲對你的不尊重？通常我們會這麼在意他人的尊重與否，是因爲自己缺乏信心。」於是就可以跟他討論自信心與尊重的關聯。我們現在社會上有動輒惡意解讀他人行爲，因此揮出球棒的「球棒隊」，感覺整個社會充滿暴戾之氣，也不知道自己何時會不小心惹怒某人、遭來痛打？尊重自己，自然不會做出侮辱自己的行爲，何況傷人呢？

或許因爲生活便利，許多物品汰換也快，像我還對於舊物珍惜送修的情況，已經很少見了！環保意識抬頭，但並不是每個人都會惜物。惜物的另一層意義是：對於物品的使用謹慎與懷抱感謝。或許因爲科技進步，許多物品，包括工作，都變得取代性高，舊物送修有時候還不及新買的便宜，但是還有一層記憶與緬懷，這是無法取代的！

對於生活，我們的不滿意總是多過滿意，也往往因此而抱怨，甚少去看見希望或亮點，對周遭的人也是一樣；或許因爲我們都有完美主義傾向，習慣了看見需要改進之處，所以勤於批判，但是有研究已經推翻了「生活不如意事十常八九」的陳述，因爲好事或小確幸的確較多，但是我們不將它們放在眼裡（所以不算），也因此讓我們的生活較不快樂或感到滿意。

學會尊重、惜物與感恩，自然也會看見人及人際互動的美好，更能體諒自己或他人的不完美，也都可以原諒，了解自己可以爲他人與世界所做的貢獻，也不失我們對於生活和生命的希望及努力！

第十章

結語

不管是政府、學校或是社福單位，推廣或進行親職教育都是責無旁貸，但是親職教育的內容廣泛，許多家長希望可以實用，且針對某個特殊情況下的有效處理方式，這樣看來似乎供需不相符，或許親職諮詢的服務會較符合家長所需。當然最實際的親職教育，還是需要做中學，家長針對不同孩子的性格與自己擁有的資源，做最好的安排與處理。

親職教育的執行，不同層級或學校都有不同作法。小學端對於親職教育有固定安排，但是往往礙於家長出席率低，必須想方設法、增加家長的出席率！因此許多學校祭出獎品、抽獎、自助餐、與運動會或家長會結合，或是給孩子記嘉獎的方式進行，其目的就是希望家長參與率高、收效或許就更大！但是不少主辦單位也會抱怨說：「該來的（家長）沒來！」可見校方還是以親職教育的收效爲優先考量，這是很棒的想法。國高中的親職教育，可能結合教師的增能或繼續教育一起舉辦，能夠廣納社區居民的機會較少；而大學端只有讓學生選修家庭或親職教育課程，偶而會加上參訪活動，其目的與一般的親職教育不同！單是以校方來舉辦，有時候不免勢單力薄、掛一漏萬，因此有些學校以結合家長會或是地方政治人物、社福或教育機構共同舉辦的方式爲之，是必然的趨勢，也是可行的方式！

親職教育的執行方式以演講、座談居多，其實還有其他形式（如親職團體、親子共讀或活動／遊戲、說故事、運動會、野餐、探險活動或露營等等）不一而足，不過需要更多人員與經費的挹注，這一點可能也是經費捉襟見肘的學校最大的痛！其實校方不需要故步自封，一校之長或承辦人員可以伸出觸角、多接觸社區相關機構與資源，與之合作，有時候有些家長（如擔任重要政府工作或是企業主）也願意出錢出力，這樣彼此都有業績，也對社區有所貢獻！

目前雖然各級學校有輔導室或親師諮詢的服務項目，然而善加利用的還是以國小家長最多、國中次之，大學更少見！倘若要眞正落實實用且有效的親職教育，似乎還需要統籌規劃，甚至從社區教育開始！以上都是從預防、教育與發展的角度來安排或設計親職教育，然而對於需要修補或是替代親職的處理方面，我國似乎較還有努力空間。以美國爲例，雖然還是很重視親職權，但是倘若發現親職失能（類似我國之脆弱家庭）或不適任，政府相關單位在經過檢核、確定之後，還是會積極涉入，安排讓家長或監護人接受親職教育的補充或治療是最基本的部分，甚至暫時將親職權拿走，然後以後續家長的表現爲評估、做決定的標準。

家庭是人格養成與個人社會化最重要的場所。功能良好的親職發揮，必然是立國與強國之根本。在人才培育之前，讓親職做最有效發揮，才是國家社會之福！

參考書目

一、中文部分

內政部（2019）。現住人口出生、死亡、結婚、離婚登記。2021.7.22取自https://www.ris.gov.tw/app/portal/346

王千倖（譯）（2016）。寬恕的勇氣——寬恕的八把金鑰。（8 keys to forgiveness, by Enright, R., 2015）。臺北：心理。

王春光（譯）（2021）。同理心的力量。（The power of empathy: A practical guide to creating intimacy , self-understanding and lasting love, by Ciaramicoli & Ketcham, 2021）。臺北：日出。

全國特殊教育資訊網（2021）。2021.11.12取自http://special.moe.gov.tw

杜玉蓉（譯）（2017）。情緒勒索（Emotional blackmail: When the people on your life use fear, obligation, and guilt to manipulate you, by S. Forward & D. Frazier, 1997）。臺北：究竟。

李政賢（譯）（2011）。正向心理學（Positive psychology, by Baumgardner, S. R., & Crothers, M. K., 2009）。臺北：五南。

吳東彥（2019）。身體受虐兒議題的文獻回顧與反思。輔導季刊，第55卷第2期，pp.1-10。

洪慧芳（譯）（2018）。意義——邁向美好而深刻的人生（The power of meaning, by E. E. Smith, 2017）。臺北：時報文化。

徐欣怡（譯）（2016）。繭居青春——從拒學到社會退縮的探討與治療。（社会的ひきこもり 終わらない思春期，齋藤環，1998）。臺北：心靈工坊。

邱珍琬（2014）。大學生知覺從原生家庭帶來的傷痛與影響。亞洲家庭暴力與性侵害期刊，第10卷1期，pp.53-86。

邱珍琬譯（2017）。數位時代0-12歲教養寶典（Raising your child in a digital world, by K. Goodwin, 2017）。臺北：遠流。

邱珍琬（2018）。圖解情緒教育與管理。臺北：五南。

邱珍琬（2019）。親職教育（四版一刷）。臺北：五南。

邱珍琬譯（2019）。社區健康與預防醫藥，收錄於王大維總校閱「社區心理學」（Community psychology, by Moritsugu, J., Vera, E., Wong, F. Y., & Duffy, K. G. 2014）（pp.349-390）。臺北：心理。

邱珍琬（2020）。協助自傷青少年：了解與治療自傷（Helping teens who cut: Understanding and ending self-injury, by Hollander,M., 2008/2020）。臺北：五南。

林詠純、徐欣怡、曾育勤與黃瓊仙（譯）（2015）。搶救繭居族。（ひきこもり脱出支援マニュアル——家族で取り組める実例と解説，田村毅Tamura Takeshi，2014）。臺北：心靈工坊。

林孟璋（2013）。臺灣尼特族初探——家庭依附與親子代間之關係。東吳大學社會學系碩士論文，未出版。

林儒君（2005）。大學生同儕性話題互動與性態度相關因素之研究—以臺南地區為例。醫護科技學刊，8(1)，pp.46-64。doi:10.6563/TJHS.2006.8(1).5

周慕姿（2017）。情感綁架。7/30/20取自http://womanynet/read/article/12954

周鼎文（2018）。讀懂孩子：掌握愛與教育的秘訣。臺北：心靈工坊。

洪蘭（2009a）。聰明教養 成功學習。臺北：天下雜誌。

洪蘭（2009b）。順理成章：希望，給生命力量。臺北：遠流。

洪蘭（2009c）。科學教養與學習——如何用對的方式教孩子。臺北：信誼。

洪蘭（2012）。請問洪蘭老師。臺北：親子天下。

洪蘭（2014a）。好孩子：三分天注定，七分靠教育（身教篇）。臺北：遠流。

洪蘭（2014b）。學會思考—創造樂在學習的人生。臺北：天下雜誌。

洪蘭（2015）。大腦科學的教養常識。臺北：遠流。

孫效智（2009）。臺灣生命教育的挑戰與願景。課程與教學季刊，12(3)，頁1-26。

許妮婷（2015）。37℃的冰封城堡——尼特族的家庭故事。國立東華大學諮商與臨床心理學系碩士論文，未出版。臺灣：花蓮。

許智傑、謝政廷（譯）（2012）。創造性治療——創傷兒童的實務工作手冊（表達性治療在嚴重受虐與依附疾患的運用，P. G. Klorer, In Creative interventions with traumatized children, by C. A. Malchiodi, ed., 2008, pp.47-67）。臺北：學富文化。

許智傑、謝政廷（譯）（2012）。創造性治療——創傷兒童的實務工作手冊（醫事藝術與遊戲治療在意外事故倖存者的運用，E. S. Martin, In Creative interventions with traumatized children, by C. A. Malchiodi, ed., 2008, pp.125-146）。臺北：學富文化。

張允中、林燕卿（2006）。單親家長對青春期子女「性」溝通之探討。中華輔導與諮商學報，20期，pp.175-200。doi:10.7082/CARGC.200609.0175

張峻豪（2011）。家家有本難念的經——婚姻解散之相關因素探討。政治大學財政研究所碩士論文，未出版。

張致維（2009）。臺灣尼特族青年工作價值觀之研究。國防大學政治作戰學院社會工作學系碩士論文，未出版。

陳婉琪（2014）。都是為了孩子？父母離婚負面影響之重新評估。臺灣社會學刊，54期，pp.31-73。doi:10.6786/TJS.201406_(54).0002

楊幸真（2016）。性別教育的推動與發展。收錄於游美惠等合著「性別教育」（pp.23-51）。臺北：華都文化。

楊巧玲（2016）。親職：母親父親大不同？收錄於游美惠等合著「性別教育」（pp.129-150）。臺北：華都文化。

張華甄（2012）。淺談父母離異對其子女的影響。家庭教育雙月刊，35，pp.29-36. doi:10.6422/JFEB.201201.0003

陳怡璇（2007）。國中學生髒話文化之研究。高雄師範大學教育學系碩士論文，未出版。臺灣：高雄。

陳玟君、吳幸玲（2017）。單親大學生之優勢因素與感情生活之關係。區域與社會發展研究，第7期，頁113-141。

陳重亨（譯）（2015）。鍵盤參與時代來了！（It’ complicated: The social lives of networked teens, by D. Boyd, 2014）。臺北：時報文化。

陳增穎（譯）（2021）。兒童與青少年諮商——理論、發展與多樣性（Counseling children and adolescents: Connecting theory, development, and diversity, by S. Smith-Adcock & C. Tucker, 2017）。臺北：心理。

程雅妤、謝麗紅（2020）。希望理論應用在青少年自我傷害諮商之初探。輔導季刊，第56卷第4期，頁41-52。

楊小慧（2010）。尼特族現象之研究、分析與解決策略探討。國立臺北教育大學教育政策與管理研究所碩士論文，未出版。

鄔佩麗、陳麗英（2011）。輔導原理與實務。臺北：雙葉。

廖婉如譯（2020）。思覺失調症——你應該知道的事實。（Schizophrenia: The facts）(4th ed.), By S. J. Glant, S. V. Faraone, & M. T. Tsuang, 2019）。臺北：心靈工坊。

賴婷妤（2010）。尼特族現象與學校教育問題之研究。國立臺北教育大學教育政策與管理研究所碩士論文，未出版。

鄭楚菲（2015）。臺灣青年男性尼特族的生涯阻礙之內在因素初探。臺北市立大學諮商與心理學系碩士論文，未出版。

劉燕芬譯（2001）。大性別：人只有一種性別（*Der grosse unterschied*, By Schwarzer, A.）。臺北：商務。

謝錦桂毓（2010）。做自己是最深刻的反叛。臺北：麥田。

饒見維（2021）。學校情緒教育：理念與實務。臺北：五南。

衛福部社會及家庭署（2019.12.28更新）。什麼是脆弱家庭？如何辨識脆弱家庭？2021.11.20取自https://topics.mohw.gov.tw/SS/cp-4531-50117-204.html

二、英文部分

Ali, D. A., Figley, C. R., Tedeschi, R. G., Galarneau, D., & Amara, S. (2021). Shared Trauma, Resilience, and Growth: A Roadmap Toward Transcultural Conceptualization. *Psychological Trauma: Theory, Research, Practice, & Policy.* http://dx.doi.org/10.1037/tra0001044

Afifi, T. D., Huber, F. N., & Ohs, J. (2006). Parents' and adolescents' Communication with each other about divorce-related stressors and its impact on their ability to cope positively with the divorce. *Journal of Divorce & Remarriage, 45* (1/2), pp.1-30. DOI:10.1300/J087v45n01_01

Amato, P. R., & Cheadle, J. (2005). The long reach of divorce: Divorce and child well-being across three generations. *Journal of Marriage & Family, 67*, pp.191-206. doi:10.1111/j.0022-2445.2005.

Bartik, W., Maple, M., Edwards, H., & Kiernan, M. (2013). *Crisis: The Journal of Crisis intervention & Suicide Prevention, 34* (3), 211-217. DOI: 10.1007/0227-5910/a000185

Belsky, J. (1984). The determinants of parenting: A process model. *Child Development, 55*, 83-96.

Berman, P. S. (2019). *Case conceptualization and treatment planning: Integrating theory with clinical practice*. Los Angels, CA: Sage.

Boniwell, I., & Tunariu, A. D. (2019). *Positive psychology: Theory, research and applications (2nd ed.)*. London, UK: Open University Press.

Burnett, C. (2013). Bowen family systems therapy. In A. Rambo, C. West, A. Schooley, & T. V. Boyd (Eds.), *Family therapy review: Contrasting contemporary models* (pp.67-69). N.Y.: Routledge.

Capuzzi, D. & Gross, D. R. (1989). *Youth at risk: A resource for counselors, teachers, and parents*. Alexandria, VA: American Association for Counseling and Development.

Cole, M., & Cole, S. R. (1993). *The development of children* (2nd ed). N.Y.: Scientific American Books.

Corey, G. (2017). *Theory and practice of counseling and psychotherapy* (10e.). Singapore: Cengage Learning Asia Pte Ltd..

Duckworth, A. L., Peterson, C., Matthews, M. D., & Kelly, D. R. (2007). Grit: Perseverance and passion for long term goals. *Journal of Personality & Social Psychology, 92*(6), pp. 1087-1101.

Emory, A. D. (2018). Explaining the consequences of parental incarceration for children's behavioral problems. *Family Relations, 67* (2), 302-319. DOI:10.1111/fare.12301

Gardner, H. (1993). *Multiple intelligence: The theory in practice*. New York: BasicBooks.

Gladding, S. T. (1998). *Family therapy: History, theory, and practice* (2nd ed.). Upper Saddle River, N.J.: Simon & Schuster/A Viacom Company.

Goodwin, K. (2016). *Raising your child in a digital world, finding a healthy balance of time online without techo tantrums and conflict*. Australia, Sydney: Finch Publishing.

Henry, J. B., Julion, W. A., Bounds, D. T., & Sumo, J. (2020). Fatherhood matters: An integrative review of fatherhood intervention research. *Journal of School Nursing, 36* (1), 19-32. DOI:10.1177/1059840519873380

Jankowski, M. K., Leitenberg, H., Henning, K., & Coffey, P. (1999). Intergenerational transmission of dating aggression as a function of witnessing only same sex parents vs. opposite sex parents vs. both parents as perpetrators of domestic violence. *Journal of Family Violence, 14* (3), 267-279.

Johnston, J. R., Kline, M., & Tschann, J. M., (1989).Ongoing postdivorce conflict: Effects on children of joint custody and frequent access. *American Journal of Orthopsychiatry. 59* (4).576-592.

Kellogg, S. H., & Young, J. E. (2008). Cognitive therapy. In J. L. Lebow (Ed.). *Twenty-first century psychotherapies: Contemporary approaches to theory and practice* (pp.43-79). Hoboken, N. J.: John Wiley & Sons.

Liebert, R. M. & Liebert, L. L. (1994). *Personality: Strategies and issues.* Pacific Grove, CA: Brooks/Cole.

Lopez, F. G., Melendez, M. C., & Rice, K. G. (2000). Parental divorce, parent-child bonds, and adult attachment orientations among college students: A comparison of three racial/ethnic groups. *Journal of Counseling Psychology, 47* (2), pp. 177-186. doi: 10.1037//O022-O167.47.2.177

Miller, B. G.,Kors, S.,& Macfie, J. (2017). No Differences? Meta-analytic comparisons of psychological adjustment in children of gay fathers and heterosexual parents. *Psychology of Sexual Orientation & Gender Diversity, 4* (1),14-22. 1/19/22取自http://dx.doi.org/10.1037/sgd000020

Murray, J., Farrington, D. P., & Sekol, I. (2012). Children's antisocial behavior, mental health, drug use, and educational performance after parental incarceration: A systematic review and meta-analysis. *Psychological Bulletin, 138* (2), 175-210. DOI: 10.1037/a0026407

Nichols, M. P. (2010). *Family therapy: Concepts and methods (9th ed.)*. Boston, MA: Allyn

& Bacon.

Pollack, W. (1998). *Real boys: Rescuing our sons from the myths of boyhood.* New York: Random House.

Reeve, J. M. (1997). *Understanding motivation and emotion* (2nd ed.). Fort Worth, TX: Harcourt Brace College Publishers.

Reivich, K., & Shatté, A. (2002). *The resilience factor: 7 essential skills for overcoming life's inevitable obstacles*. N. Y.: Broadway Books.

Shulman, S., Scharf, M., Lumer, D., Maurer, O. (2001). Parental divorce and young adult children's romantic relationships: Resolution of the divorce experience. *American Journal of Orthopsychiatry, 77 (*4), 473-478.

Strizzi, J. M., Koert, E., Øverup, C. S., Cipri c, A., S., Søren , Lange, T., et al. (2021). Examining gender effects in postdivorce adjustment trajectories over the first year after divorce in Denmark. *Journal of Family Psychology*. https://doi.org/10.1037/fam0000901

Strohschein, L. (2005). Parental divorce and child mental health trajectories. *Journal of Marriage & Family, 67*, 1286 -1300. doi:10.1111/j.1741-3737.2005.00217.x

Sumontha, J. Farr, R. H., & Patterson, C. J. (2017). Children's gender development: Associations with parental sexual orientation, Division of labor, and gender Ideology. *Psychology of Sexual Orientation & Gender Diversity,* 4 (4), 438-450. 1/19/22取自http://dx.doi.org/10.1037/sgd0000242

Sun, Y., & Li, Y. (2002). Children's well-being during parents' marital disruption process: A pooled time-series analysis. *Journal of Marriage & Family, 64* (2), 472-488. DOI:10.1111/j.1741- 3737.2002.00472.x

Wolak, J., Finkelhor, D., Mitchell, K. J., & Ybarra, M. L. (2010). Online "predators" and their victims: Myths, realities, and implications for prevention and treatment. *Psychology of Violence, 1* (S), pp.13-35. DOI:10.1037/2152-0828.1

Wallerstein, J., Lewis, J., & Packer Rosenthal, S. (2013). Mothers and their children after divorce: Report from a 25-year longitudinal study. Psychoanalytic Psychology, 30 (2), 167-187. DOI: 10.1037/a0032511

Weaver, J. M., & Schofield, T. J. (2015). Mediation and moderation of divorce effects on children's behavior problems, *Journal of Family Psychology, 29* (1), pp.39-48. https://dx.doi.org/10.1037/fam0000043

Wildeman, C. (2012). Parental incarceration and children's physically aggressive behaviors: Evidence from the fragile families and child wellbeing study. *Social Forces, 89* (1), 285-309. DOI: 10.1353/sof.2010.0055

Wong, P.W.C., Chan,W. S. C., & Beh,P. S. L . (2007). What can we do to help and understand survivors of suicide in Hong Kong. *Crisis: The Journal of Crisis intervention & Suicide Prevention, 28* (4), 183-189.

國家圖書館出版品預行編目資料

親職教育與實務案例／邱珍琬著. 一一初版. 一一臺北市：五南圖書出版股份有限公司, 2022.08
面； 公分
ISBN 978-626-343-040-2（平裝）

1.CST: 親職教育

528.2　　111010502

1I5H

親職教育與實務案例

作　　者 — 邱珍琬
發 行 人 — 楊榮川
總 經 理 — 楊士清
總 編 輯 — 楊秀麗
副總編輯 — 黃文瓊
責任編輯 — 李敏華
封面設計 — 姚孝慈
出 版 者 — 五南圖書出版股份有限公司
地　　址：106台北市大安區和平東路二段339號4樓
電　　話：(02)2705-5066　傳　　真：(02)2706-6100
網　　址：https://www.wunan.com.tw
電子郵件：wunan@wunan.com.tw
劃撥帳號：01068953
戶　　名：五南圖書出版股份有限公司

法律顧問　林勝安律師事務所　林勝安律師

出版日期　2022年8月初版一刷
定　　價　新臺幣390元

經典永恆·名著常在

五十週年的獻禮——經典名著文庫

五南，五十年了，半個世紀，人生旅程的一大半，走過來了。
思索著，邁向百年的未來歷程，能為知識界、文化學術界作些什麼？
在速食文化的生態下，有什麼值得讓人雋永品味的？

歷代經典•當今名著，經過時間的洗禮，千錘百鍊，流傳至今，光芒耀人；
不僅使我們能領悟前人的智慧，同時也增深加廣我們思考的深度與視野。
我們決心投入巨資，有計畫的系統梳選，成立「經典名著文庫」，
希望收入古今中外思想性的、充滿睿智與獨見的經典、名著。
這是一項理想性的、永續性的巨大出版工程。
不在意讀者的眾寡，只考慮它的學術價值，力求完整展現先哲思想的軌跡；
為知識界開啟一片智慧之窗，營造一座百花綻放的世界文明公園，
任君遨遊、取菁吸蜜、嘉惠學子！